两宋流韵
传千古

宋宪章 著

西泠印社 出版社

图书在版编目（CIP）数据

两宋流韵传千古 / 宋宪章著. -- 杭州 ： 西泠印社
出版社，2022.11
ISBN 978-7-5508-3889-5

Ⅰ. ①两… Ⅱ. ①宋… Ⅲ. ①文化史－研究－杭州－
宋代 Ⅳ. ①K295.51

中国版本图书馆CIP数据核字（2022）第208313号

两宋流韵传千古

宋宪章　著

出 品 人	江　吟	
责任编辑	王　禾	
责任出版	李　兵	
责任校对	曹　卓	
出版发行	西泠印社出版社	
	（杭州市西湖文化广场32号5楼　邮政编码　310014）	
经　销	全国新华书店	
印　刷	浙江海虹彩色印务有限公司	
制　作	杭州真凯文化艺术有限公司	
开　本	787mm×1092mm　1/16	
字　数	240千	
印　张	16.5	
印　数	0001—1500	
书　号	ISBN 978-7-5508-3889-5	
版　次	2022年11月第1版　第1次印刷	
定　价	80.00元	

序一

中国作家协会会员、高级编辑　余小沅

两宋文化，在中华五千年的文明历史长河中，是一颗璀璨的明珠。

宋韵，其内核实质即是两宋的文化。宋时欧、苏诸公继出，词中有画，词中有志，使宋词在中国文学史上达到登峰造极的地位。除了宋词，两宋文化还包括了精致的饮食文化，精彩的工艺美术，精美的宫廷建筑，等等。包罗万象，美不胜收。

杭州是中国古都之一，秦置钱塘县，隋开皇九年（589）改称杭州。五代十国时，杭州是吴越国都城。南宋定都于此后，杭州遂成为最繁华的都市之一，嗣后被马可·波罗称为"天城"。

钱江滔滔，西湖悠悠。在气吞山河与怡红快绿之间，杭州孕育出充满灵气神韵的饮食文化。

朝代更迭，时过千年。许多两宋时的美味佳肴，其食材、制作、吃法都已湮没在历史的长河中。

在迷惘中一个学者横空出世，宋宪章，是再造两宋饮食文化的专家，他抉微钩沉，探赜索隐，爬罗剔抉，裒为一集，用马远和夏圭阔笔长线的手法，发掘两宋饮食文化，如他从宋代林洪美食随笔集《山家清供》中发掘出用萝卜和甘蔗萃取的醒酒"沆瀣浆"，奇妙至极，闻所未闻。诸如此类，不胜枚举。《两宋流韵传千年》确实是一本可看、可传、可藏的两宋美食万宝全书。该书还考证了宋代许多名胜古迹、民俗风情，以两宋历史为轴，勾勒出中华传统文化的辉煌时代。

莫言说过："作家的创作，其实也是一个凭借着对故乡气味的回忆，寻找故乡的过程。"宋老是地地道道的杭州人，怀着对故乡的热爱，他主持开发出南宋"八卦宴"，为杭州的旅游餐饮业做出了很大贡献。

当前，浙江省、杭州市正积极传承、发扬宋韵文化，此书的出版无疑有添砖加瓦之效。故乐为宋老师大作作叙，以表私淑之忱。

序二

浙江工业大学人文学院教授　张欣（子张）

　　最近，宋宪章先生告知，他正与西泠印社出版社洽谈一本著作的出版，并嘱我写几句话附在书中为"序"。

　　宋先生是杭州地方文史，尤其是杭州饮食文化研究的前辈专家，早在20世纪80年代就开始写作相关著述，21世纪以来先后出版了《名人美食记趣》《杭州老字号系列丛书·美食篇》《江南美食养生谈》《人文荟萃话杭州》《品味南宋饮食文化》等著作。而我的本业是中国现代文学研究，虽说近年为学生开设过"杭州文史览要"课程，也陆续撰写了一组题为《卜居钱塘》的短文，但说到为宋先生的著作撰序，哪里够资格呢！

　　而我最终决定不揣浅陋答应写篇文字，乃是出于两方面的考虑：一是为了纪念我与宋先生结识、结缘的美好际遇；二是希望借此机会深化我对宋先生研究成果的了解，并促进我自己对杭州文史的进一步自觉。

　　我知道宋宪章先生的大名，是为了预备"杭州文史览要"课程中"杭州饮食文化"一节而阅读《杭州历史丛编》时。这套书我陆续从杭州旧书市场购得，并不全；还有一本1984年政协杭州市委员会办公室编的《南宋京城杭州》，其中也有宋先生一篇《南宋时钱江观潮》。宋先生关于民国时期杭州饮食的文章里"湖上帮""城里帮"的说法，对我很有启发，我讲课时就采用了这种说法。但我与宋先生认识，则是源于在杭图《文澜》

杂志作者群里讨论铜鉴湖、莼菜和杭州面食这些话题，我因为感兴趣，就跟宋先生建立了微信联系，并到四季青市场附近宋先生家里拜访过，得到了宋先生赠送的三本著作。在此后微信的联系中，我由宋先生对杭州饮食如数家珍般的指点中受益良多。譬如关于"片儿川"一词的含义，我曾在北京邵燕祥先生家里聊到这个话题，邵先生虽说祖籍萧山，但毕竟未在故乡生活过，所以他对"片儿川"的解释也带有猜测性质，他对"川"即"氽"的解读与宋先生一致，但以为"片儿"可能就是"面片儿"，这与后来宋先生告诉我的指"笋片、肉片、雪菜片"，似乎就有些出入了。还记得有一次，我随本校九三学社组织去绍兴参观了黄酒博物馆，回来写了一段话发到《文澜》作者群里，引来宋先生和章胜利先生大段留言，大大扩展了我对绍兴黄酒的认识。我把宋、章两位先生的留言引入拙文《黄酒记》发给了一位编辑朋友，这位朋友竟然"舍不得用"于报纸副刊，而以中、英两种文字同时发到对外交流的《文化交流》杂志上了。

即将出版的这部《两宋流韵传千古》，又不同于宋先生此前出版的几部著作。从他微信发给我的信息看，它包括两宋遗迹、遗事和遗风三个有着历史关联的文化内容，显然在整体上有一番颇费心思的设计。而从宋先生已整理出来的篇章看，内容也的确相当丰富，题材并不限于饮食，而与当下努力发掘的作为中华优秀传统文化之"宋韵"相呼应，给人耳目一新之感。而仅就有关"两宋遗事"的南宋饮食诸篇，我也能感受到宋先生历史文化视野的广博和文字锤炼功夫的厚实。试读其中的《清明与清明团子》《古城重阳节食俗谈》《南宋"网红"冰激凌》《传承唐代的南宋凉面》，就岂止是增长了知识，也大有美的享受之感。《杨万里诗解"糖霜玉蜂儿"之谜》一文，对"玉蜂儿"一词所做的考释最有味，也极有趣。如果宋先生对杨万里的诗词不熟悉，或者缺乏对饮食文化的敏感，就都无从解释到位。

宋先生年轻时代的新疆经历是苦涩的记忆，却也是对个人生活经验的拓展，对他后来的饮食文化研究也是另一种有力的支撑。如《南宋"网红"冰激凌》，即由南宋诗人杨万里《冰酪》一诗引申开来，历数国人食用冷饮的历史，最后不但介绍了制作冰酪的方法，还扩展到他昔日在新疆阿克苏所见维吾尔族"乌斯打"（师傅）于巴扎（集市）上制作这类冷饮的往事。可见生活的磨难有时也是人生的一笔财富。

说到宋先生经历的生活磨难，我还想把他在微信里留下的一段关于饮食的回忆引述在这里。因为我总觉得在他的饮食文化研究和这些回忆之间一定有着某种有意味的关联，至少会使读者产生某种有趣的联想吧。这段回忆如下：

作为东南形胜，三吴都会的杭城，当时又怎样呢？每人每天三两菜，一个月二两油（100克），连糕饼券在内一月共23斤粮票。早晨，我手拿购粮证，到定安路菜场去买菜，排一两个小时队，买到三片老包心菜叶子。妈到饮马井巷对面的居民食堂去打杂（她是农民的女儿，当时还能背起50斤粮食），后来又到劳动路军区招待所去洗衣服、被套。对我这个长子，妈给予我优待，让我到天香楼排队去吃盖浇饭，以省下粮食给弟妹们吃。我早上八点到井亭桥天香楼去排队，直到十一点开门卖饭。三角钱的盖浇饭，大师傅用一个上面开口的宝塔形的铁皮勺子，挖上一勺糙米饭，倒在你带去的搪瓷铁皮碗中，饭上给你加上一点老包心菜叶子，放上二三小段咸带鱼鳌尾巴，算是一餐美食了。爸在新疆当蚕茧技师，一个月工资69元，自留24元，寄回45元，家中五人根本不够用。家里先后卖了铜暖锅、棕绷床、方桌，最后睡四块木板两个条凳搭成的板床。离开宗文中学时我已得病，1960年身体好转，找不到工作，我只好以职工子弟身份远去阿克苏谋生。当时许多人因缺营养，双肢浮肿，我因为常到旁边丝厂去捡抽丝后扔掉的蚕蛹炒了吃，才没有浮肿。

两宋距今已远，所有关于彼时文化的知识都需要从文物和典籍中获知，还要结合个人丰富的经历和见闻。宋先生厚积薄发，得成此编，惠享于今日读者，堪称佳话。乃不计工拙，谨以此文为"小引"焉。2022年1月17日，旧历辛丑年腊月十五日，子张于杭州朝晖楼。

目　录

一、两宋遗迹藏湖山

1. 钱王筑塘护百姓

"八月十八潮，壮观天下无。"

因天文与地理的因素，钱江潮成为天下奇观。但从秦汉到唐末，由于钱江大潮的不断冲击，海塘江堤多次坍塌，潮水毁房、伤民、淹田无数，也使市区井泉用水苦咸，民不聊生。

五代吴越国时，平民出身的吴越王钱镠赴决堤现场视察，目睹此一潮灾，便萌生了重建海塘江堤、抵御潮灾的决心。他上奏朝廷《筑塘疏》称："民为社稷之本，土为百物所生，圣人云'有土斯有财'，塘不可不筑。"又曰："不辞鞭石畚土之劳，以图经久乐利之计。"钱王此疏有理、有节、有利，自然为朝廷所接受了。

后梁开平四年（910）八月，钱塘江狂潮又袭击杭城土石结构的江堤，钱镠便组织20万军民，在艮山门至六和塔一带筑塘抗潮……

民间传说，钱镠带了五百名弓箭手、三千支利箭来到候潮门外大潮前。钱镠先给"潮神"下了一个帖子，扔进潮水中，帖中说"为报潮神并水府，钱塘且借与钱城"，话讫，即令弓箭手放箭，顿时三千利箭如飞，射向大潮，"潮回钱塘，东趋西陵"，潮一直退至南岸西陵（西兴）一带。此时，江之北岸，水势趋缓，钱王便命军民抓紧时间筑堤。

钱王的筑塘方法，与以前只用泥石不同，先在江堤前打下6排木桩，钉上横木固定，又在一道道的木桩中间，填入装有块石黏土的竹笼，夯实筑成塘堤，又在塘外打下多层木桩，减缓潮水对塘堤的直接冲击，使之更加稳固。与此同时，钱镠又筑建浙江、龙山两闸，阻挡钱江潮水涌入内河，使沿江卤地变为良田。

据史载，钱氏捍海塘从六和塔筑至艮山门，有力地阻挡了潮灾，保障了杭城百姓生命财产的安全及生活用水。

北宋郡守苏东坡写诗赞美此一壮举云："三千强弩射潮低。"

"钱王射潮"是一个流传千年的美丽传说，寄托了杭城百姓对钱王勇战狂潮、筑塘安民的崇敬之心。以致后来到杭城任郡守的诗人苏东坡，听说这个传说后，也作了如上诗句赞美。

2014年，杭州在城建工作中，于南星桥旧址，江城路立交桥施工现场，地下11米深处，发现钱氏捍海塘遗址，有大量直立的、巨大的木桩出土；有13只当时民工穿的草鞋出土，其编织方法与今无多大的差异，大多在40至41码之间；有鸡骨头、猪骨头、破碎瓷器及谷物等200多件文物出土。由此可见，钱王动用20万军民建塘的规模之大。

之后历代地方政府都继承钱王遗志，不断修建海塘江堤抗潮。尤其是清代，乾隆四次南巡，都去筑堤现场视察。在近三百年时间中，清代共修筑海塘江堤一百余次，从杭城绵延至乍浦的一二百千米海塘江堤，大部分为清代时所修建。

杭州所建之海塘江堤，是江浙最早建筑的一段。它是吴越王钱镠抗击潮灾、造福后代子孙留下的一座丰碑。

2. 千古兴废钱王祠

吴越国三世五王，先后历经72年，一直尊奉中原，保境安民，重视农耕，兴修水利，发展经济。并于太平兴国三年（978），在南唐被灭后，纳土归宋，促进了国家的和平统一。

北宋熙宁十年（1077），杭州知州赵抃上奏朝廷：钱氏有筑塘护民、兴修水利、保境安民及和平统一之功德，现坟庙荒芜（钱元瓘之墓，于20世纪50年代被毁；吴汉月地下艺术宫被农民当作圈羊之所），请求将玉皇山南废祠妙因院改建为表忠观，彰显钱氏三代五王功绩，此一奏章得到了宋真宗的批准。赵抃还请好友、宋代四大书法家之一的苏轼，撰文并题写了《表忠观记》。惜此观后被战乱所毁。明嘉靖三十九年（1560）浙江督抚胡宗宪，改柳浪闻莺灵芝祠为表忠观，并将旧址遗物移至此处一并供奉。

苏轼所撰写的《表忠观记》，于南宋绍兴年间重刻，存放于玉皇山南旧址，后改置太学，又移至钱王祠，现保存在杭州碑林。

笔者家住柳浪闻莺钱王祠不远处，朝夕去那一带散步。民国时，钱王祠曾几度修葺、举办祭祀活动。20世纪50年代，钱王祠东部房舍，为园文局辟为办公场所；祠南部分改成了花圃；中轴线建筑先后被改为露天电影院、动物园、聚景园茶室等。60年代时，钱王祠前清雍正帝所题"保障江山"石牌坊及两个放生荷花池并毁……

2002年4月，杭州市人民政府拨款重建钱王祠，景区有碑亭、献殿、功臣堂、五王殿、怀慎堂、揽远堂、庆喜堂、阅礼堂等，规模恢宏，重现旧时壮观之景。

每年金秋之时，园文局常在此处开菊展。游客摩肩接踵，纷沓而至，成为西湖南线一处热门景点。

3. 吴越国瑰宝——慈云岭造像

将台山与玉皇山之间，有慈云岭，岭上有南北走向的慈云岭路，此路系吴越国开国国王钱镠于后梁乾化二年（912）征用民夫，开山劈岩建成。从此，江湖相通。行人可从西湖南线的玉皇山路，越过山岭，直达钱塘江边，给城市建设与百姓生活带来许多方便。

慈云岭巅，有老玉皇宫，由此向南而下，历轻七八十级石阶，可见路旁一道仿古的乌瓦白壁的围墙，三面围住一片石壁。走近一看，门楣上写着"吴越瑰宝"四个大字。越过门槛入内，只见江南民居式的屋檐下，有两龛石刻造像。这是吴越王钱镠开辟慈云岭路后，在这里建造贤资寺（后称上石龙永寿院）时所雕之佛像。

慈云岭造像的主龛，宽10米，高5.8米，深1.5米，全龛横长，龛楣是弧拱形，共有造像七尊。中间为阿弥陀佛，身披袈裟，右肩坦露，仪态庄严，作禅定的模样。背后有顶光和身光，作宝珠形，边缘装饰有火焰纹，作吉祥坐式。右侧是大势至菩萨，左侧是观世音菩萨，都作全跏跌坐式。这两尊菩萨，是阿弥陀佛的胁侍，合称"弥陀三尊"。观音头戴宝冠，胸挂璎珞，容相丰满，神志端严，右手持柳枝，左手托物放腿上。势至宝冠高髻，脸型方圆，面相温和，笑容可掬。这两尊菩萨的身后，也都有背光。"弥陀三尊"的两侧，为两尊菩萨立像。最外侧的为金刚力士立像，戴盔穿甲，右手执长柄宝钺，左手作无畏手相，威风凛凛。龛内上部有"飞天"，手举花束，向阿弥陀佛背光飘然而来。"飞天"外侧为人首鸟身的迦陵频伽鸟，佛经称之为"好声鸟"。龛楣镌有七佛，都作全跏跌坐式，莲花座下，祥云冉冉。龛楣左端有文殊菩萨骑狮浮雕，右端则有普贤菩萨骑象浮雕。文殊、普贤之下，各有一侍者，作恭立膜拜状。

主龛北面，有一龛地藏王菩萨造像，龛高2.6米，宽2.33米，深0.8米，正中雕有的佛像作半跏趺坐式，右腿盘曲，左脚踏在莲花上。光头大耳，容貌安详，左右各有一尊侍女像。龛楣镌"六道轮回"浮雕。六道乃佛家用语，指天道、人道、阿修罗道、饿鬼道、畜生道、地狱道。此龛之地藏王造像，具有很高的造型艺术价值。

慈云岭造像，为杭州五代吴越国造像中规模最大的一处，也是最具代表性之石窟艺术。可惜在20世纪60年代时，佛像遭到了破坏，有了一些损伤。关于它的建造时间，南宋《咸淳临安志》记载："上石龙永寿院，在慈云岭下，天福七年（942）吴越王建，旧名资贤，大中祥符元年（1008）改今额。"此外，在慈云岭造像外的左侧，有一块石碑，题额上刻有"新建镇国资贤遐龄石像之记"12个字，下面则是北宋绍圣元年（1094）惟性和尚刊刻的"佛牙赞"一首。"佛牙赞"是赞颂佛牙而非赞颂造像的，碑文内容竟与题额毫不相关，可见是惟性和尚凿去了原有的"造像之记"，改刻成了风马牛不相及的"佛牙赞"了。而且，从时间上说，大中祥符元年（1008）时寺名已改为"上石龙永寿寺"。由此可见，慈云岭造像是吴越王在创建资贤寺时所雕凿，上述12个字的石碑题额，是为造像时的原刻。

慈云岭造像的主龛，是利用山势、岩势走向开凿的横龛，以便安排多尊佛像。在雕刻时，又做到精细入微，形神兼备，这与玉皇山南麓天龙寺造像主龛的风格是完全一致的，充分展示了我国五代吴越时能工巧匠的艺术创造才能，真不愧为"吴越瑰宝"。

4. 南观音洞石刻造像

古代杭州人特别信奉观音菩萨，认为她救苦救难，大慈大悲，故许多杭州寺院都设有观音菩萨像或观音殿。仅玉皇山与将台山一带，就有三处观音菩萨的香火地：玉皇山的西南麓，有天龙寺的观音摩崖石刻造像；玉皇山的东北面、将台山西南麓有南观音洞；玉皇山的西北面、将台山的西北麓有北观音洞。

位于将台山山南与山北的两个姐妹观音洞，深藏着杭城独显佛教文化的观音石刻造像。北观音洞位于将台山西北部山腰，北宋著名诗人秦观游了北观音洞，曾有诗赞曰："匹马骄嘶石路斜，观音洞口踏烟霞。普陀风景差相似，只欠潮音小白花。"南观音洞位于玉皇山之东北面、将台山西南山麓，在现今玉皇山隧道南口东侧，洞前原有净胜院。因将台山的南坡有石头突出宛如龙首，故有上、下二石龙：上石龙在永寿院（即今之慈云岭石刻造像处）；下石龙在净胜院，故净胜院又称下石龙院（庵），院（庵）后山上即为南观音洞。这是一个清幽怡情的天然洞穴，高和深各约3米。洞内两侧的岩壁上，雕凿着十八罗汉像，虽然佛像身高不到半米，但布局自然，罗汉各呈风姿，相映生趣。在十八罗汉像的上面，还有观音、文殊、普贤菩萨和济公和尚像。济公是杭州家喻户晓的一个形象，系南宋天台人，俗姓李，后看破红尘在国清寺出家，生性嗜酒喜吃肉，人称"济癫"。由于一生善做好事，故人们誉其为"活佛"。洞口上方高处，还有迦叶（读作"舍"音）像，因其年高德重，佛经称其为大迦叶，是释迦牟尼的十大弟子之一。释迦牟尼在世时，佛经全凭口诵，没有文字写本。释迦牟尼去世后，迦叶召集众僧众，背诵佛教总集（三藏），由阿难主诵记录。因此，他与阿难的地位在众弟子中最高，在寺庙的塑像中，往往迦叶与阿难的位置会被安排在释迦牟尼像的两侧。走到洞底，可见到一尊观音菩萨和左右胁侍的石刻造像。从这些造像的风格上来说，应为南宋时期所刻，由于后代香客的涂泥饰金，已经面目全非。造像的时间，从残存的题记上看，有南宋开禧元年（1205）、嘉定元年（1208）和明代弘治七年（1494）等，说明南观音洞造像是在南宋迁都杭州（当时称为临安府）之后开始雕刻的，一直延续到明代。与同时期的上石龙洞造像相比，它的艺术价值稍逊一些，但它仍然是珍贵的、南宋以来留存的佛教石刻造像。

南观音洞前的净胜院（下石龙院）早已不复存在，南观音洞依然如故。净胜院的一部分遗址，现已变成南复路的路基，另一部分已成为一座有两个佛堂的小庙，供奉着观音及其他菩萨。每逢初一、十五及观音菩萨生日，香客盈门，香烟缭绕，不禁使人追忆起七八百年前南宋净胜院（下石龙院）香火鼎盛的一派盛景。

随着玉皇山南地区的开发建设，南观音洞的石刻艺术造像，一定会成为杭州地区佛教文化旅游胜地。

5. 石龙洞石刻造像

杭州凤凰山，唐时是州治所在，五代吴越时是王宫所在地。凤凰山旁的将台山、玉皇山一带，因靠近子城，遗留着大量吴越国、南宋的文物遗迹。将台山除已开放的南、北观音洞造像外，山腰处还有一处石龙院千佛岩，长期湮伏于榛莽之中。

将台山高255米，相传为吴越王钱镠讲武之地。山顶有平台，竖立着一排刻有吴越王钱镠诗句的排衙石。南宋时，此处为殿前司亲军护卫之所，俗称御校场。民间传说，这里是方腊胞妹百花公主的点将台。山上奇岩遍布、山石峥嵘，五代吴越国及南宋时曾在此建有多座寺院，山岩上还镌有不少摩崖石刻，上石龙院即为其中著名的一处寺院。据南宋周密《武林旧事》及明田汝成《西湖游览志》记载：上石龙院，全称上石龙永寿院，旧名上石龙资贤院，五代吴越国时所建，曾是香火鼎盛之地。由于沧桑之变，将台山逐渐荒芜，上石龙院遗迹也逐渐湮伏于榛莽之中，不为世人所知。

二十世纪八九十年代，在文物调查中，其遗迹被山下玉皇村村民发现。寺院虽早已不复存在，但摩崖石刻、造像、文字仍然清晰可见。十几座石刻造像，轮廓基本分明，还隐隐约约可见彩绘与香火烟熏的痕迹。其中西南向的一块巨大的、半弧形的石灰岩山石上，雕刻着壮观的千佛造像，排列整齐，上下有致，蔚为石刻浮雕之奇观，可与名闻遐迩的新昌大佛寺千佛院造像媲美。在杭州，至今还没发现第二处这样的千佛岩石景。千佛岩后，有一山洞，洞外在巨大的石碶间的石壁上，有北宋皇祐癸巳年（1053）所刻的，唐代文学家、翰林学士兼太子侍读梁肃所撰的有关佛教哲理的300余字的摩崖石刻。石刻因镌刻在石碶之中，少受风化，故保存完好。字体属于楷书，具有柳体风骨。石刻对面，还有一处直径约1.5米的圆形泉池，可见清泉不时从石碶中渗出，顺着绿苔，隔时滴落池中，发出滴水声，其景清幽。

那一年，杭州市政协为开发旅游文化资源，由市政协处理日常事务的项秀文副主席、政协办公室负责人冷晓先生组织有关文化界人士及媒体记者，托当地熟悉地形的村民带路，经原杭州水泥厂旧址旁小路，披荆斩棘，一路从榛莽丛中辟路登将台山。至半山腰时，才发现此一湮伏已久的吴越国遗迹。笔者有幸蒙邀探胜，才得以见此胜景，至为欣喜。

这一新发现的石龙院千佛岩胜迹，如果能对其加以整修，开辟成登山观赏之路，必将充实玉皇山南麓吴越、南宋文化区的名胜古迹，为发展杭州的旅游事业增光添彩。

注：上石龙院千佛洞造像与慈云岭的"吴越瑰宝"造像，应是一个寺院，一个在上面些，一个在下面些。吴越时，应有一片殿宇楼阁覆盖此两处造像。后木结构消失，仅留两处造像。下石龙院即南观音洞造像，已有专文介绍。特此说明。

6. 天龙寺石刻造像

玉皇山南麓，八卦田之西，有天真山，海拔95米。在郁郁葱葱的一片山林之中，深藏着吴越国古刹天龙寺。历经千年沧桑之变，而今古寺的殿堂楼阁都已不复存在，只有三龛古迹斑斑的石刻佛像，映射着消逝的岁月，告诉人们往昔曾有的香火缭绕与钟磬齐鸣的盛景。

从南山公墓牌坊前的小路，向北登上天真山，步行不久，即可见到绿树丛中露出一片乌瓦粉墙，这是新建保护佛龛造像的仿古围墙。进入天龙寺院落，迎面可见一龛无量寿佛（亦称阿弥陀佛），龛高2.11米，宽1.73米，深54厘米。弥陀身披袈裟，袒胸露腹，腰间系带，闭目禅定，表情安静慈祥，在莲台上作全跏趺坐式。身后和顶上各有圆光一道，上刻火焰纹。佛像上方，悬有近人所书"极乐世界"横匾。向东十数步，有一更大之佛龛，共有七尊造像，中间是弥勒佛，两侧是无著、世亲菩萨，以及金刚等。弥勒佛足踏莲花，神态慈祥；大乘佛学学者无著与世亲垂立，身披袈裟，两手作"莲花合掌"；法华林菩萨（左）和大妙相菩萨（右），头有背光，身穿薄纱，神态娴雅；金刚披甲戴盔，手执长杵宝钺，神态勇猛，俨然是护法天神。在弥勒佛头顶两侧上方，还有飞天浮雕。佛室上面，是近人所书的"大雄宝殿"横匾。出院落大门，登石阶而上，在十余步外的绿树丛中，尚有观音造像一尊，高仅61厘米，头戴花鬘冠，发髻高耸，面目端庄，口角含笑，颈挂璎珞，身披薄纱，作飘动状。她左手撑在座上，身体略向左倾，右手落在膝盖上，左腿向内盘曲，体态文静多姿，潇洒自然，为世所罕见之形态。

此三龛佛像，无造像文字可考，从造像风格判断，考古学家们认为应是初建佛寺时所镌刻。现造像皆涂有金漆，乃善男信女所为，虽然改变了佛像的原始面貌，但对避风雨侵蚀，还是起到了一定的保护作用。

天龙寺，为唐代天龙和尚所创。宋乾德三年（965）吴越王钱弘俶建成寺院，以居镜清禅师。宋大中祥符元年（1008），改名感业寺。建炎三年（1129），遭大火焚毁，唯吴越王女手制木观音像独存，世人遂感观音有灵。绍兴十三年（1143），南宋皇室在这一带建造"圜丘"（祭天之园台，即今之八卦田），以南观音洞附近的净明院，为祭天吃素的斋宫，以当时称感业寺的天龙寺为官员们休息、居住的场所。当时寺僧们感到生活不便，便陆续离寺而去，寺院亦日渐败落。到元延祐年间，有僧人善平重建寺院，仍称天龙寺。至元至正年间，南北两山诸多寺院，或毁或败，只有天龙寺独存于世。当时寺中有堂，匾上题有"山舟"两字，系元代杭州文化名人、维吾尔族人贯云石所书。明余士吉有诗云："龙飞凤舞两峰回，王气才销梵宇开。卓锡地侵行辇地，雨花台近拜郊台。草分野色缘城去，风引江声入寺来。三百年过如昨日，老禅犹说旧蓬莱。"（引自《西湖游览志》）诗中介绍了天龙寺的地理位置（靠近南宋郊台）与寺院之沧桑。另一位元末明初之诗人张舆，则写道："凤凰山中多古寺，天龙之境何深幽？半空花雨春浮殿，万壑松声风满楼。宋室圜丘禾黍合，胡髡方丈石泉流。吟哦不尽登临兴，落日沧江生客愁。"（引自《西湖游览志》）诗人称颂了天龙寺环境的清幽壮观，也感叹了古寺的沧桑之变。不幸的是，这千年古寺的殿堂楼阁最后毁于20世纪60年代。

天龙寺，一座深藏在天真山丛林深处的吴越古寺，虽然历经沧桑浩劫，但至今仍以古老的石刻造像艺术，展示着它的迷人风韵与魅力，吸引着四海游客与八方善男信女。

7. 钱王祈天留郊台

慈云岭，位于将台山与玉皇山之间，它面对波光粼粼的西子湖，背向烟波浩渺的东去的钱塘江。从玉皇山路拾级而上，可直登慈云岭巅。唐时，这里杂草丛生，人迹罕至，吴越王钱镠为了沟通江湖交通，广征民夫，在此劈山造路，开辟了一条慈云岭路，使得岭路北接湖滨，南达江干，一举贯通江湖商旅与行人往来之路。

慈云岭巅有老玉皇宫，宫前为三岔路口，分别可去湖滨、江干与玉皇山顶。向西登石阶百余步，然后顺石阶下的一条小路向西南方向行去，一路山石峥嵘、杂树遍坡、野草凄迷。小路忽左忽右，忽上忽下，行约半小时，视野豁然开阔，一片平整的长着小树的石围砖铺的遗址便出现在人们的面前。这片遗址中间一块较大，呈正方形，约有50平方米，两边各有略小的、约30平方米的房屋基础二至三块。遗址前还有井泉两个。遗址北面的山崖下，有一块浙江省人民政府2005年3月16日公布、杭州市人民政府设立的"浙江省省级文物保护单位吴越郊坛遗址"的青石石碑。在石碑的左面石壁上，可见一块字迹或全或残的摩崖石刻，上镌"梁龙德元年岁次辛巳（921）十一月壬午朔一日，天下都元帅吴越国王钱镠置"29个字。由于千载风雨侵蚀，字迹漶漫，能辨认的字不到一半。但由此可以确认，此处确为时逾千年的、吴越王祭天台之一吴越郊坛。

在吴越王摩崖石刻左面不远之处，还有著名的灵化洞。不知何故，洞内石岩上镌刻的却是"灵华洞"三字，想必是后人误刻之故。前人谓此洞"深百余步，广十余丈"。因荒芜已久，笔者不敢擅自深入，亦未能发现志书所载的、北宋林逋与苏东坡两位名人的摩崖题刻。

站在吴越郊坛向南与西南方向瞭望，八卦田与钱塘江烟波历历在目，水天一色，极为壮丽，由此而顿悟，吴越王钱镠要择此胜地兴建祈天赐福之郊坛的缘由。

吴越郊坛，又名登云台，或拜郊台。北宋大中祥符元年（1008）改为天真禅寺。清时，改建为慈云道院，后又称慈云宫。复又改称为朱天庙。20世纪60年代，寺院建筑被毁，仅剩地面遗址及三面玲珑剔透之假山奇洞。转眼半个世纪过去，尘土与野草湮没了一切遗迹。直到近几年，考古部门在此勘察与发掘，才使郊坛（也许是之后的寺院的）遗址浮出了水面。

古往今来，多少游人在此凭吊古迹，诗词华章留下了他们无限的感叹，其中有一位名叫夏时的古人，在《登云台》一诗中云："郊台初筑势干云，昔日登临驻六军。吴越江山犹故国，莓苔石刻已无文。"

吴越郊坛之西，有著名的天龙古寺；郊坛之东山坡上，有整齐的石砌平台数处，据山麓白云庵主持一介法师介绍，这里曾是明代的天真书院，著名学者王阳明曾在此讲学，学员甚多。惜此遗迹至今仍湮没在榛莽之中，令人不胜感慨之至。

对此吴越千年胜迹，知者寥寥，游人极少。笔者希望借玉皇山南地区开发之东风，能早日重现吴越郊台盛景，为古城增添一处千年景观及一抹人文色彩。

为此撰写此文，特将杭城此千年古迹介绍给广大的读者，以供凭吊古迹，增添对古城辉煌历史的认识。

8. 杭城地下的艺术宫

在杭城西南的玉皇山南麓施家山，有一座鲜为人知的地下浮雕艺术宫。它长7.6米，宽2.07米，高2.4米，分前后两室。石宫除前后两室之门用整块大青石雕琢而成外，其余均用巨大的、整块的红砂石板，用榫卯技术衔接而成。石宫四壁色呈淡紫。奇异的是，壁上遍布精美绝伦的各种石刻浮雕，其艺术风格足以与杭城吴越巨刹梵天寺经幢及闸口吴越白塔媲美，且有过之而无不及，是杭州最古老的道教风格的石刻代表作之一。经考古学家们考证，原来这里是五代吴越国最后一个国王钱弘俶的生母吴太后（汉月）的陵墓。

吴汉月是五代吴越国第二代国王钱元瓘的妃子，被封为顺德夫人。她自幼崇尚黄老之学，在家中常着道家服饰，对艺术颇有修养，擅长演奏西域乐器胡琴。然而，命途多舛，不幸于40岁时追随先夫而去。吴汉月的爱子钱弘俶与母亲不同，他崇信佛教。但他尊重母亲的信仰，以隆重的道教传统仪式，在离吴越国王宫子城不远处的父王王陵附近，召集能工巧匠，兴建了一座地下浮雕艺术石宫，安葬了他的母亲。

笔者曾有幸去玉皇山南麓施家山南坡，参观沉睡在地下一千余年的、杭州唯一的地下浮雕艺术宫。那精湛华美的石刻浮雕群深深地迷住了我。进入地下墓室，首先可以看到前室的一对石门，上面雕镂着门环和门钉，形如王宫大门之状。最引人注目的是，石门上雕着两个侍女的立像，高约0.8米，身材窈窕，面容丰润，樱唇欲动，眼波将流。她俩的头上挽有双髻，饰有精美的簪花，身穿斜领广袖长衣，内衬裙裤，手执带幡长竿，似为逝者招魂。从服饰及秀美的面容、苗条的身材来看，其具有吴越少女的容貌特色。

穿过前室，便可进入光线稍暗的后室。后室坐北朝南，由四壁组成。按照方位，东壁刻着东方吉祥之神青龙，西壁刻着西方凶恶之神白虎，南壁刻着南方赐福之神朱雀，北壁刻着北方降魔之神玄武。这四个图腾，原是炎黄民族信奉的神灵，后被道教奉为圣神。其中东壁的青龙，鳞甲栩栩如生，长2米余，昂首吐舌，张牙舞爪，作腾飞九霄之状。西壁之白虎，大小如青龙，为与东壁浮雕相称，造型甚为奇特，竟作虎头蛇身之形，为世上所罕见。南壁的朱雀浮雕，已为古代的盗墓贼所毁。北壁为地宫正面，镂雕有椭圆形的花环石龛一个，龛内镂雕龟蛇一体的北方玄武之神浮雕。壁上一龟伏地扬足，昂首向上；一蛇紧缠龟身两圈后，以其吐信之头，俯向龟头，两者紧紧相持、盘结，混为一体，神态惟妙惟肖，雕刻极为细腻、逼真、传神，是整个地宫中最为精美的浮雕作品。四壁神像的下部，每面还各有三尊道童的镂雕石刻，皆头戴道冠，身着长衣，双手在胸前合捧象征十二生肖的动物。现在能见到的只有八种生肖动物。地宫后室墓顶，原为一方巨大的长方形的红砂石板，其阴面镂刻着黄道二十八宿星象图。方位和天星极为合拍，而星象的方位又和地宫四壁的神像相合，充分说明五代吴越国时，我国江南地区的天文学的研究，已有很高的成就。同时，可以看出，地宫设计人是一位高明的、杰出的建筑师。地宫内部布局，足以体现设计师之用心良苦：死者虽然长眠在地下，但其安息的石宫中，仍然是天星高照，神灵相护，侍女对立，道童环绕，宛若生活在一个安详的人世宫廷中。这块珍贵的石刻星象图，同早年发掘出来的、她丈夫钱元瓘墓室上的石刻星象图像相似。据史料记载：吴汉月墓顶石刻星象图，要比世界公认的最早的石刻星象图——南宋淳祐七年（1247）的苏州石刻天文星象图还要早约三百年，看来极有文物价值。

吴汉月墓现为全国重点文物保护单位之一。

9. 保俶塔深寓亲人情

西湖两古塔，分别矗立在雷峰山与宝石山上。古人有"雷峰如老衲，保俶如美人"之说。两座相对而立的吴越古塔，给湖光山色平添了景色的立体之美。

保俶塔高45.3米，现共七级。原名应天塔，为吴越国吴爽延所建。据明代文学家张岱《西湖梦寻》一书记载："太平兴国元年（976），吴越王俶闻（后）唐亡而惧，乃与妻孙氏、子惟濬、孙承祐入朝，恐其被留，许造塔以保之。"

当时，宋兵灭了吴越国北面的后唐后，钱王弘俶深感唇亡齿寒，恐惧异常，便带了妻子、儿子、孙子一起北上入朝，献上吴越国版图，表示愿意臣服宋王朝。钱弘俶的舅父、宰相吴延爽，为了钱弘俶一家的安全，提出做佛事建塔以保佑平安。钱弘俶一家平安归来后，便在宝石山顶建塔。塔原有九级，外有飞檐楼阁围之，宛若六和塔（亦吴越国时建造）之造型。当时浮屠（梵文，塔也）撑云，金碧排空，七宝玲珑，八面九级。塔经元、明、清三代，6次重修。清乾隆五十四年（1789）在塔下发现《吴延爽造塔记》残碑，时人方得知此塔之历史由来。现塔为民国二十二年（1933）照古塔原形重建，改九级为七级，仅保存塔心的砖石结构。塔中出土的佛经及《钱氏家乘》一函等文物，保存至今。

明代著名吴门书画大家沈周写有《保叔（俶）寺》诗云："宝石岩峣耸梵宫，古城西畔乱山东。……下界行人映松竹，半空飞鸟拂帘栊。……故乡迢递独登塔，烟水长洲一望中。"可知当时宝石山上还有保叔（俶）寺，塔在寺中，独立山巅，蔚为壮观。

现保俶塔已成为西湖标志性建筑物，深寓亲友祈祷家人平安归来之意。

10. 天竺道上三古刹

天竺道自灵隐合涧桥南起，一路逶迤而上，如同山间一条飘带。下、中、上三天竺古寺，犹如三颗璀璨夺目的明珠，镶嵌在这两千米多长、曲折多姿、古树簇拥的山道上，使天竺风景区更具有迷人的魅力。

从合涧桥上行一里许，就来到下天竺。下天竺寺院始建于东晋咸和五年（330），创建人为印度高僧慧理大师（也是灵隐寺的创建人），距今已有1690多年历史，时称为"天竺寺"。又因其在天竺道起端，民间俗称为"下天竺"。五代吴越时钱王将其改建为五百罗汉院；清乾隆年间又改称为"法镜寺"。下天竺寺院鼎盛之时，亭台楼阁有20余座。寺前有月桂峰，传说中"桂子月中落，天香云外飘"，即在此峰中，寺后有三生石、金佛洞、翻经台、香林洞等名胜。寺周峰峦叠翠，山溪纵横，嘉木擎天，芳草萋萋。南宋古籍《武林旧事》云："大抵灵竺之胜……实聚于下天竺寺。"这话不是没有道理的。历史上，著名诗人李白、崔颢、张籍、白居易、张祜、杨万里等人，皆至此游览，曾留下无数赞美的诗章。李白诗云："……天竺森在眼，松风飒惊秋。览云测变化，弄水穷清幽。叠嶂隔遥海，当轩写归流。诗成傲云月，佳趣满吴洲。"

由下天竺上行一里许，便来到中天竺。隋代开皇年间，印度宝掌禅师来华传经至此，见此处山川秀丽，古树丛生，咏诗赞云"行尽支那四百州，此中偏称道人游"，于是在此创建寺院修行。后吴越王钱氏取名为崇寿院；宋高宗南渡至杭，在此广建殿宇，蔚成巨刹；明洪武初，赐名为"中天竺禅寺"，寺前山门上原有"中天竺"三字，相传为明代开国元勋徐达所书。寺前古树蒙翳，小溪淙淙；寺西有中印峰，系为纪念宝掌禅师而命名。寺后有千岁岩、枫林坞等名胜。

再沿道上行二里许，即是"三天竺"中保存最为完好的上天竺。它的产生，有个迷人的传说，说是后晋天福四年（939）时，僧人道翊结庐山中修行，发现溪中有奇木闪光，取之刻为观音之像恭置堂中。后钱王梦见白衣人求建其居，即就地兴建寺院，取名为"天竺看经院"。北宋咸平年间，改名为"灵感观音院"，并由高僧辨才在嘉祐年间扩建，终成巨刹。后屡毁屡建，到清乾隆年间，改名为"法喜寺"。但直至今日，民间仍称其为"上天竺"。自宋至清乃至民国，此寺香火之旺，不下普陀，以致齐鲁楚豫等地的百姓，皆至此朝山进香，叩拜观音菩萨，尤以春日最为繁盛。上天竺在三寺中，虽兴建最晚，但名气却是后来居上。寺内建筑恢宏壮丽，布局庄严合理，寺中有观音井，为西湖名泉之一，水质清澈甘洌，其味可抵龙、虎、玉三名泉，惜未开发，为世人所罕知。上天竺寺周，有白云峰、乳窦峰、白云泉、乳窦泉等胜景环绕，宛若"东南佛国"。北宋诗人苏东坡出任杭州太守时，曾多次游此，写下了《雨中游天竺灵感观音院》等多首名诗。历代诗人如朱熹、赵孟頫、倪瓒等，以及民族英雄岳飞，都留下了华美的诗章。

可惜20世纪60年代，上、中、下三天竺中的许多殿堂建筑被破坏、改建，损失惨重，现正在不断整理、修复之中。可以深信，不久将会重现三名刹恢宏的古建筑群面貌，为西湖增光添彩。

天竺道历经1600多年沧桑巨变，名胜古迹、山寺巨刹、洞岩溪泉、嘉木异卉，仍以其永存之青春面貌，展现在人们面前，与灵隐景区珠联璧合、比肩媲美。装点得钱塘西子，如诗似画，使天下游人见之如痴如醉，无不赞叹曰人间天堂。

寻胜觅幽，最宜漫步天竺道；移步换景，山景秀美、引人入胜若天开图画！

11. "缆舟石"镌成大石佛

宝石山最古老的胜迹——秦皇缆舟石所在的大石佛院，又称大佛禅寺，位于西湖北山街北侧宝石山的南坡山腰上。此院始建于北宋宣和六年（1124），院中巨大的弥勒石佛，系妙行寺僧人妙静以秦皇缆舟石镌成。明代后期失修渐圮，现尚剩一尊高9米多、宽11米、厚4米的古迹斑斑的半身石佛。该石佛为杭州最大的石佛像。

据《史记·秦始皇本纪》记载："三十七年（前210）十月癸丑，始皇出游……十一月行至云梦……浮江下，观籍柯，渡海渚，过丹阳，至钱唐……上会稽，祭大禹，望于南海，而立石刻颂秦德。"秦始皇在去会稽（今绍兴）祭大禹时，由于浙江（钱塘江）风恶浪高，就在宝石山下停舟，系缆于山上一巨石。唐代陆羽《武林山记》一书记载了此事。明代郎瑛在《七修类稿》中，写得更为详细："三代时，杭为吴越荆蛮之地，东南沿海，陆少而水多也，故大佛之头，为秦皇东游缆舟之石，官巷口乃官涧口，羊坝头乃洋坝头也。"秦始皇是否曾在此石上缆舟，地方志专家们虽有争论，但并非事出无因，乃与西湖的沧桑之变有着密切的关系。但从北宋宣和六年（1124）起，此石已被镌为半身弥勒佛，髹漆饰金，并构殿覆之，颇极一时之盛。元代至元年间，大石佛院毁于大火。到明永乐年间，僧人志琳重建此寺，永乐帝敕赐为大佛禅寺。明弘治四年（1491）僧人永安又重修。之后殿宇不复存在，仅剩大石佛半身像。明人张舆有诗写道："葛仙岭西大石头，祖龙（即秦始皇）东来曾系舟。不闻登仙入蓬岛，徒见作佛如嘉州。地涌半身云水绕，山开一面金碧浮。几回劫火烧不尽，空对湖山飞白鸥。"较全面地介绍了大石佛的由来及景色的壮观。但从张舆写的诗看来，明代后期，大石佛院的殿宇已经被毁，但大石佛金碧之饰仍在。后来，在漫长的岁月侵蚀下，金彩逐渐脱落，仅剩大佛石坯古迹斑斑，屹立在宝石山南坡山腰上，但仍蔚为壮观。现大石佛周围，仍有不少历代题刻。其中东壁一题刻之词为"古石佛院监察御史施儒书正德丙寅年（即明正德元年）"。西壁旧有沁雪泉，原有题刻已漫漶不可辨认，但仍有清冽的泉水从石壁缝间渗出。大石佛前尚有一大香炉，高约1米，座有四腿，古色古香。

大石佛院背山面湖，山色塔影，云气波光回绕四周，可谓地处西湖北线风景最佳之处，且其胜景上可追溯至秦始皇时代，后有乾隆下江南题诗大石佛院，其间茶圣陆羽还涉足此处，均记入《武林山记》一书中。至于其他相关名人，举不胜举。此院可谓历史悠久、名人萃集，诗词可以编成专集飨人。但如此胜迹，久为居民院落所围，许多中外游客甚至老杭州人，都不知断桥不远处的西子茶室后面山坡上，还有如此古老的人文自然景观。倘能装修此石佛，上覆不大的殿宇，即可成为北山风景线上一处可供开放的古迹。如果能在山麓路旁立一石碑，介绍大石佛的由来兴废，必然会引起中外游客的极大兴趣，同时可以在旅游旺季减轻西湖北线游客过多的压力。

笔者认为，修复大石佛院，是一项花钱少、得益多的园林建设，值得旅游、城建、园林部门考虑。

12. 唐宋时期的樟亭驿

隋炀帝大业六年（610），江南段运河开通。从此，杭州北通邗沟、通济渠、永济渠，直达涿郡（今北京），沟通了海河、黄河、淮河、长江、钱塘江五大河流，成为江、河、海三水的枢纽。凡南北商旅，皆可由杭州转乘海船漂洋至海外各国，而海上商旅亦可经萧山西陵（西兴）渡，驳运至杭州柳浦渡口，经龙山河、大运河直接至江都（扬州）及京都（洛阳）。唐代诗人杜甫在《解闷十二首》诗中写道："商胡离别下扬州，忆上西陵故驿楼。"可见当时外国商旅去扬州，都是以海船经西陵渡到杭州，然后通过大运河去扬州的。

到达萧山西陵渡的外国商旅到杭州来，就要从杭州的柳浦渡上岸。柳浦，即今江干沿江一带（当时州治在柳浦之西的凤凰山麓）。由于柳浦是海陆交通要道，过往中外商人、游客较多，官府在此地设立了一个驿站，名叫樟亭驿（大概这个驿站所在处，有一棵大樟树），专供官员、士大夫任职辞职往来居住，也为商人、游客提供食宿。唐代大诗人李白游了浙东、经海上到杭州探亲游览时，就曾经住在樟亭驿，并在杭州留下了《与从侄杭州刺史良游天竺寺》诗，诗中写道："挂席凌蓬丘，观涛憩樟楼。三山动逸兴，五马同遨游。天竺森在眼，松风飒惊秋。览云测变化，弄水穷清幽。叠嶂隔遥海，当轩写归流。诗成傲云月，佳趣满吴洲。"李白在杭州，游览了天竺山区，还曾在樟亭驿的楼阁上观赏天下有名的钱江潮。无独有偶，大诗人白居易在杭州做地方官时，也曾在樟亭驿会客观潮，他写有《宿樟亭驿》一诗："夜半樟亭驿，愁人起望乡。月明何所见？潮水白茫茫。"另一位唐代诗人孟浩然到此也有《与颜钱塘登障楼望潮作》一诗："百里闻雷震，鸣弦暂辍弹。府中连骑出，江上待潮观。照日秋云迥，浮天渤澥宽。惊涛来似雪，一座凛生寒。"可见过往官吏、客旅，包括一些著名诗人，常在樟亭驿借宿并观潮。

至南宋时，樟亭驿被称为浙江亭。宋孝宗赵昚曾请太上皇赵构、太后及宫内嫔妃等人，出候潮门观潮并检阅水军。南宋《武林旧事》一书记载："淳熙十年（1183）八月十八日，上诣德寿宫，恭请两殿往浙江亭观潮。……御辇檐儿及内人车马，并出……得旨，从驾百官，各赐酒食，并免侍班，从便观看。……水军，并行阅试，军船摆布西兴（萧山西陵渡）、龙山（玉皇山）两岸，近千只。管军官于江面分布五阵……点放五色烟炮满江……市井弄水人（弄潮儿）……凡百余人，皆手持十幅彩旗，踏浪争雄，直至海门……太上喜见颜色，曰：'钱塘形胜，东南所无。'上起奏曰：'钱塘江潮，亦天下所无有……'"

樟亭驿在江干何处？清乾隆年间居住在杭州的海宁诗人许承祖在《西湖渔唱》一书中说，在龙山闸（龙山闸在今之江干复兴街水澄桥旁、原闸口电厂内，"闸口"之名由此而来）；明代田汝成在《西湖游览志》一书中认为，在龙山闸的为浙江驿，系明代洪武三年（1370）所建。南宋吴自牧所著《梦粱录》一书记载樟亭驿在候潮门外跨浦桥。

柳浦南面有白塔岭，岭下有桥谓白塔桥。南宋时，有人在此地卖《地经》，当时桥壁上题有一诗："白塔桥边卖地经，长亭短驿甚分明。如何只说临安路，不较中原有几程。"《地经》即是导游图，可见唐宋时期，候潮门跨浦桥的樟亭驿至白塔岭一带，是中外商人、游客必经之地，有驿站，亦有卖导游图的。

惜此地自清末以来，已冷落，不再如过去热闹，樟亭驿亦无迹可觅。如能在候潮门跨浦桥一带按古形修复樟亭驿，并立碑介绍，将为杭州江干地区重现一处有历史意义的人文景观。

13. 梵天寺的吴越姐妹井

南宋皇城南墙脚边的吴越古刹梵天寺，为宋乾德四年（966）吴越王钱弘俶所建，初名南塔寺，北宋治平年间改称为梵天寺，元元统年间被毁，明永乐十五年（1417）又重建。

20世纪80年代中期，笔者曾随杭州市政协常务副主席项秀文及市政协文化组有关人士，考察梵天寺。除大门外有两座国内罕见的、雕满佛像与莲花的吴越国石质经幢外，在第一进建筑物前天井里，有一口古朴的深井。井呈圆形，深不见底，井周用黑色砖体砌成，排列有致。砌井之砖，较今日常见之砖为大，砖上刻有"永泰"两字。经查"永泰"，是唐朝代宗李豫的年号，时间在公元765—766年。又据明田汝成《西湖游览志》及明张岱《西湖梦寻》记载，吴越王钱弘俶曾亲迎宁波阿育王寺舍利（佛之遗骨或火化后凝成的结晶体）于梵天寺内供奉，并在南廊凿井。吴越王钱弘俶凿此井在宋乾德四年（966）至宋太平兴国三年（978）之间，而砌井用的是两百多年前的唐砖，比井的历史要早得多，想必是取以前遗留下来的现成之砖，用来砌井。

据史载，此井凿成后不久，井中出现一条鳗鱼。每当天气转阴，鳗鱼就露出水面吐气，而一旦转晴，它就深藏不露。时人以为此鳗有灵，故命名此井为"灵鳗井"。其实鱼类对气候变化的感知比人灵敏，每当天气转阴时，气压降低，水中较闷，鱼便露出水面呼吸氧气；而每当阴天转晴，气压正常，水中无气闷之感，鳗鱼便又深藏不露。这种情况，在杭州中河、东河中也是常见的。古人对此自然科学的道理不明白，故以为有灵。

2009年初夏，笔者有幸再次随上城区政协文史委专家组，造访吴越国古刹梵天寺遗址，发觉寺中第一进建筑物不知何时已经被拆去。灵鳗井虽然依然存在，但被一块大青石板覆盖着，见不到井口。

据说旧梵天寺墙外还有一口吴越古井——金井。笔者与同去的专家、学者们穿过寺东面与东北角的菜地，果然在北面的菜地上见到一口巨井。井宽约1米，长约2米，深约六七米，四周砌以石块与古砖，水质清洌，当地农民常用此井之水浇灌寺旁菜地。

从形制上来看，此井与河坊街历史街区大井巷内的、吴越国时开凿的吴山井（俗称大井）大致相同。井像一个小池塘。不过，吴山井上面覆有地坪，露出五个井口；金井上面没有地坪，大井赤裸着，也可能吴越时与吴山井的模式与造型是一样的，后来上面的覆盖层被毁掉了。幸而此地非闹市，金井受到的破坏较少，故而时逾千年还仍然能保存完好。

对于这样两口时逾千年、见证古城历史发展的、人文与自然景观兼之的吴越古井，笔者认为应该被认定为文物，并对其立碑记载予以妥善保护。最好上面能各建一个小亭加以覆盖，以免杂物落入其中污染水质，使古井能传之后世。

14. 韶国师开凿钱塘第一井

杭城清河坊历史街区的大井巷内，有一口古老的大井，名寒泉，又叫吴山井。此井井下为一个周围四丈的、宛若小池塘的泉池，上有五个井口。此井之水，来源于西面吴山，泉水经岩层多次过滤而汇聚于一井之中。由于不杂江湖之流，水质清澈澄碧，宜于酿酒、品茗。前人品其水质，认为应属钱塘第一。

据南宋吴自牧《梦粱录》及明代田汝成《西湖游览志》记载，此井系吴越国德韶国师在建城时所凿，至今已有一千年历史。

南宋淳祐七年（1247），杭城大旱，百姓缺水，市内井泉全部枯竭，点滴不剩，独此井如常，打水者自早至晚不绝，而井泉之水亦不减不盈，依然如常。时人以为有神龙居之，故在井畔建井龙王祠，长年祭祀。到明洪武年间，浙东参政徐本刻石立碑，记南宋之事于碑阴，使后人得知此井曾救杭城百姓于大旱之中。

明时，大井中有数尺长的野生金银杂色鱼，在水中时隐时现嬉戏，相传鱼种系来自井泉底部的吴山泉眼。

吴山大井历经千载，水质依然不减当年。至今仍以源源不绝之清澈澄碧的井泉之水，供大井巷附近居民日常生活所用，为人民群众的用水提供了极大的方便。只是大井旁古碑已无处可寻。作为古城悠久历史的见证人——吴山井，有必要作为人文、自然双重景观，加以重点保护。

15. 巷名百井千古奇

杭城延安路北段东面，有百井坊巷，是杭城目前尚存的南宋古巷之一。巷以井名，而井之数竟以百计，可谓杭城一传奇。一条古巷之中，为何有百井之多？

百井坊巷所在之地，原为古寺，始创于南朝萧梁之初，至唐时被称为龙兴寺（至今灯心巷口尚保存有唐代留下的龙兴寺碑）；吴越时，于此立戒坛院，故又有戒坛之名。到北宋初，又改为大中祥符寺。相传此寺规模恢宏，周围广袤九里之数，寺僧众多，再加上这一带人口稠密，故钱王下令在此凿眼打井，以解决当地百姓的吃水、用水问题。

杭城本江海故地，吴越时杭城东北部还是成陆不久的咸卤之地，要找淡水比较困难。当时钱王所开之井大多在杭城南部近山之处，如梵天寺姐妹井、吴山井等。据《永乐大典》记载：大中祥符寺"有钱王所凿九十九眼井"，这个记载与其他有关文献一样，都没有提及钱王为何在这么一个并不大的范围内开凿九十九眼井（号称百井）的原因。南宋名人楼钥有诗云："吴越大筑缁黄庐，为穿百井以压之。"说吴越国在此大兴寺宇、凿百井的目的是为了镇压邪气，这是一种说法。但笔者以为，钱王凿百井比较可信的原因，是为了寻找淡水，由于所凿之井大多苦咸，不得不凿了又凿，以致井数达到九十九眼之多（并非九十九口井，如吴山大井，一口井有六眼之多）。

现在，延安北路西侧的人行道上，还有一口名为"钱王井"的古井，就是当时所凿。盖龙兴古寺旧有九里之方圆，故此井当时大约也在寺中。据专家所言，此井原名"铁甲泉"，水味甘醇，久旱不涸，实为难得之古井。其水质后世转佳，大概与当时杭城北部地区咸卤消退，土质淡化有关。

百井坊巷至今依然存在，足以见证杭城城市建设的历史发展。

16. 诗人"市长"留下三宝

杭州西湖，山清水秀，风光旖旎，宛如一颗璀璨的明珠镶嵌在祖国的东南方。要说西湖之美，不仅仅是因为它峰奇山幽，碧波粼粼，湖光山色，相映如画；更因有众多的历史人物在这里留下光辉的业绩，而使湖山生色。岳飞、于谦、秋瑾等民族英雄的光辉史迹，白居易、苏东坡、柳永等诗人的璀璨诗篇，使西湖负有盛名。清诗人袁枚有诗道："赖有岳于双少保，人间始觉重西湖。"

"水光潋滟晴方好，山色空蒙雨亦奇。欲把西湖比西子，淡妆浓抹总相宜。"这是北宋诗人苏东坡在任杭州通判时留下的、赞美西湖景色的最美诗篇。诗人第一次把美丽的西湖，比作为西施，从此，西湖便有了西子湖的美称。千百年来，此诗名盖古今吟咏西湖的诸诗。

苏轼（1036—1101，一说生于1037年）字子瞻，号东坡居士，四川眉山人。北宋熙宁四年（1071）出任杭州通判，任职三年；到元祐四年（1089），任杭州太守。

杭州在初唐时，已经成为江南名郡，居民十余万户，税收50万缗（一缗等于一千文）。当时，海舶直通杭州湾，中外商旅云集西湖之滨，"骈樯二十里，开肆三万室"；"东眄巨浸，辏闽粤之舟楫；北倚郭邑，通商旅之宝货"。到唐宋之间，西湖所蓄之水，对杭州人民的生产劳动和生活，已经产生重大的作用。当时，杭州人用西湖之水灌溉良田、饮用酿酒、运输助航。但宋初以来，杭州历任地方官只知声色犬马、花天酒地，用湖不治湖，致使西湖淤泥日增，葑草蔓生，湖面日益缩小，蓄水越来越少。大雨滂沱之时，无以积蓄，炎夏干旱之月，又无水可取，严重地影响了杭州的农业、酿酒业、运输业及百姓饮用等。当时作为杭州地方官的苏东坡见此状况，心急如焚，便向朝廷进呈《乞开杭州西湖状》，列举西湖五不可废之理由：一、西湖如听任葑草（茭白草）蔓生，杭州会失去民用饮水水源，因为自唐以来，杭州民用六井之水，都是用瓦管、竹筒引自西湖；二、杭州每年酒税20万缗，如果西湖干涸，无酒可酿，税收必将大为减少；三、西湖之水供杭州城郊农田灌溉之用，如西湖一旦淤塞，必将影响农业生产，还要影响城中运河航行……苏东坡所进奏章，因为牵连到北宋王朝的税收等利益，所以很快就被朝廷采纳了。但是，朝廷对于疏浚西湖，并没有拨给多少款项。苏东坡只靠了朝廷给他的一百张僧道出家批准书——"度牒"，卖了一万七千贯钱，再加上救荒余款，开始了庞大的疏浚西湖的计划。他先后用工20余万，终于将淤塞西湖的葑草和淤泥打捞干净，并用来堆积成自南向北、横跨西湖2.8千米的长堤。并在堤上建造了"映波""锁澜""望山""压堤""东浦""跨虹"等六座石拱桥，沿堤种植柳树与桃树。故苏堤历来有"西湖六条桥，一枝杨柳一枝桃"之说。从此，杭州西湖便有了"苏堤春晓"这个景色，它被列为西湖十景之首。

苏东坡疏浚西湖，无疑是符合当时杭州人民的愿望的。老百姓们都十分感激苏太守。他们听说苏太守爱吃红烧肉，都不约而同地向太守衙门赠送猪肉，聊表内心感激之情。几天时间，老百姓送来的猪肉竟堆满了公堂，苏东坡和衙役们根本吃不了。于是，苏东坡便嘱咐管家，烧好后送给疏浚西湖的民工们吃，并让管家连酒一起送。主办此事的管家误听成"连酒一起烧"。结果，烧出来的红烧肉与往常不同，油润红酥，香味格外诱人，成为杭州一道传统名菜"东坡肉"，一直流传至今。

苏东坡虽然身为一郡之长，但他在杭州任职期间，廉洁奉公，爱民如子。他两次在杭为官，前后达五年之久，在西湖的山山水水之间，写下了三百多首诗歌。其中不少篇章是赞美西湖景色的，其中除《饮湖上初晴后雨》一诗把西湖比为西施外，还有《雨中游天竺灵感观音院》那样富有人民性的作品。在诗中，诗人感慨万分地叹息："蚕欲老，麦半黄，前山后山雨浪浪。农夫辍耒女废筐，白衣仙人在高堂。"含蓄地嘲讽封建统治者高居庙堂，不顾劳动人民的死活的形象。他的诗词有的清新、优美，富有艺术感染力；有的比较豪放，充满浪漫色彩，成为吟咏西湖的千古绝唱。

凡是为人民做过好事的人，人民就永远不会忘记他们的功绩。尽管苏东坡只在杭州当了五年的地方官，然而他确实是为杭州人民做了不少好事，特别是疏浚西湖、建筑长堤，使西子湖免于干涸而造福后人。他死后，杭州人民立祠纪念他，并且把他主持疏浚西湖时堆积的长堤，命名为"苏堤"，永远怀念着他的政绩。而他赞美西湖的众多诗词，至今仍为杭州人吟咏不绝。此外，他无意之中创造的东坡肉，至今脍炙人口，被列为杭州传统名菜之首。

可说，苏东坡在杭州任职五年，给杭州人民留下了苏堤、西湖诗词、东坡肉三宝！

17. 安溪胜迹沈括墓

1985年12月30日，笔者应邀参加杭州市政协组织的名胜古迹考察小组，对乌龟山郊台下的南宋官窑遗址及五代吴越国吴汉月墓，进行了考察。

在考察中发现，郊台下南宋官窑遗址出土的南宋砖头，与科普作家陆垂炳先生从安溪考察现场带回的、据说是"沈括墓"出土的砖头完全不同，而与被认为是南宋"张浚墓"出土的砖头色泽、大小、厚薄、长短完全一样。据此，笔者认为，同当地文管部门在"沈括墓"中发现北宋铜钱一事联系起来分析，两方面从两个不同的角度，证明现被确认的"沈括墓"，确系是北宋坟墓，可以排除是南宋墓的判断。此外，沈括生前治理过太湖水系，对苕溪进行过精心考察与治理，并且倾注了无数心血。他晚年住在镇江，将居住的园子取名为"梦溪园"，是有一定含义的。他朝思暮想，甚至连做梦都梦见了的"溪"，是什么溪呢？据悉，镇江那条溪，水流不大，与他无甚关系，而安溪的苕溪水势浩大，洪水来时更是十分汹涌，且他又曾经在该处治理过水利，有一定感情。他生前所梦之溪，当是太湖水系之安溪苕溪。沈括死后，子孙根据他生前意愿，将他安葬在安溪，也是符合情理的，并与《万历钱塘县志·纪胜》中记载之安溪"北为峨墅岭、太平山，有沈括、张浚墓"一致。

从以上所述，可以进一步论证：安溪之沈括墓，是可信的。现已被有关部门定为文物保护单位。

注：沈括（1031—1095），北宋科学家、政治家，浙江钱塘（今杭州）人，神宗时曾参加王安石变法运动。著有《梦溪笔谈》一书，在多个学科方面有研究成果，在世界科技界具有较高的评价与地位。

18. 欧苏情凝六一泉

西湖孤山南麓，俞楼后面，有一傍山之亭，飞檐翘角，亭中有一泉池，面积约两平方米。此泉发现于北宋时，至今已有一千余年历史。

宋代诗人苏东坡于熙宁四年（1071），被朝廷任命为杭州通判。在赴任途中，他至颍上拜谒了文豪欧阳修。欧阳修介绍了一位西湖高僧惠勤给他，说："西湖僧惠勤甚文，而长于诗。"

东坡到任三日，就往孤山拜访惠勤。两人促膝而谈，十分融洽。之后，苏东坡有空时常去惠勤处玩，一起品茗赋诗，成为莫逆之交。过了三年，苏东坡任满离杭时，欧阳修已病逝。元祐四年（1089），苏东坡隔了18年后，再次来杭州任知州，而此时惠勤已去世。惠勤的弟子二仲，画了欧阳修及师傅惠勤和尚的像，挂在寺中一起祭祀。东坡闻知，不胜感慨。这时有泉水，从寺院佛堂讲台下涌出，为了纪念欧阳修，就命名此泉为"六一泉"（欧阳修自号六一居士）。苏东坡据此，写下《六一泉铭》曰："泉之出也，去公数千里，后公之殁，十有八年，而名之曰六一，不几于诞乎？曰：君子之泽，岂独五世而已。盖得其人，则可至于百传。尝试与子登孤山而望吴越，歌山中之乐而饮此水，则公之遗风余烈，抑或见于斯泉也。"

"六一"为欧阳修晚年的自号，他曾作《六一居士传》一文，文曰："吾家藏书一万卷，集录三代以来金石遗文一千卷，有琴一张，有棋一局，而常置酒一壶……以吾一翁，老于此五物之间，是岂不为六一乎？"这是欧阳修自我介绍"六一"的来历。

惠勤之徒二仲，当时曾在泉上建一石屋，保护泉池，并镌刻欧阳修《六一泉铭》于屋上。南宋时，理宗在孤山建西太乙宫，南麓的所有景观几乎都被圈入宫中。这时，六一泉上面的石屋已倒坍，于是再覆以石亭，挂上了宋理宗亲题的匾额。

诗人杨万里后到此地游赏，以六一泉之水，煮茶品茗，并作诗赞曰："鹰爪新茶蟹眼汤，松风鸣雪兔毫霜。细参六一泉中味，故有涪翁句子香。日铸建溪当退舍，落霞秋水梦还乡。何时归上滕王阁，自看风炉自煮尝。"杨万里说，泉水中有欧阳修美文句子的香味，连当时有名的会稽平水的名茶日铸茶与福建建瓯的御茶建溪茶的香味，都比不上。可见杨万里是何等赞赏欧阳修文章的水平。

元朝初年，石亭再次被毁，泉又湮没消失，苏东坡所书泉铭，亦被人偷去。明成化十二年（1476），当时朝廷大理寺卿夏时正，拨款疏浚，发掘出泉眼。后六一泉又湮没几次。

现今六一泉已经修复、疏浚，并覆之以半亭保护，又在泉旁植树、栽花，成为孤山南麓一处景色幽雅、游人不断的景观。节假之日，常有四海游客及市民至此游览、摄影，只是大多人不知此泉是北宋时西湖的名泉，与欧阳修、苏东坡两位文豪有关。

19. "梅妻鹤子"林和靖

从西湖十景之一的"平湖秋月"，向北穿过马路，行至孤山北麓，可见北宋隐逸诗人林和靖（967—1028）之墓。墓之附近，原有林和靖故庐，诗人自己称为巢居阁，意即屋小如巢阁。他在这里种梅养鹤，不仕不娶，靠卖书画维持生活。几十年安于贫穷，20年不进杭城。因他为人风雅、高傲，有品位，有诗名，来孤山寻访他的文人墨客不绝于途。

林和靖经常自划小船，去拜访湖周边寺院的高僧大德，与他们诗歌唱和。有时家中来了客人，书童便放出鹤，去湖上找林和靖。林和靖一见到有鹤飞来，知道有客来访，便棹舟回家。他还在宅旁种了梅树，人称"梅妻鹤子"。

当时的杭州郡守薛映均，钦佩林和靖为人，与其诗歌唱和，并出钱为他重建新宅。范仲淹、梅尧臣皆推重林和靖之为人，与之唱和。

年老时，林和靖自筑墓于庐侧，作诗云："湖上青山对结庐，坟前修竹亦萧疏。茂陵他日求遗稿，犹喜曾无封禅书。"林和靖所作《山园小梅》中的诗句："疏影横斜水清浅，暗香浮动月黄昏。"为千古咏梅绝唱。

北宋天圣六年（1028）林和靖去世，享年61岁。州郡上报朝廷，宋仁宗叹悼，赐谥"和靖"先生，葬于孤山旧庐之侧。墓前水中小岛，尚有"鹤冢"一丘。

后世人说，林和靖种了三五百棵梅树。又有专家考证说，林和靖只种了一棵梅，只养了一只名叫"鹤皋"的鹤。

明嘉靖年间，钱塘令王钺在元代旧鹤亭处，重建了放鹤亭。康熙三十五年（1696），清康熙帝南巡，题名"放鹤亭"，并将明代董其昌所书的南朝鲍照所作《舞鹤赋》临摹下来，刻石置于放鹤亭正面。

元时，番僧杨琏真迦曾发掘林和靖墓，仅得端砚一方，玉簪一支。20世纪60年代，林和靖墓亦遭破坏，现已修复。

南宋学者林洪在名著《山家清供》一书中，说自己是林和靖的后裔。更有日本制作馒头的祖师，说自己是林和靖的后裔，明时将中国馒头的制作技术带至日本。无从查考，姑妄言之，不妨姑妄听之。

20. 柳永绝唱赞钱塘

古往今来，赞颂杭城的诗词可称车载斗量，白居易、苏东坡都留下了不少美好的华章，但尽情赞美杭城的诗词，当首推柳永的词《望海潮·东南形胜》。

北宋词人柳永与名士孙何本是白衣之交，后孙何知杭州。柳永欲拜谒旧友，但门禁甚严，不让进入。他便以《望海潮·东南形胜》一词，托付杭城名伎楚楚："欲见孙相，恨无门路。若因府会，愿借朱唇歌于孙相公之前。若问谁为此词，但说柳七。"中秋府会，楚楚宛转歌之，孙即日迎耆卿预坐。（《古今词话》）

柳永本想以此词歌颂孙何治杭盛迹，以打动旧知得以一见，没想到此词却一时轰动当时词坛，传为美谈。

此词中的"东南形胜，三吴都会，钱塘自古繁华"；"重湖叠巘清嘉，有三秋桂子，十里荷花"等词句，屡被后人引入文章之中，作为杭城地理及景观的特色介绍。此外，词中描写的"市列珠玑，户盈罗绮，竞豪奢"，让后人了解到北宋杭城市井的繁荣及市民美好的生活；"烟柳画桥，风帘翠幕，参差十万人家"，展现了如诗似画般的杭城市容面貌；"怒涛卷霜雪，天堑无涯"，写尽壮美的钱江潮。一首词，让北宋时期杭城的繁荣兴旺壮景，完美地展现在后人的心目中。这是前无古人的。

柳永（约984—约1053），祖籍崇安（福建武夷山），生于沂州（山东费县），出身于一个官宦之家中。咸平五年（1002），他流寓于苏杭；屡试不中，直到暮年才及第。任睦州（梅城）团练推官、余杭县令，以屯田员外郎致仕，故世称柳屯田。

一个富有才华的词人，为何在北宋文治武功鼎盛的宋仁宗时代，却未能受到朝廷重用，一展宏图？这是因为柳永与宋仁宗地位、性格完全不同，互相纠葛、相逆，造成柳永只能在晚年当了几年的杭州及其他地方的低级官员。

其实，柳永的才华早已为宋仁宗赏识，宋仁宗还是一个"柳粉"。只是因为柳永名落孙山时，写的一首词，得罪了宋仁宗。这首词中有这样几段："黄金榜上，偶失龙头望……才子词人，自是白衣卿相……忍把浮名，换成浅斟低唱。"宋仁宗哪里受到了柳永这"指桑骂槐"？一年科举，柳永终于榜上有名，宋仁宗一见到柳永的名字，得知他是那个才子词人，便御笔批道："且去低斟浅唱，何要浮名？"（《能改斋漫录》）

柳永又一次落第。但他却借此索性放开，潇洒地过日子，谑称自己"奉旨填词"。朝廷少了一个能人贤官，世上多了一个才子词人。

柳永生前的每一首词，都为教坊乐工、歌姬所传唱，人们以传唱柳词为荣。人称"凡有井水处，皆能歌柳词"。

柳永去世时，家中连下葬的钱都没有，后由传唱柳词的那些歌伎朋友们，凑钱安葬。每年清明，她们都相约去柳永墓前"凭吊柳七郎"。

21. 寻访雷峰塔遗址

65年前，我17岁。那时，我常和老爸去汪庄边的西湖岸边钓虾。从长桥西面的一条小路进去，走不多时，就可看到汪庄的门楼及紧闭着的铁门。

20世纪50年代，汪庄到白云庵沿湖有一条路，夏日湖畔，垂柳随看湖上的清风，飘动着长长的柳条，树上知了在叫。市区酷热难熬，此处却凉风习习，阴凉之至。因为宁静，此处湖畔的石缝里长着许多硕大的虾。我与老父带了网兜及一二十个上有浮标、下挂穿着蚯蚓的环状铁丝的诱饵，在此捕虾。只半天时间，我和老父便捉到二三十只大虾。到时，晚餐桌上便会有一碗红艳艳的油爆大虾，那是老母的拿手杰作。

虽然汪庄湖边很凉爽，但一坐半天，我这个小青年总是耐不住寂寞。我同老父说，我要到背后山上去玩玩。老父答应了。

雷峰塔所在的山并不高，从汪庄边上上去，不过二三十米，好像比孤山低。山上的路坑坑洼洼，路上有碎石，也有破砖……

说起雷峰塔的塔砖，非常奇特：砖体特大，每块砖的中央有个圆洞，洞里有一卷木刻雕版印刷的经文。这是当年吴越王钱弘俶为黄妃得子而建，故名黄妃塔。为给黄妃及儿子祈福，吴越王钱弘俶特命人烧制中间有圆洞的大砖，以便每块砖中间放一卷佛经。这经叫《一切如来心秘密全身舍利宝箧印陀罗尼经》，每卷卷首有礼佛图，经卷外层有题记："天下兵马大元帅吴越国王钱俶造，此经八万四千卷，舍入西关砖塔（因塔在当时的西关外，故又名西关砖塔），永充供养，乙亥（975）八月日纪。"如此看来，当初黄妃塔塔砖中藏有整整一卷经文，每块砖中藏有经文的一小部分。据史载，雷峰塔原有木制围廊，形若六和塔。元时，为元兵所烧毁，只剩下光秃秃的一个塔心。残存的赭色砖塔，有如身披袈裟的老僧，故明时人有"保俶如美人，雷峰如老衲"之喻。

雷峰塔并非自己倒坍，九十多年前，有人发现塔砖砖心藏有经卷，消息传出，杭嘉湖地区蚕民为保养蚕顺利，纷纷前来挖砖、取砖，致使塔身重心倾斜，于1924年9月25日下午突然倒坍。塔倒之时，声音巨大，尘土蔽日，不少湖滨地区的市民都亲睹塔坍实景。塔倒之后，雷峰塔的砖经，身价倍增，一时成为抢手的古董。余出生晚，只是在浙江博物馆的橱窗里，见到过砖和经卷的"庐山真面目"。那经是套色的，至少有三种颜色，佛像是红、蓝兼之，经文是黑色的。虽然年逾千年，但依然清晰异常，可说是研究吴越木刻雕版技术及佛经的宝贵文物。

再说我当时攀上山顶，只见这片土地中间，有个多面体的塔基，几边的砖头高高低低，错落有致；塔基旁，散落着许多砖的碎块。四周杂树丛生，只有风从树间穿过，发出树枝摇曳之声。在此远眺，西湖三岛两堤及市井鳞次栉比的房屋历历在目。然而此处毕竟太过冷僻、清幽，年轻的我有点胆小，便顺着山的斜坡，一步步下了山，离开了雷峰塔。

之后，汪庄成为西子国宾馆，去汪庄的路被封闭，我再也没机会去旧地重游了。一转眼，半个多世纪过去了。

22. 方腊火烧六和塔

杭城之东有钱塘江，其入海处呈喇叭口，每日潮起潮落。尤其是每年农历八月中旬，因月球强烈吸引之故，江潮汹涌，如万马奔腾，有"十万军声半夜潮"之称。钱塘江哺育了吴越儿女，但也给两岸百姓带来无尽潮患，毁堤伤民，灾害不断。

北宋开宝三年（970），吴越王钱镠之孙钱弘俶建造六和塔，用之镇压潮患。塔名六和，系取自佛经"六和敬"之意，包含：见和、戒和、身和、口和、意和、利和。

六和塔高60米，外13层，内7层，造型雍容大度，气宇不凡，结构奇妙，充分体现了吴越能工巧匠无穷的智慧与创造力。塔之外围，层楼叠阁，檐角风铃，内壁则绘有飞禽走兽、花卉飞仙，充分体现了我国传统建筑艺术的特色。

北宋宣和三年（1121），六和塔寺被睦州方腊起义军烧毁。

方腊，睦州青溪县（今杭州淳安）人。北宋宣和二年（1120），方腊率军占领杭城，杀地方官2人，烧城6天，百姓死者不计其数。南宋《咸淳志·寺院》记载，当时杭城有寺院773所，绝大多数被方腊军所烧毁，其中包括六和塔寺。北宋宣和三年（1121），朝廷派童贯率大军击败方腊起义军，方腊于同年四月被俘，八月被处决。对于方腊功过，史学界贬褒不一，仁者见仁，智者见智，没有定论，但他对杭城建筑的破坏程度，是前所未有的。

南宋绍兴二十二年（1152）宋高宗时重修六和塔，因工程巨大，耗时26年之久，直到南宋孝宗淳熙五年（1178），塔寺及附属僧房、民房才全部竣工。宋孝宗亲笔御赐"慈恩开元教寺"匾额。现在六和塔内的砖砌塔身，即是南宋时之遗物。

六和塔，现为全国重点文物保护单位。

23. 涌金池与金华将军庙

早些年在西湖南线景观开发中，在原儿童公园与柳浪闻莺公园之间，修复了一个涌金池，并在池中立梁山好汉张顺的塑像。涌金池与梁山好汉张顺及所在地涌金门，有何关系？这三者之间有联系吗？这是游览西湖南线时，中外游客及杭州市民希望了解的一段历史。

说起涌金池、涌金门、梁山好汉"浪里白条"张顺，不得不提起原涌金门内、涌金路被毁的吴越古寺金华将军庙。

金华将军庙初建于吴越国清泰元年（934），所祭祀的为后唐真定人曹杲。曹杲初任金华县令时，金华一带发生军队叛乱，曹杲以巧计平定之，受到吴越国国王钱元瓘的嘉奖，被晋升为婺州（今浙江金华）太守。至北宋初期，吴越王入朝，遂以国事委之。曹杲便一手管理起杭州的城建工作，开始疏浚涌金门的三个水池，并引西湖水入城，将城内河流与西湖相通，便于水上游览与运输。吴越王回杭后，见此水利业绩，赞赏之至，便在这连成一片的大池边立碑刻字，亲笔题名"涌金池"。在"钱元瓘"三个大字后，还刻有"清泰三年丙申之岁（936）建午之月特开此池"16个字。

清代乾隆年间诗人许承祖，在著名的记载西湖名胜古迹的《西湖渔唱》一书中，有诗云："陈迹争传界郭西，金池曲曲玉塘低。短碑清泰难摩读，寂寞城头乌夜啼。"从许承祖诗中可以得知，涌金池边砌白石为塘，可见此池修建得十分精致、美观，且从吴越清泰年间历经八百年至清乾隆年间，吴越王钱元瓘所题之石碑依然存在，只是字迹模糊难以识别而已，可见此一古迹多么为历代古人重视。直到20世纪50年代，一再缩小的涌金池依然存在，一部分在金华将军庙内（庙西部有池水部分），一部分在金华将军庙外，其所围之石块上仍有"涌金池"三字。再说金华将军庙，曹杲去世后，杭州百姓为纪念这一安定浙江、建设杭城有贡献的历史名人，便在涌金池上建金华将军庙，香火从吴越时一直延续到20世纪60年代，计有近千年之久。笔者少年时代，居住在该庙附近，经常和大人前去游览。逢年过节时，香客众多，尤其热闹，为西湖南线著名之古迹胜地。且当时不光杭州市民至此游览烧香，每到一年一度的西湖香市来临时，外地香客更是摩肩接踵至此烧香，灯火昼夜不灭，香火氤氲缭绕。金华将军庙中之神像，虽毁于20世纪60年代，但恢宏的庙宇一直留存着。虽然屡毁屡修，最后之殿堂建筑可能出于清代，但此古迹能流传千年，经久不衰，也不是一件容易的事，可惜到修建杭州市政工程时被毁，不禁使人扼腕叹息不已。此外，再说说梁山好汉"浪里白条"张顺。据《水浒传》记载，北宋末期，梁山好汉们为朝廷招安后，被派至杭州攻打方腊所占之杭州城。因张顺水性较好，便带人欲从涌金水门入城，不幸被方腊士兵所杀害。《水浒传》说金华将军庙是杭州百姓为纪念张顺所建，故张顺在民间有"金华将军""青蛙将军"之说。《水浒传》是小说家之言，姑妄言之，不妨姑妄听之。现在新建的涌金池中，立塑"浪里白条"张顺之像，即是来自小说与民间传说。不管怎样说，与曹杲有关也好，与张顺有关也好，金华将军庙倘在，一能纪念吴越国历史名人曹杲，二能纪念梁山好汉张顺，一举两得。如今，金华将军庙被毁，西湖南线除少了一处历史古迹外，新建的涌金池与新塑的张顺立像，都成了无源之水、无本之木。要使以上两个景观站得住脚，必须重新修复被毁的金华将军庙，使三处古迹连成一片。

此外，令人感到遗憾的是，新修复的涌金池，不在原处，未免移花接木，失去真实性！

24. 南宋宫苑遗址觅踪迹

南宋大内禁苑范围，东至候潮门一带，南至笤帚湾偏北，西至凤凰山山腰，北至万松岭以南。"皇城九里"（见宋人陈随应《南渡行宫记》），范围大致吻合。南宋大内，计分南内、北内两部分，南内即凤凰山东麓之皇城，北内即德寿宫。南内又分为宫殿与禁苑两个部分。宫殿所在之地，在凤凰山与案山（今馒头山）之间一块缓坡地上，即原浙江军区后勤部仓库、五四中学一带，前有馒头山为屏，后有凤凰山为靠，左翅右翼，南面原还有包家山和题额"蒸霞"的桃花关（可能为历代开山取石所毁），地形酷似一张太师椅，以旧时风水而言，是"藏龙栖凤"之所。禁苑有东、西两处，东苑约今之凤山路一带，是皇城内主要的御花园，西苑在凤凰山西北角。宫殿及东苑已毁于元代战乱。西苑除古木及亭台楼阁被毁之外，大部分胜迹都完好如初。如以原西苑宫墙内外之景观而言，至今尚保存着四个小景区，即宫墙西北面的九华山石林景区、圣果寺景区、月岩石林景区、将台山景区。下面分别介绍这四个小景区的胜迹精华部分。

九华山石林景区：九华山在万松岭之南，凤凰山之北，是一座狭长而开阔的平台式的小山，南宋时有殿前司，即皇宫的禁卫机构，平民百姓是不能进入的。现在可从万松岭向南经报恩寺遗址，攀登上九华山。虽然已不见鳞次栉比的南宋古建筑群落，但荆棘丛中一组组石林，依然兀立在山顶上，有的俊俏端庄，有的浑厚粗重。顺盘曲的小径继上，迎面一组石林的一块岩石上有"开襟"两个大字。它有双重意思，一是说到此眺望，湖光如镜，令人心胸顿开；二是说走到此处，登山者当是热汗淋漓，是解襟稍息之时了。附近岩石上，还有"登峰""有美"等题刻，那是属于较晚的清代的遗迹，亦是赞赏此地风光之幽美的。从这里顺山坡而下，前面就是"望湖石"。附近有一组石林，内有"石匣泉"，清澈的泉水自岩缝渗滑而出，好似此泉藏于"石匣"之中，甚为奇异。再前进，又是一组峭壁似的石林，只能从一隙缝中侧身进入。至此，前景骤然敞开在眼前：凤凰山两翼轩翥，左翼近西湖，右翼掠钱江，宛若一只向东飞翔的巨大的、绿色的凤凰，栖身在江湖之间。

圣果寺景区：凤凰山与将台山之间有一个山湾，即箬帚湾，这个山湾内，是隋代开皇二年（582）所建的著名古刹圣果寺所在。唐代武德年间，这里建有"望海楼"，当时山上松茂竹盛，绿荫蔽日，是避暑胜地。南宋时圣果寺区划入禁苑之内。元代之后，此寺几毁几建，最近一次毁于抗日战争期间。寺址中属下面台地部分的岩壁上，雕有十六罗汉像，部分被毁；上层登高之台地上，岩壁上原有阿弥陀佛、观世音、大势至三尊巨型佛像，是西湖石刻造像中最为巨大者，现仅剩佛座与石壁上之佛像身形。这里曾是圣果寺主殿所在之处。这一带，景物较多，原有忠实亭，亭已早圮，但岩石上还有宋高宗赵构所写"忠实"两字石刻。后面山壁上，有宋人王大通所题刻"凤山"两个大字。这附近还有凤凰泉、通明洞，以及明代嘉靖年间苏州陆鳌、盐官僧人明秀读书、讲经之处。

石壁间有石阶，名曰"上天梯"，一边还有"郭公泉"。再往上，则可见归云洞，又名仙姑洞。洞内原有不少古篆文，现已漫漶，难以辨认。

周围上下，其他还有隐豹岩、白玉宫墙、香象等胜迹。

月岩石林景区：从圣果寺景区向西而行，可见丛林之中有一片青石拔地而起，构成错落有致的石林。石林的灵岩之宗，即是月岩。在一座离地面10米高的峰岩顶上，有一个石孔。据文献记载，唯中秋之夜，月光才能完整穿孔而现，并在地面上留下一个明镜似的月影，相对成双。如向石孔观望，明月正嵌在这石孔之中，宛若千古明镜台。现在附近峰岩之上，尚可见"高大光明""无影相""光影中天""本来面目"等题刻和不少诗刻，可惜久经岁月风霜，大多漫漶不清。但这一神工鬼斧的月岩胜景，为天下所无，如不保护，任其自然风化，很难说还能存世多少岁月。如能建一仿古庭园保护，不但有泉石之胜，而且能为西湖增添一个更有特色的赏月胜地，其旅游、古迹价值不亚于"三潭印月""平湖秋月"等。

将台山景区：将台山南望可见钱塘江和六和塔，北眺可见西子湖。相传北宋方腊农民起义军攻打杭州城时，方腊的妹妹百花公主曾在此处调兵点将，故后人称此山为"将台山"。山上平台，南宋时是御教场，殿前司的禁卫部队营房即设于此地。御教场的东北面，又有一处平台，人称"四顾坪"。五代吴越王钱镠开慈云岭路至此，见这里有一组怪石，排列两行，好像卫士拱立，遂取名为"排衙石"。据《临安志》记载，怪石原有20余块，现仅存十五六块。行列全长约25米，相对间隔3—4米，石之高度3—5米不等，石貌亦各具异相，但相向拱立，如人躬身。从五代吴越至两宋，这一带是相当热闹的场所。江湖相通的捷径——慈云岭路，就在离这山顶不远处的下面，而四周又有北观音洞、南观音洞、石龙洞千佛岩造像、上石龙院慈云岭造像、郊台等多处名胜古迹。排衙石上的许多名人诗词题刻，有的遭到人为的破坏，有的被岁月风化而难以辨识。令人欣慰的是，吴越王钱镠的一首七言诗尚在排衙石上。七言共八句，全诗56字，现可辨者有31字，完好易识的存十余字。此诗之书法，与东晋"二王"书法一脉相承，是研究书法史的极有价值的第一手资料。

自唐及北宋以来，州郡衙门皆设在凤凰山上下，南宋故宫的地域比州郡治所稍东南一些。唐代及北宋，在凤凰山上还建有许多民族风格的建筑，如虚白堂、因岩亭、忘签亭、碧波亭、高斋、东楼、望海楼、清晖楼、中和堂、石林轩等。白居易与苏东坡，在此写了大量脍炙人口的、诵吟杭城与西湖的诗歌。

25. 南宋六陵在何处

我国是一个有五千年文明史的古国。历代皇帝陵寝遍布神州，至今一一可寻。如黄帝陵在陕西黄陵县；大禹陵在浙江绍兴；汉室十一陵、唐室十八陵在陕西西安；北宋皇陵在河南巩义；明十三陵在北京昌平；清东陵在河北遵化，清西陵在河北易县。但南宋陵寝不仅在杭州找不到，而且它到底有没有，也鲜为人知。

南宋是有陵寝的。说起它，不得不提起一个与此有关的特殊人物杨琏真迦。为了叙述方便，在介绍杨琏真迦前，笔者还要说一段南宋简史。

赵构君臣南下后，建炎四年（1130）在浙东绍兴落脚，升越州为绍兴府。后又于绍兴元年（1131）迁行在于临安（今杭州市）。但绍兴仍是赵氏宗室的聚居地。宗室的宫学仍留在那里，并将皇陵也确定在绍兴城东南35华里（1华里等于0.5千米）上皋山下的一个山岙里，取名"攒宫"，意思是就近攒殡，等收复失土后再隆重归葬。这样，南宋六个皇帝的陵寝，即宋高宗永思陵、宋孝宗永阜陵、宋光宗永崇陵、宋宁宗永茂陵、宋理宗永穆陵、宋度宗永绍陵，都建造在上皋山下赵家岙里。

元初，西藏僧人杨琏真迦得宠于元世祖忽必烈，被任命为江南释教都总统。他勾结丞相桑哥，冒天下之大不韪，竟盗挖了南宋六个帝后的陵寝及大臣的坟墓计101处，掠去殉葬的金银珠宝无数，有据可查的即有黄金1700两、白银6800两、钞116200锭，以及田23000亩等。在毁陵掠夺之后，又将帝后遗骸弃置草莽之间，任其日曝雨淋。

此事很快被南宋遗民唐珏得悉，他激愤万分，即邀请乡里热血少年，黄夜冒险潜入陵地，用散在四周的猪羊骨殖换取帝后遗骸，各以黄绫为囊装殓，并署上某陵之名，装入木柜，私下迁葬于兰渚山下之天章寺前（即今绍兴兰亭附近），上植冬青树为记，逢寒食必密祭之。其中宋理宗赵昀的颅骨特别大，怕调换后易被杨党发觉，未敢更易。据明田汝成《西湖游览志余》等书记载，杨琏真迦后竟命人将宋理宗的颅骨镶银涂漆，制成饮器，用之喝酒取乐。从此，南宋六陵就在历史的长河中湮灭了。

不过，到明洪武二年（1369），朱元璋下诏，将元宫遗留下的宋理宗的颅骨归葬原陵，其他五陵的遗骸，也从天章寺前迁回攒宫，重立碑座，刻石纪事，并在附近建造义士祠，以表彰唐珏等人的功绩。

历经世事沧桑，南宋六陵今已不复存在，只在攒宫山下（即上皋山下）略留遗迹而已。那就是尚存六丛苍劲的古树。据当地老农说，每丛古松下就是南宋一陵。

顺便说一下那个盗挖宋陵的杨琏真迦，历史也无情地嘲笑了他。由于各种客观因素，此人的"标准像"迄今居然还纹丝不动地保存在杭州飞来峰的摩崖石刻群像中。这又是怎么回事呢？原来，元朝统治者为了消磨南宋遗民的抗元斗志，便在杭州大力提倡佛教，兴建佛寺、大刻佛像，欲借此麻醉人民大众。元朝统治者还将此事交杨琏真迦办理。自元至元二十二年到二十四年（1285—1287），他在西湖周围修筑了佛寺三十余处，并胁迫工匠在飞来峰石壁上镌刻了大量佛像。当时，追随他的佛门败类亦大有人在。有一个法名叫净和的和尚，在冷泉亭后的无量寿佛石像下，竟刻了一篇无耻吹捧杨的《大元国杭州佛国山石像赞》，胡说什么"永福杨总统，江淮驰重望……树此功德幢，无能为此况……"，又塑了一组杨琏真迦的石刻造像，妄图让世人顶礼膜拜。

明嘉靖年间的杭州知府陈仕贤，十分痛恨杨琏真迦，下令敲毁他的石像，还请《西湖游览志》作者田汝成，写了一篇《诛髡贼碑》。明末文学家张岱，也愤怒地去砸杨琏真迦的石像，但他们都没有详细甄别，全敲错了石像，而真正的杨琏真迦与他的追随者的石像，却侥幸地躲过了铁锤，完好无缺地保存至今。如此也好，让他作为一个历史的反面教材，让人们认识他的真面目。

26. 龙泓洞的南宋宰相"游记"

灵隐飞来峰奇石森立，古木蔽日，四时苍翠，不仅有众多的石刻佛像，而且历代名人的题刻亦甚多。在这些岩壁、石洞的前人题刻中，有一方南宋奸相贾似道的"游记"却与众不同，记下了七百多年前南宋王朝内外交困、风雨飘摇的历史遗迹。

走进灵隐景区，过回龙桥春淙亭，眼前可见一个遍布石佛、幽深滴水的山洞，即是飞来峰三洞之首的龙泓洞。龙泓洞自古以来，游人最多，因此石刻题词亦较集中。走进洞口，在洞右面石壁正中，可见到一块高四尺二寸、宽三尺八寸的摩崖石刻。因年代久远，石刻题字的部分字迹已为上方溶下的石灰质遮掩，但大部分仍清晰可辨。这便是南宋咸淳丁卯（即咸淳三年，1267）"三朝宰相"的贾似道在去天竺求佛后留下的"游记"。文字系用楷书刻成，一共48个字，分成6行，每个字的字径皆为六寸。全文如下："咸淳丁卯七月十八日，贾似道以岁事祷上竺回，憩于此。客束元嘉、俞昕、张濡、黄公绍、王庭从，子德生侍。期而不至者，廖莹中。"

贾似道字师宪，号秋壑，浙江台州人。因姐姐贾玉华当上宋理宗贵妃得到宠爱，便凭着裙带关系，平步青云，一直当到宰相。他在当政的15年之中，作威作福，鱼肉百姓。咸淳三年（1267），元军南侵，围困南方重镇襄（阳）樊（城），不久便陷樊城、破鄂州，乘胜南下，"岁事"即是指此。至此时，误国殃民的贾似道无计可施，才约门下幕客六人及儿子贾德生等，匆匆忙忙赶到上天竺去求观音菩萨保佑太平无事，其中幕客廖莹中"期而不至"。这方石刻题记，正是他们七人在三伏盛夏时令，从上天竺求佛下来，热得汗流浃背，进入龙泓洞纳凉休息时，叫人刻下的。自然，观音菩萨没能挡住元兵的南下，贾似道终于被贬为高州团练副使，并在福建漳州木棉庵为押送使臣郑虎臣所杀。

12年后，即1279年，南宋灭亡。

这48字的石刻"游记"，无疑是一面镜子，照见那个时代奸臣当道所致的、误国祸民的历史。

27. 楼钥题写"少林"岩

江南禅宗古刹净慈寺后的南屏山上，有一组奇妙的石林，原是杭州西湖美景的重要组成部分。自清代后，逐渐为人们遗忘，以致杂草丛生，人烟稀少，寂寞地度过了无数个春花秋月，至今仍被冷落在山峦幽深之处。

从寺后沿山路曲折而上，但见一路松杉、青竹点缀坡地。向西行近百米，然后南上，可见一组石林平地而起。最吸引人的，则是名闻古今的莲花洞。洞的上方为少林岩，左侧为石佛洞，东南有欢喜岩。

莲花洞被称为洞，其实无顶。片片石芽从坡地升起，围成巨型的石莲，盛开在南屏山北坡。明代文学家袁宏道说它"洞石玲珑若生，巧逾雕镂……皆石骨土肤，中空四达……"。相传五代吴越时，净慈寺开山祖师永明和尚曾坐禅于此，吟诵《莲华经》，感召上苍，天花为之散落，故名此洞为"莲花洞"，又名"雨花台"。明代司礼监孙隆，曾在此石上镌刻"花雨缤丝"四字，惜年代久远已漶漫难见。向前则有"居然亭"，系取意于宋代理学大师朱熹之句："一日茅栋成，居然我泉石。"此处历来是文人墨客观赏湖光山色、吟诵诗章之胜地，至清时，古亭被毁，成为竹园，现已无遗迹可觅。

莲花洞之上方，有奇岩隆起，其摩崖上有三尺见方"少林"两个大字，故称"少林岩"，是杭州唯一与少林寺有关的胜景。相传，嵩山少林寺高僧妙崧禅师云游至此，见风光绝胜，在此坐禅入定，并同意寺方镌刻"少林"两字。其字笔迹系出自南宋文豪、宁波人楼钥之手笔，已有七百多年历史，是南屏山的一处有名的南宋石刻。

莲花洞左，有石佛洞，平地两石屹立相环，形如佛龛，内镌有石佛三尊。洞之左岩之壁，有明代中丞胡宗宪手书"寰中天室"四字，盛赞洞景之美；洞之右岩之壁，亦有字迹，系元代至正四年（1344）的题刻，已不甚清晰，只"恍然梦境，平步飞腾"数字，尚可辨认。

石佛洞东南，有两石相对，旧时称"欢喜岩"。据说原有小佛三尊，现已风霜侵蚀，无迹可寻。此处由于石林丛生、岩洞幽深，净慈寺晚钟响时，钟声在此回荡不绝，宛若在音箱之中发出共鸣之声，音韵缭绕，直达湖心，形成了"西湖十景"之中以音响闻名于世的"南屏晚钟"景观。

南屏山此处的石景，曾被明代文学家袁宏道称为"净慈之绝胜处"，确实言不过分。

南屏山山坡上的石灰质岩石，由于长期遭受雨水、泉水的冲蚀，产生了一系列岩溶。久而久之，使山岩多变，凸者变成山岩之身，如同石林、石笋，凹处深深陷下，成为溶沟，最后便形成了山上这样奇奥的石林景观，创造出南屏山多姿多彩的石景。

28. 石榴园美景藏市井

西湖大道中部的北面、与定安路交叉处不远的人行道边，行人会发现一个花木扶疏的小花园。花园中间有一个形态曲折多变、由玲珑剔透的假山围抱的池塘，假山边则长着多株古树；浓密的树荫交织在一起，撑起了一把巨伞，挡住了夏日灼人的阳光。池塘东南面的坡地上，有亭翼然，亭周绿荫环抱、奇石丛生。仁亭北望，可见一条太湖石铺成的小道，自西南向东北方向蜿蜒延伸而去，通向湖上的一座小桥。小花园的西面，是一条南北走向的鹅卵石小路，这是园中的主道，南端有一间圆形门洞的小屋，疑为为贵宾设立的休息室。

小花园面积不大，但有三个与众不同的特色：一是池塘造型奇特，格调高古，呈宋代常见葫芦形（南宋诗人陆游题写"钗头凤"一词的绍兴沈园，也有宋代葫芦形池塘）；二是古树丛生；三是假山均为太湖石，玲珑剔透，嶙峋如玉。一方不大的天地（约1700平方米），竟有如此迷人的自然景观，使人疑其身家不凡。

原来这是鲜为人知的南宋古石榴园。石榴原产中亚，西汉张骞通西域时引进。民间以其果实多籽象征多子多福，故视石榴为吉祥之物。汉唐以来，年轻女性爱着色彩艳丽的石榴裙，以致产生了"拜倒在石榴裙下"的、戏谑年轻后生追求心宜女性的情爱名句。新疆的维吾尔族年轻姑娘中，有名字取"阿娜尔罕"的，意译亦为石榴花。

南宋时，奎垣巷因有栽培着众多的石榴树的古石榴园，而被称为石榴园巷。

四百多年后的清乾隆年间，此园曾为浙江巡抚王亶望的别墅。后王亶望因贪赃枉法被惩处，此园被籍没，一半改为宁绍、嘉松两分司署，另一半归属山东盐运使丁阶所有，故人称此园为丁家花园。之后丁家花园为蒙古族旗人固鲁铿所有，固对此园累加修葺，恢复了古园旧时的风貌，使得此园古木参天，奇石拔地，并留下了一株紫薇古树。至民国时期，辛亥名人陈其美（陈英士）之弟、浙江省财政厅厅长陈其采，曾居住于此，并将丁家花园改名为"度心香馆"，但老杭州人仍叫它为"丁家花园"。

历经世事沧桑，至近三十年，丁家花园变为了居民簇居的大杂院。《杭州日报》曾先后数次刊登读者来信及照片，反映丁家花园的现状，要求改变古园面貌。直到近二十年来，才由上城区绿化办公室拨款，鼎力修复，它重现了南宋石榴园古老而富有特色的面貌。可惜在修建市政道路时，此一古园又被人行道削去了一部分。

夏日里，走进丁家花园，古老而获得新生的南宋名园，以它独特的古树奇石、曲池小桥的组合，让游人备感清凉并为之心神安宁。

在杭州城区中心，能保存下这样一处历经近千年沧桑的古代园林，确实难能可贵。

丁家花园，是镶嵌在南宋古城胸前的一块翠绿色的翡翠！

29. 严官巷与金捣臼御医

凤凰山南、宋皇城遗址北面，中河上仓桥斜对面，有一条东西走向的小巷，名叫严官巷。这条巷东面通车水马龙的中山南路（南宋御街），西面可登吴山风景区著名的奇石嶙峋的云居山。小巷极其普通，旧时与杭州市区的几百条坊巷并无不同之处：一色的青石板，曲折有致；路旁还有古井数眼。走至巷之尽头，石级层层叠叠向上、直通"西湖新十景"之一的"吴山天风"。

严官巷，以严姓之官为巷名，早在南宋时就已出名。因为这里曾经出过一个治好宋孝宗赵昚痢疾的御医严防御，一时轰动古城，百姓遂称此巷为严官巷。

据《养疴漫笔》《船窗夜话》等书记载：南宋时，宋孝宗赵昚在位的一年秋天，突然患痢疾下泻不止，一日多次，人也渐渐消瘦，吃了御医们开的各种汤剂、丸散，仍然腹泻不止，不久又转为血痢。御医们都吓得惊恐万状。太上皇赵构在德寿宫闻讯，日夜不宁，对皇城御医们的无能愤恨之至。一天，赵构自德寿宫（北内）坐辇来（南内）皇城探望养子赵昚；看罢宋孝宗，坐辇出皇城（南内），看见和宁门（南宋皇宫北大门，在今杭州凤山门一带）外的御街旁，有一个草药铺子。病急乱投医，他叫待从去问坐在那里的一个中年草药郎中："你能治血痢吗？"草药郎中见宫内贵人来问，毕恭毕敬地站起来，答道："小人专治痢疾，这是祖传专科，备有现成的草药！"侍从急忙禀报赵构，赵构便命草药郎中跟随他辇后入宫，为宋孝宗诊治。草药郎中进入和宁门后，穿过数殿，进入内苑宋孝宗起居之所后，见到躺在床上呻吟、面色苍白的皇帝，便匍匐在地，问道："皇上近来吃过何物？"宋孝宗有气无力地答道："朕数日前吃了秀州（嘉兴）朝贡来的南湖大蟹，蟹味甚美，大约吃得太多了之故！"草药郎中又伸出手，按在宋孝宗腕上，摸了一会儿脉，当即说道："陛下所患的乃冷痢也，可用新采莲节细研，以热酒调服，即可望痊愈。"此时正逢秋时，皇宫内苑大龙池内，二色莲花正开得盛时，莲节亦不难找到。太监依法呈进煎服，草药郎中也就临时居住在偏殿之内，以便随时应诏。用药只数天时间，宋孝宗的病就日见好转，能渐进饮食了，面色也开始恢复常时之态。

原来藕节含有鞣质、天门冬素，具有收敛作用。药圣李时珍在《本草纲目》一书中，称曰："藕节能……血痢。"太上皇赵构见草药郎中治好了养子之病，十分高兴，便封其为内廷御医官，冠以乌纱，又赐以纯金的杵臼一副，以供研制药物之用。因草药郎中姓严，名防御，是临安（杭州）人，时人便称其家为"金杵臼严防御家"。他所居住的这条普通的小巷，也被世人称为严官巷，一直流传至今。

30. 稽仁清与稽接骨桥

灿烂的良渚文化，使杭州这块古老的土地发出炫目的光彩。在漫长的岁月之中，它孕育、造就出无数锦绣人才，以至今日漫步古城街坊堤桥，处处可觅名人遗踪，步步可见历史痕迹。在两条穿越市区的碧流中河与东河两岸，尤其可以见到这种浓厚的、文化色彩的沉淀。

在上城区上仓桥北的中河面上，有一座名叫"稽接骨桥"的青石之桥，就包含着一个南宋名医稽仁清的历史故事：

稽仁清，原本是河南汴梁（今河南开封）人，金兵入侵中原时，他与父母跟从康王赵构一行人南下，来到临安（杭州）城的州桥之畔居住。靠了祖传的接骨秘术，他在父亲开的草药铺里与老父一起行医，专治跌打损伤、断骨挫筋。这稽仁清生来好学，人又聪明机灵，不到弱冠之年，便在当地小有名气，俨然成为一位骨科行家。不久便名传宫中，引起了皇室的注意，被应召入侍，成为一名御医。

这一天，宋孝宗赵昚处理完奏章，想活动下身体，便命太监从御厩里牵来了他喜爱的那匹枣红马，骑了上去。一会儿，便穿过大内群宫，进入禁苑之东部，只见大龙池内，清波荡漾，小荷已吐出尖尖嫩叶，几只蜻蜓在阳光下展翅飞翔，一派初夏的景象。不知不觉，孝宗来到了西苑的凤凰山脚，突然，"扑落落"从丛林中飞出一群乌鸦，惊动了枣红马。这马便发狂似的飞奔起来。孝宗牵不住缰绳，猛然堕地，"啊呀"一声，只感到右脚如万针刺骨般疼痛，双眼直冒金花，满头的大汗顿时渗流而出。跟在马后侍候的太监们见此情形，都吓得面无人色，赶快取来篮舆，将皇帝抬回宫去。没多久，太上皇和太后也从德寿宫闻讯赶来了。他俩见养子摔成这副模样，心痛得不觉掉下了眼泪。一群在旁服侍的太监，深知杀身之祸即将临头，跪在地上，连头也不敢抬起来。

"还不叫御医来接骨！"太上皇赵构怒气冲冲地对总管太监喝道。

这稽仁清听说皇帝骑马受伤，便背着药袋，匆匆地赶来了。他向太上皇和太后请安后，便跪在宋孝宗赵昚床前，小心地用剪刀剪开赵昚伤脚上血污的裤脚，用干净的棉花擦干血迹，又用双手捧住伤脚，轻轻摇了一下，只听得赵昚痛得直嚷："啊哟！痛死我也！"稽仁清轻声地说："皇上放心，臣能治好皇上脚伤，保管半月后能起床走动！"

宋孝宗听到此话出自年纪轻轻的稽仁清之口，知他接骨有方，不觉痛楚之中露出一丝勉强的笑容，说道："爱卿能治好寡人脚伤，当有重赏！"稽仁清固定好宋孝宗伤脚的位置后，微微一笑，给赵眘的伤脚上敷上了祖传的药粉，又用小夹板前后夹住，很快裹上麻布，用绳子扎牢，盖上被子，一面摸出随身所带的文房四宝，在旁边一只小茶几上写下了内服的中药方子。

宋孝宗经稽仁清精心治疗后，果然半月后就能下床走动，再半个月后，便恢复了健康，脚上连疤都不曾留下一个。

宋孝宗一高兴，便正式封稽仁清为太医院御医，并赐四品正堂官衔，又拨金银无数，命郡守在州桥之畔的稽氏旧宅上兴建稽太医府。

自此，北宋时被称为州桥的、中河上的这座青石之桥，便被当地百姓改称为"稽接骨桥"，盛名流传八百余年，至今仍如是称之！

31. 《夷坚志》与海蛳沟

菜市桥与太平桥之间的东河中段西岸，有南宋古巷海蛳沟。此巷北通太平桥横街，南接东清巷，西连王马巷，东面有蒋家河下、戴家河下等数条小路，通向东河河埠头（现为绿化带）。这条古巷的名称有两个特别的地方：一是与海螺蛳有关；二是不称巷而称之为沟，足见此巷的别致与古老。

关于巷名的来历，南宋学者洪迈在反映杭城野史的《夷坚志》一书中，记载了一个富有传奇色彩的故事：说是在南宋时，有一个名叫张四的小贩，居住在太平桥畔，以卖海螺蛳为生。每当浙东船到，必赶去大量购买，养在家中，并逐日以盐炒熟出售。当时的杭州人极嗜此零食，吃掉的海螺蛳已达"百千万亿矣"。南宋孝宗淳熙十六年（1189）二月的一夜，发生一件奇怪的事：张四家中的海螺蛳在盆中都缘壁登屋、上床绕衣，扫去后又复集，而且粘着肌肤后便取不下来，使人非常难受。张四突然醒悟，发誓从此不再复操此行当，并另觅谋生之道。说也奇怪，张四言讫，海螺蛳们便纷纷坠地。到第二天天明，张四便把家中所有海螺蛳都送到江边放生，而改以煎豆腐谋生。从此，此巷因此故事传开，人们便以海（螺）蛳作为巷名了。

至于巷称之为沟，这是因为宋元时代，杭州城中有许多与西湖直接或间接相通的明沟与暗沟，以供市民取水及泄洪之用。像流福沟（后称水沟巷）等即为明沟，唐代李泌所开的六井等均为暗沟。海蛳沟西与王马巷相通，此巷内原有广约一亩的摇鼓荡（即宋代武安泉），此荡（泉）雨后常有水外溢，故官府市政部门在此设明沟一道，上铺青石板，以通东河，供排泄之用，故巷亦称之为沟。

海蛳沟的水沟，直到20世纪50年代时依然存在，每到雨后放晴，可闻路心青石板下流水潺潺。笔者幼时居此巷，读书放学常听到流水之声。与此巷相仿而存世的，据笔者所知，仅河坊街西南的水沟巷一处。但现在，两处之沟，都已不复存在。

32. 水沟巷与流福沟

河坊街西段与劳动路交叉处不远，有一条通清波门直街的小巷，名叫水沟巷。此巷在南宋时，叫石板巷，是当时钱湖门（遗址在清波门南、吴山铁崖岭岭麓）处引西湖水入城的水道。南宋时杭城有明沟5道，暗沟15道。其中著名的明沟就有流福沟、海蛳沟。流福沟水口在清波门外，自学士桥流入湖水，经学士港（今之清波公园内），顺着今日之清波门直街，流入水沟巷，再转入运司河内（河址即今之劳动路）。然后过凌云桥等四桥（皆在运司河上）流至今之西湖大道西端（昔日为环带沟），再转而向西，流入金华将军庙侧之涌金池（今已被填为民宅及西湖大道）内。而涌金池至西湖，另有水道穿越涌金门城墙与西湖相通。

流福沟在水沟巷的这一段，南宋时最为有名，为便于路人行走，沟上覆有青石板，故人称石板巷。每逢雨后，巷心石板下水声淙淙，引人入胜。

明万历四年（1576）初夏，水沟巷发生一件趣事：有人在巷中走路，发现脚下石板忽然摇动，扳起石板，见到一只车轮大小的巨鳖（也可能是癞头鼋）。有个屠夫用刮肉的铁钩去逗它，它竟然用利齿咬住不放。许多行人过来围观，它竟昂起头张牙舞爪要咬人。众人见其凶恶，恐要伤民，便用乱刀砍死了它。可见当时流福沟之深广，以致西湖中之老鳖可顺水而下直到巷中。清代中期，流福沟曾一度淤塞，以致吴山一带山水下流时，积久不退，阻碍行路。清乾隆二十九年（1764）夏天，水沟巷居民朱维传带头捐银，有钱出钱，有力出力，挖泥浚沟，流福沟终于又复现旧时景观。

流福沟于清末民初被填没，同一时期被填的还有运司河、环带沟、涌金池（开挖于五代吴越时）及至西湖的水道。现在，流福沟留下的仅是水沟巷这一地名，可见杭城沧桑之变。

33. 才女"断肠"大瓦巷

官巷口西南，中山南路西边，有古积善坊巷，南宋时称积善坊为上百戏巷，因宋时有百戏杂艺汇集于此地，故名。而杭州人则称之为下积善坊巷，因当时南面尚有上积善坊巷在焉（至今仍在，称积善坊巷）。上积善坊巷在比胜庙巷东北面，直而非横，与保康巷相通，古时称大瓦巷。以"月上柳梢头，人约黄昏后"名句，为人所知的南宋女诗人朱淑贞，即居于此巷。

朱淑贞，号幽栖居士，钱塘（今杭州）下里人，世居桃村，出身于仕宦家庭，自幼聪慧，好读书，工诗词。早年由父母包办婚姻，嫁予市井平民家，居大瓦巷与保康巷交叉处。朱之丈夫不学无术，蠢而可厌，使颇有才情的朱淑贞郁郁不得志。平时只好将一腔幽怨之情，寄于诗词。但她的内心世界里却渴望爱情、渴望知音。从她的诗词中可见，她似是有过意中人的。在《寄情》一诗中，她写出了她的思念之情："欲寄相思满纸愁，鱼沉雁杳又还休。分明此去无多地，如在天涯无尽头。"知音难觅，封建礼教又紧紧地束缚着她，使她不敢越雷池一步，终于使她怏怏抱恚而死。她死后，父母又将她平生的著作尽行毁弃。据史籍记载，朱淑贞曾有一闺中诗友魏夫人，亦能写诗，与之唱和，保存下了朱淑贞的一部分诗词。后有临安王唐佐为朱淑贞立传，宛陵魏端礼辑其生前传世的诗词，题名曰"断肠集"，才使后人得以了解她，读到她的诗篇。但今之传者，不过其著作的百中之一耳。

朱淑贞是南宋一代女诗人，她的不幸身世，常使后人感叹不已。后人钦慕她的才情，同情她的遭遇，禁不住常去大瓦巷、保康巷凭吊她的遗踪，因而留下了无数动人的诗章。女史汪瑞《宝康巷访朱淑贞故居》诗云："春梦酴醾小影残，断肠容易返魂难。看花曲榭朱栏杇，堕泪闲庭碧藓寒。岂向柳梢窥素月。可怜霜里陨芳兰。风鬟憔悴吴江吟，一样伤心李易安。"诗人将她比为亡夫后流落江南的南宋著名诗人李清照，说她俩是"一样伤心"，并不是没有道理的，因为她俩都有一颗一样的诗心。

大瓦巷，即上积善坊巷，清代道光、咸丰年间尚在，民国时期浙江舆图局所绘之"浙江省城图"，已只有保康巷而无大瓦巷了，大约消失于清代末期或民国初期。至此，朱淑贞的遗迹已一无可觅了。笔者多次至此寻找朱淑贞的蛛丝马迹，皆以失望而归。目前该地仅只能找到保康巷。

笔者以为，可以像孩儿巷所立的纪念陆游的诗碑那样，在旧时大瓦巷附近，即今之保康巷与开元路交会处，树立女诗人朱淑贞之纪念石碑，以悼念这位杰出的南宋女诗人，并为古都杭城增添一处人文景观。

34. 柳翠与柳翠井巷

杭城中山中路清河坊的东北面、高银街的北面，有南宋古巷柳翠井巷。此巷南通高银街，北连元福巷（今为中河南路），西经熙春（西）弄与中山中路相接，东经熙春（东）弄与扇子巷（今为中河南路）相通。柳翠井巷，南宋时称之为抱剑营街（又名金波桥巷），此处五代时为吴越王宝剑营驻地，年久口音之误，遂称之为抱剑营。

南宋绍兴年间，杭城一代演艺明星柳翠姑娘，曾居住在此巷之中，并在此度过了短促但亮丽的一生。

柳翠之父柳宜教，原为临安（杭州）知府，后得急性传染病暴亡；柳翠姑娘，为柳宜教妻高氏之遗腹女。柳翠长大后，因家道中落，投身演艺，与其母相依为命，流寓于抱剑营街。

南宋时，清河坊为御街最繁华之地段，抱剑营街亦是酒楼、茶肆、瓦子（剧院）云集之地，许多演艺明星、歌手皆居住于此地。色艺绝伦的柳翠姑娘，不仅琴棋书画、歌舞弹唱无所不精，而且心地善良，乐善好施。她经常将演艺所得的金银接济穷人、布施僧道，还在万松岭下为百姓建造溪河上的石桥，又在抱剑营街凿眼打井，解决居民的生活用水之需。不幸的是，她于28岁的青春韶华，过早地离世而去，葬于城北皋亭山下。

她跌宕起伏的一生经历，曾由明代文学家冯梦龙根据民间流传的各种传说版本，演绎成《月明和尚度柳翠》一文，编入话本小说、名著"三言两拍"之中；也曾被清代文人墨客，写入康熙年间的《湖壖杂记》一书及雍正年间编的《西湖志》等书中。

杭城百姓为纪念这位善良的英年早逝的南宋演艺界乐善好施的明星，遂将她出钱所建之桥，称为柳翠桥；将她出钱主持所挖之井，称为柳翠井。

历经世事沧桑，皋亭山下的柳翠墓及万松岭下的柳翠桥与抱剑营街的柳翠井，都已先后不复存在。后人以抱剑营街有她的家及柳翠井之缘由，遂将此街改称为柳翠井巷。

此一南宋古巷，至今仍遗存在清河坊东北面、高银街之北面，且保存完好！

35. 银瓶井与孝女路

延安路与庆春路交界处，南宋时为岳飞住宅所在。其旁有岳飞幼女抱银瓶投井而死的银瓶井及为纪念银瓶娘子而命名的孝女路。

岳飞被秦桧、赵构投入大牢后，岳女悲愤而上书赵构，为宫门禁卫所挡，当时即抱银瓶怀恨投井而死。

南宋绍兴三十一年（1161），岳飞故宅被改为太学。宋孝宗登位后，为岳飞平反申冤，加王爵，谥武穆，并在原地立祠祀祭。至元代至正年间，地方官为银瓶郡主立祠，俗称银瓶娘子庙。银瓶井在庙之东北，即今之庆春路与延安路交界处偏东。明代正德十四年（1519），按察使梁材筑亭覆井，题写匾额，称之为"孝娥井"。当时之提学（负责全省教育的官员）、四川人刘瑞为之作铭，铭曰："天柱绝，日为月。祸忠烈，奸桧孽。娥痛父冤冤难雪，赴井抱瓶泉化血。血如霓，愤如铁，曹江之娥符尔节。噫嘻！井可竭，名不可灭。"

清时，历代地方官皆春秋两时祭祀银瓶郡主，成为杭城的惯例。并将银瓶井斜对面的一条路，命名为孝女路，直至今日。

1949年后，孝娥井亭一度成为民宅，此一古迹遂被世人遗忘。直到城建拆房时，才显露出古老的银瓶井及多块文字碑刻，引起有识之士的重视。不料，早些年道路扩建时，竟将此一古迹毁掉，令人痛心不已。

36. 羊坝头原是洋坝头

羊坝头，又名三桥址直街，东通中山中路，西连定安路。南宋时此处称为市西坊，又名坝西巷，其东面原为平津桥（中河支流小河上的一座石桥，现该小河已成为光复路）。因这一带还有坝东巷，故西面之巷，称为坝西巷。

羊坝头实为洋坝头。明代杭州学者郎瑛在《七修类稿》一书中说："三代时，杭为吴越荆蛮之地，东南沿海，陆少水多。羊坝头乃洋坝头也。"宋时，此地曾有江洋堤坝遗迹可觅，故分别以坝东巷、坝西巷称之。

宋高宗赵构南下时，钱塘江北岸尚在今日建国路东侧，故史载赵构在潮鸣寺过夜时，闻潮汐之声，疑为金戈铁马，以致惊魂不定。《万历钱塘志》则记载了另一件与江洋位置有关的逸闻：明正德年间，有海洋鱼类中的飞鱼，以翅翼扇动，于夜雨之中飞抵洋坝头坠落在地。可见，至明时，羊坝头还离通海的钱塘江相隔不远。

洋坝头，是历史上古人建筑阻挡海浪入侵的一道自东而西的水坝。

20世纪的羊坝头，即三桥址直街一带，虽不似宋时店铺林立，茶肆酒楼盛开，"通宵买卖，交晓不绝"（见《梦粱录》），但仍是杭城中居民密集、商住合一、旧屋古宅鳞次栉比的一条古街。

进入21世纪后，此处已变身为西湖大道。

37. 纪念南宋名臣的崔家巷

官巷口之北，有崔家巷，东通中山中路，南接解放路，西连惠兴路。

此巷原称忠孝巷，因南宋名人崔与之居此，巷中建有后人纪念他的崔相公祠（又称崔家庙），故民间称此巷为崔家巷。

崔与之，字正子，其祖先为河南开封人，后迁徙广东番禺。崔幼年时，家境贫寒，便发奋读书，于南宋绍兴四年（1134）中进士，居杭城忠孝巷。走上仕途后，崔与之被朝廷初授浔州（今广西桂平、平南、贵县一带）司法参军，之后又调任多处为官。在淮西任职时，力阻和议，大修边防，使金兵不敢贸然深入。至宋理宗时，诏拜参知政事（相当于副宰相），他跪在地上七辞不起；次年被封为右丞相兼枢密使，他连辞十三次。第三年，才改任观文殿大学士。又过一年，崔与之年已八十三，退休回杭，朝廷赠以"太师"之名号；亡后，谥以"清献"。民族英雄文天祥称其"盛德清风，跨映一代"。可见他的为人对后世产生的影响。

巷中百姓，感其恩德，便立祠纪念，故称之为崔相公祠（又称崔家庙），巷名亦俗称为崔家巷，一直留传至今。

惜今日市民，皆不知这一小巷内，还曾出过这样的名人。

38. 南宋画院题名"断桥残雪"

"断桥残雪"是西湖十景之一，此名最早出于南宋画院的山水画题名；大雪之后，断桥之景格外壮美。

清《西湖志》云："入白沙堤，第一桥曰断桥，界于前后湖之中，水光潋滟，桥影倒浸，如玉腰金背。凡探梅……正值春雪未消，葛岭一带，楼台高下，如铺琼砌玉，晶莹朗彻，不啻玉山上行。"但断桥之闻名于海内外，并不是因为此处赏雪甚美，而是因为脍炙人口的白娘子与许仙"断桥相会"的美丽传说，发生于此处。千百年来，海内外游人无不为白娘子真挚的爱情所感动。有幸到杭州作山水之游的人，都想在西子湖边寻找这座具有无穷魅力的爱情之桥，于是，"断桥"之名，也就闻名遐迩。

但来到断桥寻觅爱情传说的游人，来到这座古老的石桥时，却不免产生疑问：此桥不断，何以称之为"断桥"呢？这倒是美若西子的西湖的一件奇事。历代文人墨客，亦为之争论不休。唐时，此桥就称"断桥"，诗人张祜有诗云："断桥荒藓涩，空院落花深。"大约孤山进城之堤，到此而断，故名。元时称段家桥，钱惟善《竹枝词》云："阿姨近住段家桥。""段"字或是"断"字之讹。也有人说，古人送行，十里为止，折柳相赠，至此分手，故称此桥为断桥。更有人认为断桥是"短桥"之讹，因湖的那一边正是长桥，故宋人有"意切，人路绝，共沉烟水阔。荡漾香魂何处？长桥月？短桥月？"之词。据《南宋杂事诗》注载："短桥，花庵作断桥，是断桥可名短桥也。"

众说纷纭、莫衷一是，为此，明人王瀛有诗感叹："桥识断名原不断，跨河有路入孤山。"而清代诗人毛奇龄在《竹枝词》中，更是理直气壮地写道："断桥西去杏花开，年年桥上送郎回。分明一片连桥子，何日何年断得来？"

那么，是不是说，断桥的"断"字，就无法解释了呢？这要从"残雪"两字上去分析。既然断桥不断，那么"断"乃假象也。要领会这"断"意，要雪后放晴时去看。雪后之断桥，琼妆玉饰，宛若天堂银桥。待骄阳出来后，桥顶之雪因两侧倾斜下滑，堆积之雪相比之下就较薄，阳光照后先化，因此桥顶先露出一截桥面，远远望去，雪中之桥，似有"断"感；断桥不断，也就成为西湖千古奇谈之一。其实，这"断"字，却有一咏三叹之意味，古人取名，可谓大有讲究也。其中之奥妙，贵在探索、推敲。

39. 南宋马远题名"花港观鱼"

"西湖十景"之一的花港观鱼，是西湖风景区南线的名园。它位于苏堤映波桥之西，背靠西山，面临西湖，南北分别与小南湖、西里湖的万顷碧波相邻，景色幽美，风光旖旎。这里有四时开放的琪花瑶草，有晶莹如玉、映带左右的港汉；有群嬉于水、锦鳞耀目的金鱼……吸引着四海游客与五洲嘉宾。

据地方志记载，公园背部有花家山，高66米，原在湖中，故有小孤山之称。后因西湖变迁、缩小，山则离湖而立。山上花木繁盛、景色秀丽，水流山下成港，遂称花港。至于"花港观鱼"的美名，则宋时就有。当时有个名叫卢允升的内侍官，在花港之地建造了一座别墅，称之为"卢园"。他爱好栽花养鱼，又喜结交文士，卢园之名也就盛极一时。到南宋宁宗时，宫廷画院名师马远创立"西湖十景"之题名，将西湖美景一一入画，其中，便将卢园称为"花港观鱼"。从此，花港美名蜚声中外。清代中期，乾隆皇帝下江南至此，曾题诗赞美这里的景色悦目，诗曰："花家山下流花港，花着鱼身鱼嗛花。最是春光萃西子，底须秋水悟南华。"并在鱼池之旁，勒石镌碑。自此，花港名声更远播四海。

花港公园的特色是汇集花、港、鱼三绝。说起赏花，最佳之处当数园心之牡丹园，这是此处之主景：曲折有致的小径，黑白卵石砌成的平台，嶙峋峥嵘的假山，灿若云锦的牡丹、芍药，飞檐翘角的八角亭，组成了江南园林如诗似画般的美景。在这里倚栏小坐，使人有如痴似醉之感。说起港汉，则须至松林湾后面，一湾碧水，画桥飞架，它贯通着小南湖与西里湖，把整个景区环抱在绿水碧波之中。在这里可见水清如玉，游鳞可数；可闻浓荫枝头，鸟鸣不绝，几疑进入蓬瀛仙境。说起观鱼，则须至鱼乐园中，这里池中有岛，岛上有桥，四周繁花如锦，水光云天，别有风光。走在九曲桥上，可见红鳞聚集脚下，逐食而游。不辨花瓣与金鱼，真有濠梁观鱼之乐，与玉泉"鱼乐国"观鱼各有千秋，是西湖观赏金鱼的著名景点之一。

除此以外，花港公园的雪松林、大草坪、傍湖长廊、竹木亭轩、湖石假山及四时花木，都配置得体、组合得当，使游客一入园便享受到了无穷的意趣，获得美的享受。

谢觉哉同志生前有诗赞道："鱼国群鳞乐有余，观鱼才觉我非鱼。虞诈两忘欣共处，鱼犹如此况人乎？"诗人以观鱼之感，写出了观鱼之乐及太平盛世中的人情之常，寄托了美好的生活愿望。这也就是花港公园迷人的魅力及给予人的精神力量之处。

40. 《西湖图》中的"湖山佳处"

白堤横亘西湖水面。东起断桥，西至平湖秋月，全长1000米，犹如一条锦带飘逸在万顷碧波之上，使西湖景致生色不少。白堤上有两座桥，一名"断桥"，一名"锦带桥"。人们对断桥非常熟悉，自娘子与许仙"断桥相会"的美丽传说，就发生在这座桥上；而对锦带桥，似有冷落之感。其实，锦带桥也是西湖一座历史悠久的古桥，声名远播东邻日本。

锦带桥古称涵碧桥，唐时就已存在。到南宋时，由宋转运使陈尧佐重建，并出现在南宋著名画师李嵩的名画《西湖图》中，被称为"湖山佳处"。现此画珍藏在上海博物馆中。后来，由于西湖湖水冲蚀，桥体年久失修，白堤下塌，此桥亦不复存在。到明代万历十七年（1589），司礼太监孙隆精工重修白堤，改称白堤为"十锦塘"，并在涵碧桥旧址，架木为梁，修复后称之为"锦带桥"，桥名一直沿袭至今日。明亡后，清代中期的康熙皇帝，意欲巡视江南，地方官为供康熙皇帝泛舟里西湖游览之需，又甃石为桥，将锦带桥改建为青石拱桥。清雍正八年（1730），雍正皇帝仿其父南巡，此桥又由他的亲信、浙江总督李卫加固重修，遂成现在所见之桥状。

有趣的是，日本山口县岩国市锦川江上，也有一座锦带桥，不同的是，桥系拱木结构。但此桥与杭州西湖的锦带桥却有亲缘关系。三百年前，一名法号叫独立禅师的杭州和尚，为抗清复明，远去日本，临走时带去了故乡西湖的许多史料，后来流散在日本民间。日本人民素来向往西湖的山光水色、四时美景及名胜古迹，便按照独立禅师带去的《西湖志》上的明代木结构锦带桥式样，在风光旖旎的锦川江上，仿造了一座，并也取名为"锦带桥"，甚为壮观。

西湖的锦带桥与锦川江上的锦带桥，同源同名，一为石拱桥，一为木拱桥。1973年，日本岩国市人民群众为纪念锦带桥落成三百周年，举行了隆重的庆祝活动，并邀请我国著名书法家赵朴初先生赴日，为锦带桥纪念碑书写了碑文。

西湖与锦川江，相隔何止千里？然而两座锦带桥却像姐妹一样，分立在一衣带水的两个近邻国家的土地上。它们象征着中日两国人民的科学技术和历史文化的交流，也象征着两国人民源远流长的友谊。

41. 天水桥怀古忆当年

天水桥这地名，对杭州人来说，太熟悉了。不少市民把附近的中北桥，当作天水桥。其实天水桥早于民国时期，就随着小河（一名市河）的填没而消失了。

小河可说是中河的支流，自新宫桥北从河西岸开道西流，至清河坊转而向北，过金波桥、保佑桥、水漾桥、炭桥、仓桥，在今之中山北路附近与体育场路交叉处，再转而向西北方向，至原杭州炼油厂厂址之东汇入余杭门（即武林门）水门。天水桥，即在小河向西北方向流去的河道上，桥址约在今日武林广场电信大楼的地基上。

天水桥，原名天水院桥。因南宋时，附近有佛寺天水院，故名。据南宋《咸淳志》一书记载，南宋时，天水桥东有官衙皇城司、修内司及练兵营；天水桥西有草料场，供骐骥院、良马院与三衙诸府养马所用。

元时，天水桥一带沦为战场。元顺帝至正十二年（1352）秋，湖北农民起义军徐寿辉率红巾军战士自安徽经於潜、昌化，攻入杭城，与守卫杭州的参政樊执敬血战。樊兵败于天水桥。元代著名文学家杨铁崖，有诗记载："满地红巾走八荒，丹心碧血殉疆场。浙江亭上新诗句，天水桥边旧战场。"

明代万历十七年（1589）盛夏，台风进杭城，风雨大作，天水桥与斜桥等六座石桥被风吹倒，后即修复。

清代中期，天水桥一带为商贩聚集之市场，杭州生产、供应的染色、印色的锦绸，是商家欢迎的名特产品。清朝末年至民国初年，天水桥西部，今之武林广场一带，成为农家菜地。附近寺庙庵堂众多，有名的有三义庙、鹿野庵等。

随着时代的发展，杭州市区的内河航运逐步为汽车所代替。古老的中河支流小河，亦于20世纪40年代被填没，成了街巷。当年枕河的众多石桥不复存在，但这些桥名依然以地名保留着，比如天水桥。说明这条古老的市河与古桥曾经存在过，并在社会上留下深刻的印象。

现在，天水桥一带高楼林立，车辆与过往行人川流不息，已经成为杭州市区最繁华的地段之一。

站在宽广的武林广场之旁，不禁发思故之悠情，过往的一切，皆如满眼云烟转眼散去！

42. 双投桥下盛开"双芙蓉"

去西湖南线游览，出清波门后，一定要过长桥。桥长仅数尺，短甚而称之为长桥，游人莫不以此为奇。

其实，历史上的长桥，原长里许。从长而变短，乃是西湖沧桑之变造成的。宋代之前，西湖面积远比现在大。当时水面辽阔，舟楫通过龙泓溪可直达灵隐冷泉亭；现在湖西的花家山、丁家山等，当时皆在湖中。

清波门南，原有钱湖门，在云居山山脚一带。西湖东南诸山之水，分三个渠道出钱湖门，均从长桥下流出，进入西湖。长桥之西，皆为汪洋，湖水直至玉皇山脚、慈云岭、方家峪。当时长桥下分三门，以巨石砌成，水口甚阔；桥下筑澄水闸、南闸，以节制水流。桥上有亭，飞檐翘角，甚为壮丽。

明代陈赟有诗写长桥曰："前朝叠石架为梁，影落清波几夕阳。世事如今虽已改，桥名依旧尚称长。"随着西湖不断缩小，水面也逐渐收敛，长桥也就不断缩短，从一里多长而逐渐变为数尺长。当年桥内的一片汪洋之处，今已全成田地矣，可见西湖之演变。

长桥，还有一个美名，叫双投桥，这是因为南宋淳熙年间，这里曾发生过一个悲惨而动人的爱情故事：当时，临安（杭州）城里，有一个名叫陶师儿的少女，与青年男子王宣教深深相爱，因为封建礼教所不允许，两人相约夜游西湖，在此偎抱，一起投湖，溺死在桥下急流之中。时人无不同情，作词歌曰："意切，人路绝，共沉烟水阔。荡漾香魂何处？长桥月？短桥月？"咏唱此事。因而，长桥又有"双投桥"之称。元时，冯士颐所作之《竹枝词》中有"再看双投桥下水，新开两朵玉芙蓉"之句。清时，诗人许承祖在《长桥》一诗中有"唱罢长桥短桥月，鸳鸯生小不单飞"之句，都是咏叹这个爱情悲剧的，并在诗中寄托了无限的感叹和追念之情。

"长桥不长"也就成为西湖趣谈之一。

现在，清波门外湖中，新建了一座长桥，曲折有致，蜿蜒水面，常有游人在桥上观景、摄影、休憩，成为西湖南线一道新的靓丽风景。

43. 坝子桥与凤凰亭

杭城市区的内河之桥，不大见到桥上有亭的，只有东河北端号称"东河第一桥"的坝子桥上，可见有亭翼然，此即凤凰亭也。

坝子桥是一座历史悠久的古桥，南宋时已经存在，七八百年前就已如是称之。名曰坝子，是因为桥之北即为旧时之艮山水门；水门有水坝，俗称"坝子"，故近门之桥亦被称为"坝子桥"。甚至附近的艮山门，也因此而被杭人称为"坝子门"。

坝子桥有弧形桥洞三个，造型优美，民间流传此桥为华夏名匠鲁班大师所建。此一说法，自然是溢美之词。

在杭城沧桑之变中，此桥曾多次修筑，但古朴之貌，始终不变，为杭城不可多见之古桥。

桥上之亭，南宋时是否就有，由于年代久远，已无从考证。比较可靠的说法是，亭是清康熙年间僧人成明为过桥行人躲避烈日风雨所筑。民间相传，亭筑成后，有凤鸟来栖，故称之为"凤凰亭"。

清代杭州诗人姚思勤曾在《东河棹歌》中，对此风趣地写道："鹭鸶滩上鹭鸶飞，鸭舍桥边放鸭归。侬在凤凰亭畔住，从来不见凤凰飞。"

凤凰亭筑后，亦是屡毁屡建。清咸丰八年（1858），此亭曾无故自燃，后即修复，继而又几度兴废。城东原是丝绸行业兴旺之地，后建之亭，人谓其形颇似丝车。见仁见智，各说不一。

坝子桥与凤凰亭的最后一次修缮，即是在早些年的中东河改造之时。站在桥北的环城北路上向南观望，其形其貌依然古朴迷人，"烟柳画桥"，宛若天开图画，不啻是东河上的一道绮丽的美景。

44. 刘能真与"鹿过曲水"

　　吴山山系的顶峰——紫阳山的西南面、三茅观旧址的山坡下，有一个长方形的泉池，有些杭州人称之为"泼水观音"。据说将泉水泼到泉池正面的岩壁上，石上会隐现出一个五官俱全的"观音"之脸，故有此称。有些善男信女谣传，说饮用此泉之水有治疗百病之功效。流言传出，引得各地香客扶老携幼，纷沓而来，接踵而至。一时香火鼎盛，烟雾缭绕，熏得这一方岩壁石黑泉浊，影响到紫阳山壮丽的风光。

　　吴山山系年代久远，自古以来多出名泉。这一被人们称为"泼水观音"的泉池，其实为古白鹿泉，最早发现于宋代。据杭州地方志记载：宋时，有一位名叫刘能真的名士，梦见一对白鹿飞快奔过此处，随后清泉穿岩而出，因此命名为"白鹿泉"。刘能真亦自号为"白鹿居士"，并出资在泉上塑造了一对白鹿之像。后人称此景为"鹿过曲水"，为"吴山十景"之一。

　　宋代白鹿泉与不远处的唐代青衣泉，珠联璧合，相映生辉，为吴山山系西南麓的一对姐妹名泉。后代文人墨客去吴山游览，必去此泉边赏景、吟诗、品茗，故留下了不少灿烂的诗章。清代诗人王寅写的《吴山白鹿泉》一诗，盛赞此泉曰："昔人双白鹿，来饮吴山泉。鹿去不复返，泉俯尚依然。……敢将流绿酒，终是涌青莲。水品中泠后，新经为尔传。"说当年白鹿虽然已经离去，但清泉依然在，其水质特佳，当在天下第一泉——镇江中泠泉之后，可见其味之清醇甘洌。因此，人们常取此泉之水烹茶，为诗人们所津津乐道。

　　"鹿过曲水"一景，在清康熙年间曾一度湮没，后由吴山道士朱广基修复，重现了旧时盛景。之后，在世事沧桑之变中，白鹿泉之名渐为世人所遗忘，"鹿过曲水"一景亦不为人知。自二十世纪六七十年代起，此泉渐被某些好事之人蒙上了迷信的色彩，扣之以"泼水观音"之异名。其实，岩壁上的凹凸部分，可以任人猜测取名，所谓"仁者见仁，智者见智"是也。雁荡山石景，即是一例。至于山泉之水，倘含有有益于人体健康的某些微量元素，亦不是奇事。

当此杭城大力发展旅游事业之际，应还此泉之庐山真面目，使之重现"鹿过曲水"之美景，当是吴山之幸、杭州之幸、游客之幸！

45. 陆游与古越黄酒文化

据古籍《武林旧事》一书不完全记载，南宋时，都城暨江、浙两省有蓬莱春、清若空、谷溪春、玉醅、流香、琼花露、十洲春、东浦酒等50多种名酒。七八百年过去，这些名酒大多消失在历史长河之中，唯有绍兴黄酒长盛不衰，可见其强劲的生命力。

南宋诗人陆游十分爱喝故乡的黄酒，其中有一种叫"蓬莱春"（北宋赵抃诗"武林新酝效蓬莱，莫把梨花较绿醅"，色泽绿色，犹如竹叶青酒），还爱用湖蟹（鉴湖产蟹）下酒。他有诗写道："蟹黄旋擘馋涎堕，酒渌初倾老眼明。"说是刚把蟹掰开，口水就流出来了，等酒一倒入杯中，连昏花的老眼都明亮起来了。他到村中一家丰收的老农家去做客，主人请他喝冬酿的土黄酒，满桌的鸡肉、猪肉供他下酒。他写诗道："莫笑农家腊酒浑，丰年留客足鸡豚。"在另一首喝黄酒后写的《醉中歌》一诗中，他写下酒的菜有：清炖的牛尾，炖得酥成膏；天上的黄雀，可以烤了吃；腌后的肥鹅，天下没有的美味；浔阳的糖汁蟹，一尺多蟹身；故乡的蓴菜，更是美味的好蔬菜……

黄酒是华夏神州的特产，中国酒苑中的奇葩，也是世界上最古老的饮料之一。绍兴黄酒，则是黄酒中的代表。"越酒行天下，其品种颇多，而名之老酒特别。"清康熙年间编纂的《会稽县志》，对越酒赞赏有加。越酒即是绍兴黄酒。绍兴黄酒讲究陈酿，越陈越香。加之历史悠久，故有"绍兴老酒"之称。

据日本专家西园寺公一先生考证，绍兴黄酒已有四千多年历史。如按郦道元《水经注》记载"越王之栖于会稽，有酒投江（即现在绍兴城南之投醪河），民饮其流，而战气百倍"，则绍兴黄酒至少有两千年历史。唐时，越酒载入《酒经》。历代以来，绍兴黄酒中的香雪酒，一直是上贡朝廷的名酒。

清代中期，康熙皇帝专门请了绍兴酿酒师到宫廷酿酒，许多王公贵族也爱饮绍兴酒；达官贵人婚礼中，常将雕花彩坛盛装的绍兴花雕酒，当作喜礼，而且要求成双作对。1922年，清朝末代皇帝爱新觉罗·溥仪大婚，彩礼之中，就有四十坛绍兴老酒。

1910年，绍兴黄酒荣获南洋劝业会特等金奖。1915年，绍兴黄酒荣获巴拿马万国博览会金奖。1925年，绍兴黄酒又获西湖博览会金奖。之后又多次获奖。

绍兴黄酒，色泽黄澄透彻，香气浓郁芬芳，滋味醇美甘甜，而且酒精度较低，富有营养。它是飨客及自享的佳酿，又是烹饪的重要原料与调料、制作中成药不可缺少的配料，故享有"东方名酒之冠"的美誉。清乾隆年间，绍兴有学者董岳荐，著有《调鼎集》一书，对绍兴酒作了高度评价："缘天下之酒，有灰者甚多，饮之令人发渴，而绍酒独无；天下之酒甜者居多，饮之令人停中满闷，而绍酒之性，芳香醇烈，走而不守，故嗜之者以为上品。"绍兴酒为何这样甘醇好喝？这与其用材精良，采用会稽山山水汇聚的鉴湖水酿成有关，也与其精工酿造的技艺分不开，因得天、地、人之精气，故如琼浆玉液。

绍兴酒的酿制，其中鉴湖水起到得天独厚的作用。绍兴酒的酿制工艺，曾经传到日本；绍兴酿酒师也曾到苏州、无锡、嘉兴、杭州等地制作黄酒，但酿成酒后，其色、香、味，都不能与绍兴本地产的黄酒相媲美。绍兴酒第一块国际金牌的得主周清曾说："绍酒名驰中外，各处所难以仿造者，水质之不同也。"这是一语中的。

鉴湖水质佳，是因为水源来自植被良好的会稽山，集三十六源溪水而汇聚成湖。溪水一路经岩层、沙砾过滤，并带来多种有益黄酒芬芳香味产生及有益人体健康的微量元素。这是其他地方的水无法相比的。此外，据科学研究，鉴湖湖底的泥炭、淤泥层，含有多种有益的微生物，具有强盛的吸附及净化作用，致使鉴湖一直保持良好的水质。

我们祖先在漫长的历史进程中，选择了黄酒，除了作为饮用酒之外，还用于配药、炮制药材和做药引，还用于烹调，用它矫味、增香。这种选择是非常科学的，因为黄酒既可养生，又可做食疗。以营养成分看，仅以氨基酸作比较，每一升黄酒中总含量为5647毫克，其中含能增智、助长人体发育的、人体不能合成的氨基酸特别多，而一升啤酒中则只有991毫克；热量也如此，每升黄酒热量为1200千卡，而啤酒仅429千卡。故国外营养学家称啤酒为"液体面包"，而称黄酒为"液体蛋糕"。

按照传统中医学的观点，适当饮用黄酒，可以健脾开胃、舒筋活血、祛湿消疾、强身益心、补血养颜。黄酒宜热饮，每日可视各人之量，少量饮用。国内有关专家曾建议黄酒应成为"国酒"，并认为它是"走向世界最有希望的传统饮料酒"。

黄酒自从当饮料那一天开始，即与美食发生密切的关系。喝酒时吃菜，也带有选择性。如鲁迅先生在小说《孔乙己》一文中就写到，孔乙己喝绍兴黄酒时，以茴香豆过酒。而民间则有"螺丝索索，老酒过过"的说法。可见自古以来，绍兴黄酒与各种美食交织在一起：喝好的绍兴酒，一定要有好菜搭配。耐吃耐啃的美食尤其适合过酒，如螺蛳、油炸花生、茴香豆、湖蟹、油炸小鱼、卤鸡爪、卤鸭掌、卤鸡翅，海鲜中的蛏子、文蛤、蚶子、青蟹、海瓜子等也都是佳选。绍兴酒与美食结缘，使喝酒兴味更浓、滋味更美。美酒配美食，是珠联璧合，人生一享受。有绍兴酒喝，还有好吃的下酒菜，这便是锦上添花。绍兴酒与美食，是孪生的，它们一起产自中华饮食文化母体。

绍兴酒与美食结缘，可从一个实例来说明。周总理1939年3月回故乡绍兴扫墓，曾给小表妹王去病题词："勿忘鉴湖女侠遗风，望为我越东女儿增光。"20世纪90年代，笔者曾多次拜访家住杭城的王去病老人。聊家常时，她谈起了她的口味。她说，她爱吃故乡的黄酒菜。她在杭州家中，常做黄酒浸鸡、黄酒浸霉千张、黄酒冲鸡蛋。黄酒浸鸡的做法是：选土鸡一只，煮熟切条，用花椒盐腌一夜，去汁水放入密封的罐或瓶中，倒入绍兴酒，浸渍一天就可以吃，鸡肉酒香扑鼻，又鲜嫩异常。黄酒蒸霉千张的做法是：千张切成长方条，卷成小筒，制成霉千张后，用适量盐腌一夜，浸入花椒与绍兴黄酒的混合汁中，渍一夜，就可蒸食，霉千张鲜香而又有特殊风味。黄酒冲蛋的做法是：将绍兴酒加适量水与白糖烧沸后，冲入打好的鸡蛋液中即成，此点风味特异，容易消化且营养丰富。这些用黄酒制作的美食，充满了绍兴酒乡的风味，足见绍兴黄酒与美食的相辅相成关系。绍兴黄酒与美食结缘，还可用另一个实例来证明：1984年7月下旬，笔者应邀任杭州八卦楼南宋名菜研究顾问时，与名厨叶杭生配合，研制、开发南宋菜，在做"酒蒸鸡""酒蒸石首"时，以绍兴酒中的香雪酒作为主料蒸鸡、蒸鱼。菜做成后，酒香扑鼻、鸡鱼肉质鲜嫩，获得了极大的成功。后与其他南宋仿菜一起，于当年12月先后登上了浙江电视台与中央电视台的屏幕，在社会上引起了广泛回响。这是将绍兴酒作为主要材料（而不是调料）配合鸡与石首鱼（黄鱼、鳓鱼）做成功的仿宋美食，再次佐证了绍兴黄酒与美食的结缘及与之相得益彰的作用。

绍兴作为黄酒之乡，有品种繁多、名称不一的佳酿，犹若夜空中群星闪烁。在绍兴百里鉴湖之畔，有六家被认定为地理标志保护产品、获准生产绍兴黄酒的酿造企业。其中，"中华老字号"——浙江塔牌绍兴酒厂，因其厂址位于十里湖塘，接近鉴湖之源，有清澄的湖水供酿造黄酒，加之传统的手工酿造技艺，所酿出之黄酒格外醇美甘爽，芬芳迷人，堪称绍兴黄酒的代表。可以说，塔牌黄酒完完全全继承了黄酒优良的传统与技艺；原生态的手工酿造技艺，是一种非物质文化遗产。在党和政府的关怀重视下，它必将流传千秋万代，造福后代子孙。

46. 隗顺冒死葬忠骸

栖霞岭下的岳坟，埋葬着民族英雄岳飞及儿子岳云的骸骨，墓前有秦桧等四人的铸铁跪像。正如墓前门柱上名家所题之楹联所写的："青山有幸埋忠骨，白铁无辜铸佞臣。"

西湖山水因有岳飞、于谦、张苍水、秋瑾等先烈之墓而增色，故清代杭州著名诗人袁枚写诗道："江山也要伟人扶，神化丹青即画图。赖有岳于双少保，人间始觉重西湖。"

岳飞遇害后，能得以安葬在青山绿水的栖霞岭之下，要归功于一位南宋忠贞的狱卒隗顺。

据方志载，岳飞被害死于大理寺监狱的风波亭（在原小车桥）中后，一位富有正义感的、名叫隗顺的狱卒，冒着生命危险，将岳飞骸骨偷偷运出，埋葬在钱塘门外九曲丛祠旁（大约位置在原昭庆寺、今少年宫一带）。隗顺怕日后年代久远，找不到埋葬的地方，便将岳飞枷锁上的一枚封皮，装入一只铁桶内，安放在岳飞骸骨旁，又脱下自己的一只玉手镯作为祭品，放入墓中。还在墓边栽了两棵树，并假造了一块名叫"贾宜人"的墓碑，立在墓前。

绍兴三十二年（1162）六月，赵构因不得人心，让位于养子赵昚，称宋孝宗。宋孝宗并不赞同其养父之所为，在登基的第二个月，就为岳飞平反昭雪，恢复岳飞官职，并按礼制隆重地在栖霞岭下重新安葬了岳飞父子。

再说那个狱卒隗顺，在年老患病之时，便已将埋葬岳飞骸骨的具体地址，告诉了儿子，使得朝廷不费力气就找到了这位忠良之臣的遗骸，并安葬在景色宜人的栖霞岭下。

自此，岳庙及岳墓，便成为西湖的一处重要的人文景观。之后虽几经毁建，但英雄业绩光照千秋。南宋时留下的岳坟，始终完好地留存在西子湖畔。20世纪60年代时，岳庙被改建成了"收租院泥塑展览馆"，70年代时，政府拨下巨款予以了修复。一年四季，海内外游客摩肩接踵，不绝于途，无不前往参观、瞻仰民族英雄岳飞的塑像与青冢。

岳庙、岳墓，现为全国重点文物保护单位。

47. 文徵明游岳庙词揭宋高宗

早年曾去姑苏探友游览，在江南名园拙政园园门庭前院，见到一架虬枝盘曲的古藤倚墙。朋友告之，这古藤由"吴中四才子"之一的明代文徵明所手植，距今已有400多年历史。

文徵明（1470—1559），姑苏（苏州）人，出身官宦之家，原名壁，字徵明。嘉靖二年（1523）他以贡生身份参加吏部考试中榜，被授予翰林院待诏。文徵明一生诗、文、书、画俱精，人称是"四绝"的全才。在绘画方面，文徵明与沈周、唐寅（唐伯虎）、仇英合称"明四家"；在文学上，与祝允明（祝枝山）、唐寅、徐祯卿合称"吴中四才子"。

文徵明的书法、诗词、绘画，对后世书画界影响深远。

相传，文徵明某年曾游览杭州岳庙，看了南宋四佞臣的铸铁跪像后，又到碑廊观赏历代颂扬、缅怀岳飞的各种石刻碑文。在移步观赏中，文徵明发现有一块刻有宋高宗赵构当年给岳飞的诏书的石碑。文徵明看后，义愤填膺，当即写下一首《满江红·拂拭残碑》的词揭批宋高宗，词云：

拂拭残碑，敕飞字，依稀堪读。慨当初，倚飞何重，后来何酷。岂是功成身合死？可怜事去言难赎。最无辜、堪恨更堪悲，风波狱。　　岂不念，封疆蹙？岂不念，徽钦辱？念徽钦既返，此身何属？千载休谈南渡错，当时自怕中原复。笑区区、一桧亦何能，逢其欲。

文徵明这首《满江红·拂拭残碑》词，语气激昂，不避君王讳，矛头直指宋高宗赵构，词句尖锐地指出：区区秦桧有何能？无非赵构怕徽、钦两帝返回失去帝位，故谋杀了岳飞。

文徵明义正词严批赵构，让后人深深钦佩这位400年前的吴中"四绝"才子的善恶分明。他为杭城留下的这一美好的轶事，使得四海游客游岳庙时，都可以在墓前碑廊，观赏到文徵明的书法风采并为他的一腔正气所深深感动。

48. 千古风流八咏楼

江南名楼——八咏楼，位于金华市的东南面，碧波滔滔的婺江之滨。登上八咏楼凭栏远眺，可望见峭拔的南山峰峦，连绵起伏，横向天际；俯视脚下，可观赏到被古人称为"双溪"的义乌江与武义江两条碧流汇成的婺江，滔滔西去。在山光水色的辉映下，八咏楼呈现着它那雄楼飞角的古老的姿容。

八咏楼，原名玄畅楼，系南朝隆昌元年（494）由东阳郡太守、著名诗人沈约建造，至今已有一千五百多年历史。楼建成后，沈约登楼远眺，触景生情，写了《玄畅楼八咏》，以抒发登楼之感。句句金玉的长歌，曾名噪一时，传为诗坛美谈。至唐时，此楼根据沈约诗名，改称八咏楼。

历代骚人墨客、英雄豪杰来金华，都喜欢登八咏楼，发思古之幽情，因而留下无数动人的华章。如唐朝诗人李白诗："落帆金华岸，赤松若可招。沈约八咏楼，城西孤岩峤……"描绘了秀拔甲于天下的八咏楼及双溪两岸的旖旎风光。其他如唐朝诗人崔颢、严维，宋朝爱国将领谢翱，元朝赵孟頫等写的一些"八咏楼"诗，也都很有名。

最值得一提的是，南宋著名女词人李清照，也和八咏楼结下了不解之缘。金兵南侵时，她中年丧夫，辗转漂泊，一度曾避难于金华，常在孤单寂寞之中，独自登八咏楼眺望双溪，见景触情，写下了名词《武陵春》，词中写道："只恐双溪舴艋舟，载不动许多愁。"借此词抒发出她深深的忧愁。除了《武陵春》外，她还以清丽的笔触，写了一首更为脍炙人口的《题八咏楼》诗："千古风流八咏楼，江山留与后人愁。水通南国三千里，气压江城十四州。"每当人们登八咏楼，眺望碧波滔滔的婺江，凭吊古迹、缅怀古人时，首先就会想到李清照这首意境深远、气势恢宏、被后人传诵不绝的、写金华八咏楼的名篇。

八咏楼也因无数英雄的业绩与它有关而名重天下：明太祖朱元璋未统一天下、和张士诚对垒时，曾和大将胡大海登八咏楼观察地形和检阅将士；明朝抗倭名将戚继光，曾在金华招募抗倭勇士，登八咏楼眺望地形；明末清兵南下，大将朱大典曾以金华作为军事要塞，把高耸在婺江之滨的八咏楼作为作战指挥部；太平天国时，侍王李世贤曾登八咏楼检阅十余万太平天国的英勇将士，并在八咏滩与清兵及洋人雇佣军做过艰苦卓绝的殊死搏斗，以至热血染红了碧如罗带的双溪之水；1939年，周恩来北上抗日途经金华，曾在八咏楼前的八咏滩万余群众的集会上，号召军民团结，奋起抗击日寇……

正因为如此，八咏楼在诗人璀璨的诗篇和英雄可歌可泣的、不朽的业绩中，成为江南名楼。

49. 金鱼的故乡在杭城

金鱼色彩斑斓、婀娜多姿，素有"水中鲜花"之称，是我国特有的一种珍贵的观赏鱼类。它原是自然界野生的鲫鱼，后发生变异，经过人工的驯养，才逐渐变得绚丽多姿。

杭州是世界上最早发现金鱼的地方之一（另一处为浙江嘉兴）。

北宋时，诗人苏子美游览六和塔，曾在塔后溪涧水池中，发现野生的金鱼，感到非常惊奇，写下了"沿桥待金鲫，竟日独迟留"的诗句。这是记载野生金鱼最早的文献资料之一。苏东坡初读此诗时，不解"竟日迟留"之意，后来调到杭州当地方官，到六和塔后去观赏金鱼时，发现金鱼还在，而此时离苏子美写金鱼诗时，已过40年。但他投饵喂之，金鱼竟不食而没，始悟"竟日迟留"之含意。原来金鱼有鲫有鲤，鲫以淤泥中的小虫、微生物为食，而鲤以螺蚬为食，饼饵之类很少食之，故很难见到。后来，他在南屏山兴教寺（今之南屏饭店，即清代著名的小有天园旧址）游览时，在寺内水池中也发现了金鱼，便写下了"我识南屏金鲫鱼，重来拊槛散斋余"的诗句。

金鱼不仅在六和塔后溪涧水池、兴教寺水池中有所发现，后来还在玉泉、吴山大井（在大井巷内）、相国井等处被发现。特别是吴山大井中，有金鱼数十条，从无施食者而先后存活一二百年之久，被当地父老敬为"神物"。

金鱼的人工驯养，始于南宋。据史书记载，南宋高宗时，凤凰山麓的大内禁苑中，已筑池放养，豪贵府第也纷纷仿效。家住三桥子（址）的岳飞孙子岳珂在《桯史》一书中记载，当时驯养的金鱼，已有金色、白色、花斑色几种。《梦粱录》一书说，（南宋时）钱塘门外，已出现饲养金鱼的专业户，当时叫"鱼儿活"。到明代，杭州人饲养金鱼更为普遍，有"处处人家饵蓄之，养以供玩"之说。

中华人民共和国成立后，杭州更成了全国研究、培养金鱼的中心，经过专家和园林工人们的辛勤努力，金鱼品种已发展到一百多种，其中"墨龙眼""鹤顶红""珍珠鳞""虎头"等，为不可多得的稀世珍品。除了供出口换取外汇外，动物园、玉泉、花港公园等处，也都已成为海内外游客观赏金鱼的游览胜地。

二、两宋韵事留古城

1. 范仲淹妙策度饥荒

北宋名臣范仲淹年轻时，在南都学舍读书时，生活过得异常艰苦。他经常取粟米两升，熬成一锅粥，等过夜后，将凝结的粥用刀切成四块，早晚各吃两块，以韭菜下粥过日子。当地留守（朝廷派驻地方的长官）有个儿子也在那里学习，回家后把范仲淹的艰苦生活情况，告诉了父亲。留守听了很感动，派人将公家厨房做的好饭菜，拿去送给范仲淹吃。不料范仲淹将菜搁在一边不吃，不久，都馊了。留守的儿子对范仲淹说："我父亲听说你生活过得清苦，才送你食物，可是你连筷子都没动一下，不是怪罪我托父亲帮忙吗？"范仲淹表示感谢地说："不是不感谢你们两位的盛情厚意，只是因为我吃粥的时间已经很长，今日突然吃顿美味佳肴，以后就吃不下这粥了！"

范仲淹年轻时代，甘于清贫、勤奋读书，后来终于成了北宋王朝的栋梁之材。从这一则轶事中，我们就看出了他的非凡之处。

范仲淹（989—1052），字希文，祖籍邠州（今陕西彬县、旬县、淳化、永寿一带），后移居苏州，北宋著名政治家、文学家。

范仲淹幼年丧父，母亲改嫁。大中祥符八年（1015）26岁时苦读及第，累官苏州知府、权知开封府。北宋与西夏战争爆发后，于康定元年（1040）与韩琦共任陕西经略安抚副使，采取"屯田久守"方针，巩固边防，安定边区人民生活，受到了朝廷的好评。回朝后，便被授予枢密副使，后拜参知政事发起"庆历新政"，进行改革。因改革后受挫。自请外放，历知邠州、杭州、颍州等地。后在带疾上任途中病逝，年仅64岁。感其一生功绩，宋仁宗亲书墓碑碑额"褒贤"，累赐太师、中书令兼尚书令。

范仲淹在千古名文《岳阳楼记》中倡导的"先天下之忧而忧，后天下之乐而乐"的观念，对后世影响深远，是儒家思想中的标杆，成为许多后来者的人生格言。其诗文集有《范文正公文集》。

特别要提到的是，范仲淹知杭州的第二年（1050）浙江发生大饥荒，朝廷对此束手无策。范仲淹发挥自己的才智，应对饥荒：一是大兴土木基建，以工代赈，让许多百姓有收入得以扛过灾难；二是在西湖里举办大型龙舟赛，自己则坐在画舫中宴饮，以此吸引城中富人到西湖边观看，让西湖周边的旅馆、饭店、小摊小贩们增加收入；三是提高粮价，致使大量外地粮商奔赴杭城，由于进入杭城的粮食骤增，粮价也就下跌了，使市民们都买得起口粮。

范仲淹这三条措施，曾使许多人误解，纷纷指斥他，他也不作回应。后来众人发现，杭州饿死的百姓远比浙江其他地方少，才明白范仲淹的智慧与用心的良苦。他是采用了刺激消费的先进的经济政策，才拯救了成千上万的杭城百姓。

可以说，范仲淹一生的内外功绩，史无二人。

伟哉，范夫子！

2. 苏东坡发现我国早期金鱼

小有天园，清代时是西湖首屈一指的名园。园内峰奇石秀，林泉幽美，人文荟萃，古迹很多。它的名气，曾远超刘庄、汪庄、蒋庄之上。然而在世事沧桑之中，却像一块宝玉，被埋没在草莽之中，不为人所知。

小有天园，位于五代吴越王钱弘俶兴建的古刹净慈禅寺西部，南屏山慧日峰麓。宋开宝五年（972），钱弘俶在此修建兴教寺，又名善庆寺。此寺规模宏伟，上有齐云亭、清平楼等，可眺望湖光山色。亭台楼阁旁，则层峦叠嶂，丹崖翠壁，石笋林立，玲珑别透。山岩中有泉自石罅渗流而出，于低洼之地汇为深池，此即是古金鲫鱼池——中国最早的金鱼发源地之一。北宋大诗人苏东坡在杭州担任地方官时，曾在池内发现野生金鲫鱼，并撒糕点引逗，有诗写道："我识南屏金鲫鱼，重来拊槛散斋余。"这是以诗的形式，记载我国金鱼来源的宝贵史料。元末，兴教寺被毁。到明洪武年间，又重新建起，后改名为壑庵。因景色秀美，时有"赛西湖"之美称。清初，杭州人汪之萼以重金购为私人别墅，传到他的孙子汪守湜手中。汪守湜精心修复，重现古时壮观景象，且有新的发展。如在慧日峰上构建南山亭，登亭可饱览西子湖秀色。自亭拾级而上，奇石峥嵘，古藤盘结，跋欢喜岩，可抵琴台。上有北宋四大书法家之一的米芾所题之摩崖石刻"琴台"两字，字径三尺。旁有北宋史学家司马光所书《家人卦》刻石，旁边还有《乐记》和《中庸》石刻。《家人卦》用隶书刻成，计12行，每行17字，字径八寸，左上角还有清浙江巡抚、学者阮元的题刻。

清乾隆十六年（1751），乾隆皇帝巡游江南，曾慕名游览此园，并题此园为"小有天园"，还写下了赞美的诗章。自此，小有天园之名传遍天下，成为西湖第一名园。

历经沧桑之变，至今众多的亭台楼阁已不复存在。然而多处古迹依然保存着。北宋司马光《家人卦》石刻，被列入浙江省全国重点文物保护单位。

不知此一西湖名园，何时能重新以古老而又年轻的秀丽面貌，重新出现在四海游客面前。

3. 苏东坡题诗七宝寺

七宝寺巷，南起庆春路，北至五福楼；大福清巷在其西，小福庆巷在其东。巷名"七宝寺"，是因为巷内旧时有古刹七宝寺。此寺系吴越王钱镠于梁贞明四年（918）所建，原名"上方多福院"，至宋大中祥符年间，始改称"七宝寺"。内有古建筑临辉阁、六游堂等。宋元祐五年（1090）十二月十二日，时任杭州太守的诗人苏东坡与名贤刘季孙、义伯、张天骥、周焘、苏坚、钱仲蒙等六人同游七宝寺。兴浓之余，苏东坡还在园中竹子上题诗一首："结根岂殊众，修柯独出林。孤高不可恃，岁晚霜风侵。"以竹喻人，抒发了他对人生的看法。

明时，名人陈士宁、陈雍父子居于巷内，博涉书史，不乐仕途而喜结贤士。特别是陈雍，自幼能诵"四书""五经"，尤精《易经》。地方官以其熟读经书，两次推荐他做官，都被他推辞。前人有诗赞曰："青字营西小巷幽，衡门寂寂思悠悠。一生清事无闲日，夹径黄花满院秋。卖帖偶逢官巷口，评诗共宿独山头。谁知扰扰红尘里，荷篑行歌得自由。"

历经沧桑之变，七宝寺早已不复存在，然而七宝寺巷很长一段时间仍留存在盐桥之东，现已不存。苏东坡曾到此游览并赋诗，亦已为世人所遗忘。如果能在盐桥东侧刻石立碑，介绍苏东坡与友人游览七宝寺并赋诗之事，必将为下城区，也为杭州市增添一处人文景观。

可惜的是，在21世纪城建中，七宝寺巷已被钢筋混凝土森林所占并覆盖，至此连同巷名皆一并消失，不禁令人叹息不已！

4. 苏东坡是个美食家

北宋文豪苏东坡虽然老家在四川眉山，但他同山清水秀的杭州特别有缘。他曾两次来杭为官：北宋熙宁四年（1071），来杭做通判，相当于"副市长兼纪委书记"；到元祐四年（1089），又出任杭州太守，做了"市长"。

他在杭州做了许多有益杭州城建与老百姓的好事，最有名的是给朝廷上了一道《乞开杭州西湖状》的奏章，疏浚西湖，用堆积的葑草、淤泥，筑了一条长2.8千米长的苏堤，并无意之中发明了"东坡肉"，成就杭州的一道脍炙人口的名菜。

苏东坡文章写得好，诗写得美，书法漂亮，又特别喜爱美食，且十分在行。从他留传下来的诗文中可以看出，他爱吃，品尝过的美食多得惊人。他在《春菜》一诗中，写下"烂蒸香荠白鱼肥，碎点青蒿凉饼滑"的诗句，意思是说，用荠菜清蒸白条鱼，切碎蒿菜和进面粉中做成光滑的凉饼；还在诗中写了大头菜、韭芽、蕨菜、茵陈、菊花、菠菜、大白菜、苦笋等蔬菜。他还喜爱江南的春笋与长江里出的鲜鱼，这有诗句可证："长江绕郭知鱼美，好竹连山觉笋香。"又认为居处要有竹，吃饭要有肉："无肉令人瘦，无竹令人俗。"他特别喜爱芋芳煮米粥，称此点"香似龙涎仍酽白，味如牛乳更全清"，说芋芳煮米粥像龙的玉涎一样浓酽而洁白，又说味道比牛奶还清爽，并给它取了个"玉糁羹"的美名。他还喜欢用萝卜、大头菜做羹吃，并自谦"寒庖有珍烹"。他赞美以前杭州人不大吃得到的芥蓝的味道，如同蘑菇，嚼来"脆美牙颊响"，嚓嚓有声（笔者曾在湖滨某大酒店吃过"广式芥蓝"，确实爽脆可口，发出响声）。在同一首诗中，他还称赞大白菜味道像羊羔、猪肉那样味美；新鲜时，像熊掌那样酥嫩，诗是这样写的："白菘类羔豚，冒土出蹯掌。"又说"谁能视火候，小灶当自养"，哪个人能掌握好烧这些时蔬的火候呢？开小灶的时候，全靠自己掌握好菜肴的火候，吃了才能补养身体。

河豚有毒，但味道鲜美，据史料记载，苏东坡也吃过。他在《惠崇春江晚景二首》（其一）一诗中写道："竹外桃花三两枝，春江水暖鸭先知。蒌蒿满地芦芽短，正是河豚欲上时。"春天是吃河豚的季节，江边的蒌蒿和芦芽，正是解毒的辅料，民间常用它们与河豚合在一起做菜，起到解毒作用。这方面，苏东坡是完全在行的，可见他吃的知识与经验极为丰富。

苏东坡还采树上长的野蘑菇食用，做菜时，配以友人赠送的白色芽姜，以起到调味、解毒作用，这也有诗句记载："老楮忽生黄耳菌，故人兼致白芽姜。"

苏东坡在黄州任地方官时，曾写《猪肉颂》一诗，他在诗中写道："净洗铛，少着水，柴头罨烟焰不起。待他自熟莫催他，火候足时他自美。……早晨起来打两碗，饱得自家君莫管。"在杭州做地方官时，他无意之中又创造了用酒一起烧肉的东坡肉。可见他对猪肉的烹制，是挺有经验的。

苏东坡爱吃红烧肉，也爱吃广东风味的烤猪，这也有诗句："远公沽酒饮陶潜，佛印烧猪待子瞻。"佛印禅师是苏东坡的好友，曾在镇江金山寺驻锡，子瞻是苏东坡的字，烧猪即是现在广东风味的烤乳猪。

苏东坡自诩为老饕，不但会吃，而且懂得用料、刀工、火候、调味及工具的使用，且看他在《老饕赋》中的说法："庖丁鼓刀，易牙烹熬。水欲新而釜欲洁，火恶陈而薪恶劳。九蒸暴而日燥，百上下而汤鏖。尝项上之一脔，嚼霜前之两螯。烂樱珠之煎蜜，滃杏酪之蒸羔。蛤半熟而含酒，蟹微生而带糟。盖聚物之大美，以养吾之老饕……"按照苏东坡的标准要求，宰杀猪羊牛，要请熟悉牲畜肉身结构的庖丁；烹制美食要找最会调味、烧菜的易牙掌勺；水要鲜洁，锅要干净，火要旺盛，柴要干燥；吃肉要尝颈项上的活肉，食蟹要吃霜降前的两螯；要用蜂蜜来煎熬熟透的樱桃，要用杏仁的浓浆来浇蒸熟的羊羔。蛤蜊蒸到半熟时洒上料酒，蟹烧到微生时就上糟，把这些美味集中在一起，以调养他这个爱吃的老饕……

苏东坡爱吃的这六道菜点，组成了一席老饕席。从中可以看出，他并不一味追求山珍海味、生猛海鲜，只讲究菜肴的时令、部位、刀工、调味与火候及用具的洁净、水的鲜洁。

可以说，在九百多年前，杭州的"老市长"苏东坡先生，已经讲究品质生活，重视饮食的研究与品味，我们是不是可以从中得到一些启发呢？

5. 苏东坡与荠菜糁

阳春三月（农历）左右，杭州郊县的田边、地头、山坡上，都会开满星星点点的、白色的荠菜花。杭谚曰："三月三，荠菜花儿上灶山。"此时正是吃荠菜的时光。这时，农村的少女、大嫂们便会用剪刀、小刀挑取田边地头的鲜嫩荠菜，一筐筐送到城里农贸市场来叫卖，使市民们在寒冬之后，能够品尝到此一美味的野菜。无论清炒、做羹、包馄饨、包饺子，或者拌以香干丁、笋丁，浇麻油凉拌吃，都清鲜爽口，具有清火解毒的食疗作用。杭州人年年吃荠菜，年年都吃不厌。

说起杭州人吃荠菜，可以追溯到北宋时期。那时，诗人苏东坡先后在杭州做过通判与太守。他是一位特别爱吃荠菜的美食家。他精通烹饪技艺，熟悉炉台。在四川眉山老家时，就研究出一种荠菜糁（荠菜加碎米或面粉、麦仁等，煮成的糊状食物，类似粥）的吃法。它不仅味敌海陆八珍，而且能治疗疮疥。他曾写信给一位患疮疥卧床的名叫徐十五的朋友，告诉他制作荠菜糁治病的方法："取荠一二升许，净择，入淘了米三合，冷水三升；生姜不去皮，槌两指大，同入釜中，浇生油一蚬壳，当于羹面上，不得触，触则生油气，不可食；不得入盐醋。君若知此味，则陆海八珍皆可厌也。天生此物，以为幽人山居之禄，辄以奉传，不可忽也。"这荠菜糁的味道到底怎样美呢？苏东坡并没有写下来。到南宋时，诗人陆游在朝廷为官，住在杭州泥孩儿巷（现在叫孩儿巷），依法做了一遍，尝了后说："食荠糁甚美，盖蜀人所谓东坡羹也。"由于味道清香可口。陆游吃了后，诗兴大发，还写了一首赞美的诗。诗云："荠糁芳甘妙绝伦，啜来恍若在峨岷。莼羹下豉知难敌，牛乳抔酥亦未珍。异味颇思修净供，秘方当常授厨人。午窗自抚膨脝腹，好住烟村莫厌贫。"说是吃着甘美绝伦的荠菜糁（粥），好像去了四川峨眉的苏东坡家乡；这糁（粥）的味道，比天下有名的莼菜羹、牛乳酥还要好吃，甚至连制作方法，都不肯教给厨师；中午吃饱了荠菜糁（粥），他抚摸着肚皮，说就喜欢住在乡下出荠菜的村子里，也不厌这里生活的贫困。可惜，如此美味的荠菜糁（粥）的具体烧法，已经湮没七八百年了，谁也不会烧了。

说起荠菜的味道，早在二三千年前，《诗经·邶风·谷风》中就已记载"谁谓荼苦，其甘如荠"之句，可见那时的古人，已了解荠菜的甘美之味。据营养学家测定：荠菜所含的蛋白质，在蔬菜中名列前茅；所含的胡萝卜素可与胡萝卜匹敌；所含的维生素C高于西红柿；其他还含有磷、钾、铁、锰等多种矿物质，养分比较齐全、平衡。荠菜这样丰富的营养，在蔬菜中也是不多见的。祖国传统医学认为，荠菜具有止血、降压、消炎、健胃、明目等食疗功效，可说是野菜中的佼佼者。现在，连美国威士康辛大学农学院的植物学家，都已把这一中国野蔬，引种到美国去了，这实在是值得中国人引以为自傲的。

6. 苏东坡与五柳鱼

在我国古今诗人中，很少有人像苏东坡那样爱吃鱼并且吃过多种有名的鱼。这可从他写的众多的吃鱼诗中，找到依据。

南宋古都杭城，有一款著名的鱼肴五柳全鱼。此鱼肴以清代光绪年间西湖涌金门的一家"五柳居"菜馆做得最好，传名于世，故人称"五柳鱼"。当时，有一位诗人写道："小泊湖边五柳居，当筵举网得鲜鱼。味酸最爱银刀鲙，河鲤河鲂总不如。"看来，这五柳鱼是用白条鱼制作的，并用米醋来调味。其实，这款一百多年前应市的名菜，与苏东坡有点关系，故有"东坡鱼"之称。

史载东坡先生酷爱美食，而且善于烹饪。北宋元祐年间，他出任杭州太守，在故乡四川眉山人做鱼菜的基础上加以改进，创制出一种鱼的新烧法。因为在鱼的身上斜划五刀，鱼烧制好之后，刀口露出的鱼肉形如柳叶，故名"五柳鱼"。

有关五柳鱼，民间有这样一段趣闻轶事流传。一天，苏东坡烧了一盘五柳鱼，正要品尝，挚友佛印禅师却突然来访。苏东坡便将鱼盘端到书架上面，其实佛印禅师早就发觉了，打算与东坡居士开一个玩笑。苏东坡以为佛印不知，笑着问道："大师不在挂单驻锡的寺院里念经，到舍下有何见教呀？"佛印颇有含意地说："老衲特来请教一个字，请居士释疑！"苏东坡说："什么字啊？"佛印说："你那个'苏'（苏的繁体）字有几种写法呀？"苏东坡哈哈一笑，说："常见的是一种写法，上面是草字头，下面左边是个'鱼'，右面是个'禾，合起来便是'蘇'字。"佛印假装不知，问道："假如'草'字头下面的'禾'字与'鱼'字换个位置写行不行呢？"苏东坡点头说："这样的写法也有，我看是可以的！"佛印接着又问："如果把'鱼'字搁到'草'字头上去，行不行呢？"苏东坡慌忙答道："那是不行的！"佛印仰面大笑，说道："东坡居士，你说把'鱼'搁到上面去不行，那就把搁在上面的鱼拿下来吧！"苏东坡到这时才恍然大悟，知中了佛印之计，只得尴尬地把鱼从书架上面取下来，与佛印一起品尝。佛印吃了后，感到味美，便询问鱼的做法，苏东坡便详细地向他作了介绍。过了几天，佛印按苏东坡的做法烧了一条五柳鱼，正要品尝，却巧苏东坡也来访。佛印便将鱼放在一个铜磬里，其实苏东坡早就见到了，故意唉声叹气的。佛印问："居士遇到了什么难事呀？"苏东坡说："有朋友叫我为他写春联，我写了'向阳门第春常在'的上联，因公务繁忙心里乱，一时想不起下联！"佛印心直口快，说："这有什么难呀，下联就写'积善人家庆有余'就是了！"苏东坡听了，嘻嘻一笑，说："好啊！磬（与'庆'同音）有鱼（与'余'同音），为什么不拿出来与我一起吃呀？"佛印脸一红，只好拿出了刚做好的五柳鱼，与苏东坡一起吃。吃了五柳鱼后，佛印说："这五柳鱼味道很好，它是居士所创制的，不妨就叫作'东坡鱼'吧！"苏东坡高兴地答应了。

后来，此鱼的制法传到民间，酒楼菜馆也仿而制之。经过历代厨师的不断改进，如以肥嫩的草鱼替代白条鱼为原料，制作时，劈成两半，斜划五刀，在放了黄酒、酱油、姜末的沸水中煮熟后，再撒以葱、笋、香菇、火腿、生姜等五种细丝，然后浇以糖醋芡汁，风味就格外迷人。因此鱼烧好后，肉质鲜嫩有蟹肉之味，而鱼身上之五彩细丝鲜丽夺目，能使食者胃口大开，可称是一款带有浓厚的江南风味的传统名菜。后来此菜以"五柳全鱼"之名，被有关部门编进了《杭州菜谱》之中！

7. 苏东坡喜爱食鱼鲜

杭州老市长苏东坡，是北宋著名的文学家、书画家，一生精通诗、词、赋、书法、绘画，名列"唐宋八大家"之一，与欧阳修并称为"欧苏"。他一生官场坎坷，几起几落，多次被朝廷贬到外地做官，足迹遍及浙江杭州、湖州，山东密州、登州，河北定州，江苏徐州、常州，安徽颍州，湖北黄州，广东惠州，海南儋州等多地。

他很喜欢吃鱼，每到一处，总是兴趣异常浓厚地烹制并品尝当地所产的各种特色鱼鲜，并写下了许多绘声绘色的脍炙人口的食鱼诗。

北宋嘉祐六年（1061），他25岁，在陕西凤翔府担任签判时，吃了鄠县（今西安市鄠邑区）泉水汇成的渼陂湖里的以鲤鱼为主的渼陂鱼，当即写了《渼陂鱼》，诗曰："霜筠细破为双掩，中有长鱼如卧剑。……携来虽远鬣尚动，烹不待熟指先染。"说从这渼陂湖里捕捉来的鱼，带到很远的住处，那鱼的鳍还在动，由于这泉水中长成的鱼肉特别鲜美，还没烧熟，他就迫不及待地用手去抓了吃。北宋元丰二年（1079）三月，他43岁，任湖州知州。他与朋友共五人，曾在湖州苕溪船上，大吃螃蟹与鲈鱼。当时有诗写道："紫蟹鲈鱼贱如土，得钱相付何曾数。……运肘风生看斫脍，随刀雪落惊飞缕。不将醉语作新诗，饱食应惭腹如鼓。"这一次苏东坡与朋友在船上吃的是现杀现做的、切得细细的鱼生（生鱼片）。因为价格便宜，付钱给渔民时，竟没有数钱，大概这鱼生做得味道特别好吃，苏东坡吃得肚子都鼓起来了。同年他因写文、词及呈给朝廷的《湖州谢上表》讥刺得罪当朝小人，被卷入乌台诗案，关入御史台监狱达130天之久，几至死地。后经友人多方营救，直到年底定案，才被放出，贬为黄州团练副使。

在他一生为官过程中，苏东坡谪居黄州的时间最长，从元丰三年（1080）二月直至元丰七年（1084）四月，一共四年零二个月。元丰三年（1080）二月一日，苏东坡44岁，到达黄州贬所定惠院，写了《初到黄州》一诗。黄州在长江北岸，江水在城南流成一个弧形绕城而过，而附近又是漫山遍野的竹林，因此他写诗道："长江绕郭知鱼美，好竹连山觉笋香。"说是碧波浩荡的长江环绕着黄州城，那江里的鱼一定很好吃；又说那茂密的竹林一座山连着一座山，他感觉到那竹林里长的竹笋一定很香。绕城的慷慨的长江，向黄州城提供了丰富的鱼虾，因此，苏东坡经常带了手下人到江边去买鱼虾，与那里的渔夫们都混得很熟，并从他们那里学到了黄州烧鱼的方法。他当时曾写道："子瞻（苏轼字子瞻，自称也。）在黄州，好自煮鱼。其法：以鲜鲫鱼或鲤治斫，冷水下，入盐如常法，以菘菜心芼之，仍入浑葱白数茎，不得搅。半熟，入生姜、萝卜汁及酒各少许，三物相等，调匀乃下。临熟，入橘皮线，乃食之。其珍食者自知，不尽谈也。"说是他在黄州，喜欢自己煮鱼吃。以新鲜鲫鱼或鲤鱼杀好后去了内脏，以冷水下锅，按常法放盐，再放入白菜心及葱白几段，不要搅动，等鱼半熟时，再用相同数量的生姜、萝卜汁与酒少许，拌匀下入鱼锅中。等鱼快熟时，放入橘皮丝，这时便可以吃了。这难得的美味，只有吃过的人自己知道，说也说不尽。元丰五年（1082），他46岁，这年的七月十六日晚上，他与道士朋友杨世昌游了黄州附近的长江赤鼻矶（因苏东坡在此写《赤壁赋》与《后赤壁赋》出了名，人称"东坡赤壁"），对月饮酒，回来后写了《赤壁赋》。他在赋末写道："……洗盏更酌，肴核既尽，杯盘狼藉……"下酒吃了什么菜呢？他没有说。过了三个月，到了十月十五日晚上，苏东坡又与道士杨世昌再次游了赤鼻矶，回来后又写了《后赤壁赋》。这次他在赋中说："今者薄暮，举网得鱼，巨口细鳞，状如松江之鲈。"他说自己捕到的这条鱼，形状像是鲈鱼（其实"巨口细鳞"，是鳜鱼的特点——笔者注）。可见他两次夜游赤鼻矶，对月下酒的菜，都是现捕现烧的江鱼。苏东坡在黄州期间，还吃了长江三鲜之一的鮰鱼，这也有诗可证："粉红石首仍无骨，雪白河豚不药人。寄语天公与河伯，何妨乞与水精鳞。"说鮰鱼有黄鱼的鲜味却无黄鱼的骨刺，有河豚的美味却无河豚的毒性，苏轼对老天与河神许愿，不妨赐给他这"水精鳞"。

元丰八年（1085），苏东坡49岁，逗留在江苏江阴期间，写了一首非常有名的题画诗《惠崇春江晚景》诗，诗曰："竹外桃花三两枝，春江水暖鸭先知。蒌蒿满地芦芽短，正是河豚欲上时。"在这首写晚春江上景色的诗中，他写到了河豚出现在江水中的时令季节。这河豚很鲜但有毒，那么，他在那里吃了没有呢？作为"食神"的苏东坡，面对这等美食，又岂有不吃的道理呢？其实元丰七年（1084），他在常州居住时，一位朋友曾经请他吃过。那朋友家中有一位私厨，擅长烹制河豚。苏东坡吃了后，一开始一言不发，后来长叹一声，放下手中筷子，大声感叹："也值那一死！"民间传说河豚鲜美异常，他当然冒死也要去尝一尝，可见他对美味的追求与渴望。

苏东坡吃鱼、蟹，不仅吃新鲜的，也吃腌制过的。在扬州时，他学江南一带的吃法，学做醉鱼、醉蟹，还与有"苏门四学士"美称之一的秦少游（秦观）互相交流。有诗曰："鲜鲫经年秘醽醁，团脐紫蟹脂填腹。"新鲜的鲫鱼用秘制的绿酒腌过年，紫色的团脐腌熟后腹内全是膏脂。只有自己动手腌过、吃过，才会有这样的亲身体会。

元祐四年（1089）三月，苏东坡53岁，以龙图阁学士身份自求外调，并于当年七月到杭，出任浙西路兵马钤辖知杭州军州事。时方旱饥，他组织民工疏浚茅山、盐桥两河（茅山河今已不存，盐桥河即今之中河），以工代赈，帮助许多灾民度过了饥荒。次年（元祐五年，1090），54岁时，苏东坡主持疏浚西湖，修建苏堤，整治钱塘六井（原系唐代李泌为解决市民饮水问题所开），减价粜米，赈济饥民。为控制当时杭州流行的瘟疫蔓延，他还在市区开设了惠民药局。这个时候，朋友仲元觊、王元直从四川眉山老家来看他，逗留了半年，正好秦少游的弟弟秦少章也来拜访。苏东坡想起了黄州的做鱼方法，便命厨师依法烹制，请他们三人品尝。仲、黄、秦三人吃了后都赞不绝口，夸奖说："这道菜可不是寻常厨师能烧出来的啊！"苏东坡听了这称赞的话，大为得意，写了一篇《书煮鱼羹》的赋自我赞赏，赋云："予在东坡，尝亲执枪匕，煮鱼羹以设客，客未尝不称善，意穷约中易为口腹耳！今出守钱塘，厌水陆之品。今日偶与仲天觊、王元直、秦少章会食，复作此味。客皆云：'此羹超然有高韵，非世俗庖人所能仿佛。'岁暮寡欲，聚散难常，当时作此，以发一笑也。元祐四年十一月二十九日。"赋中说："我在黄州东坡时〔元丰四年

（1081），45岁时，苏轼住在黄州居皋亭，并在皋亭的东坡开荒十亩。到第二年（元丰五年，1082），46岁时，又在那里自修草房数间，自称'东坡雪堂'，并自取号称'东坡居士'。自此人们就叫苏轼为苏东坡］，曾经亲自下厨，做鱼羹招待客人，客人没有不说好吃的。那时在穷困中容易满足口腹之需。今到钱塘（杭州）当太守，水里出产的、陆地出产的都已吃厌。今日偶与仲元眂、王元直、秦少章一起吃饭，又做这道鱼羹，客人们都说：'这鱼羹非同寻常，格调很高，不是一般厨师能够模仿的。'年底的时候没有什么事想做的，朋友也不能经常相聚，当时做这件事，也只是一笑而已。元祐四年十一月二十九日。"在疏浚西湖、修建苏堤时，苏东坡还无意之中在杭州创制出了名传后世的东坡肉。与此同时，他采用老家四川眉山人烧鱼的方法，烧鱼时在鱼身上斜划五刀，为杭州留下一款名叫五柳鱼的鱼菜，又称"东坡鱼"。

8. 苏东坡与三白饭

北宋大诗人苏东坡生性幽默、诙谐。他以"三白饭"绐友的故事，曾被宋人写进《曲洧旧闻》一书，成为北宋时期的一段饮食佳话。

一天，苏东坡与文友刘贡父闲谈时，洋洋得意地自夸道："我与弟弟当年在严父管教下学写文章时，每天吃'三白饭'，那味道真是鲜美极了，我不相信人间还有比这更好吃的'八珍'！"刘贡父好奇地问："三白饭是哪'三白'呀？"苏东坡笑嘻嘻地说："一撮盐、一碟白萝卜、一碗饭，这不就是'三白饭'吗？"刘贡父听了，恍然大悟，不觉拊掌大笑。

过了一些日子，刘贡父派人送请帖给苏东坡，说是要请苏东坡吃"晶饭"。苏东坡搞不清楚"晶饭"是什么饭，对家里人说："刘贡父这个人书读得多，知识渊博，请我吃'晶饭'，一定有出处！"等到他去刘贡父家中一看，只见桌上摆着盐、白萝卜、米饭三样，才豁然大悟，原来是刘贡父把"三白饭"变了个花样，称之为"晶饭"。此时正当中午，苏东坡腹中已饥，便狼吞虎咽，把桌上的饭菜吃得所剩无几。告别刘贡父，走出门时，苏东坡灵机一动，又回头笑嘻嘻地对送他的刘贡父说："请先生明天中午过府，鄙人将以'毳饭'款待先生！"刘贡父听了有些困惑，怕被苏东坡戏弄，但又不知"毳饭"是什么饭，便答应如期前往苏东坡家品尝。

第二天，刘贡父来到苏东坡家，坐在客厅里和主人高谈阔论起来。不知不觉，过了午餐时间，刘贡父腹中已唱"空城计"，便要求苏东坡开饭。苏东坡说："等一会儿！"刘贡父先后催了三次，苏东坡只是笑笑说："再等一会儿！"刘贡父已饿得受不了，直叫起来："我快要饿死了！"这时，苏东坡才慢悠悠地笑道："盐也毛，萝卜也毛，饭也毛，这不是'毳饭'又是什么？"苏东坡四川老家方言，"没"字读音为"毛"，三样东西都没有，所以戏称为"毳饭"，同刘贡父开了一个玩笑。等刘贡父弄清楚"毳饭"后，苏东坡这才安排人备饭招待老朋友。

这"三白饭"的故事不胫而走，传遍了苏东坡家乡，被当地百姓引为饮食佳话。

由此可见，早在北宋时期，四川民间已有用盐蘸萝卜下饭的习俗，文人寒士往往效之，以使自己食无求好而专心致志于钻研学问。

9. 南宋时期的钱江观潮

七八百年前，杭州（临安）是南宋都城，由于经济繁荣，民间各种游乐活动终年不绝。每年农历八月中旬的钱江观潮，便是万人空巷的盛会。

钱江潮自古蔚为天下奇观。《庄子》中即有"浙河之水，涛山浪屋，雷击霆硠，有吞天沃日之势"的描写。东汉思想家王充在《论衡》中就记载了钱江潮，并指出"涛之起也，随月盛衰"。至南宋时期，观潮之风大盛。不过，那时钱塘江位置及走向，与现在不全相同，观潮处也不在海宁，而在杭州市区南面和西南面的庙子头到六和塔一带。每年从农历八月十一起，城里就有人前往观潮。到八月十六至十八那三天，只见王公贵族、文武百官，纷纷带了家眷，男骑骏马，女坐花轿，前往江边；被称为"皂衣""黄号"的随从，有的在前面开路喝道，有的簇拥左右保护。那些士庶男女，则十余人同坐一辆大车，或三三两两步行前往。一路上，三教九流都有，真是人潮滚滚，万头攒动。

从庙子头到六和塔这十几里江边，自八月初十起，就开始摆满各种小摊。小贩们把车盖担儿装饰得花花绿绿，盘盒器皿擦得光洁发亮，摆着南宋时有名的糕饼点心、冷菜卤味，诸如枣䉡荷叶饼、芙蓉饼、笋肉包儿、虾肉包儿、七宝酸馅、鹌鹑馉饳儿（用鹌鹑肉包的大馄饨）、燠团鱼、糟猪头、红熬小鸡、白炸春鹅等。许多酒肆都设红杈子、绯绿帘幕，门口挂着贴金的红纱栀子灯，柜台上摆满了荤素菜肴，菜牌上写着五味杏酪羊、海蜇鲊、鹿脯、鲟鳇鲊、五味炙小鸡、酒糟鲫鱼等一二百种山珍海味，水陆名馔，应时鲜果。那些茶肆则都插着应时鲜花，挂着名人字画，卖的则是奇茶异汤。还有一些耍杂技的，作杂剧的，演悬线傀儡戏和皮影戏的，都趁潮水未来之前拉开了场面。有的锣鼓喧天，有的大声吆喝，有的急管繁弦，总之，用各种各样的法儿吸引游人。临安23家瓦子勾栏（戏院）之一的候潮门瓦子，也乘观潮机会，上演精彩的节目。成千上万的临安及外地游客，熙熙攘攘地拥挤在江边，以致车马塞道，几无行路。而江边那些私人的高楼邃阁，因看潮方便舒适，早都为贵戚内侍、豪绅富商高价租用，并以彩缯幕帘装饰着。远远望去，那些鳞次栉比的楼房，个个窗户上都倚着身穿华服的男女。就连平时深居简出的皇帝，也来到了地势较高的凤凰山禁中殿庭平台，坐在黄伞雉扇下，目视江中，以待潮到。

这时，朝廷还召集了京城、金山、澉浦等地水师万人和几百艘大型战船，分列两岸，在潮未来之前进行操练。只见传令官手执令旗，一声令下，各舰点放五色烟炮，舞枪飞箭、攻击"敌舟"。于是江上烟尘滚滚，声如山崩。一会儿又烟消炮息，战船不知去向，仅留下靶船燃烧着熊熊烈火，随波而沉。

紧接着大潮就来到了。先是出现一条银线，"远若素练横江"。少顷，来到半里路外的江面上。此时，潮头突然涌起，犹如白马凌空、琼鳌驾水，发出"隆隆"的巨响。潮水涌得更近了，仿佛千座冰峰、万座雪山飞驰而来，发出威慑一切的轰鸣声。江边人都对着这自然界的奇景，纷纷发出惊叹，真是"八月十八潮，壮观天下无"。那奔腾的浪涛，簇拥着千堆白雪、万斛琼玉，带着震撼空野的巨响，呼啸着直扑海塘。人们见之，惊骇得连忙往后退逃，唯恐被浪涛卷去。退得慢一点的，头上、身上全被溅湿了，还有的鞋子都被挤丢了……

正当此刻，江上又出现了惊人的景象。但见几百名被称为"弄潮儿"的游泳健将，个个披发纹身，手拿大彩旗或小清凉旗、红绿小伞，百十为群，跳进汹涌澎湃的潮头中，执旗泅水，踏浪翻涛。其中有一些弄潮技巧特别出众的，一人竟执五面小旗，在浪峰波谷中起伏腾跃，惊险异常，而旗却不湿。宋人潘阆有一首《酒泉子·长忆观潮》的词写道："长忆观潮，满郭人争江上望。来疑沧海尽成空，万面鼓声中。弄潮儿向涛头立，手把红旗旗不湿。别来几向梦中看，梦觉尚心寒。"他描绘了弄潮儿的惊险表演和看潮人的紧张心情。当弄潮儿的表演达到最惊人处时，观潮人群中便爆发出一阵阵惊叹和叫好声。那些贵宦豪绅们，一时兴起，也纷纷派人向海塘上争掷银钱，给予赏赐。百姓们则用急剧的鼓声来赞颂、激励那些弄潮的勇士们。一时，十几里的江边，鼓声、涛声和人声汇成一片，形成钱江观潮的最高峰。

10. 南宋时期的都人避暑

早在七八百年前，南宋的临安人已经懂得在炎夏季节制作冷饮、冰冻瓜果、人工降温和利用自然风光等方法来消暑，使夏日生活过得凉快舒适而又丰富多彩。

当年的都城御街，即现在杭州凤山门到贯桥长达数里的中山路，店铺林立，车水马龙，买卖昼夜不绝。御街上除了珠宝、绸缎、工艺品、日用品等行业外，还有专门出售冷饮的茶肆，也就是我国早期的"冷饮店"。这些茶肆一到夏天，列花架、插时令鲜花、悬挂名人字画，同时由茶博士在门口敲打响盏（一种能发出清脆声音的碟子），用道地的杭白歌卖富有江南特色的溮梨浆、姜蜜水、乳糖真雪、五苓散、大顺散、香薷饮等十多种用果汁和中草药制成的清暑解渴的饮料，以及从北方传来用窖藏保存的自然冰块制成的冰镇梅花酒、椰子酒等应时酒。各种店铺还用关扑的方式（用铜钱做成的博彩工具）出售夏令商品，诸如生绢背心、黄草布衫、凉伞、凉簟、凉枕、凉鞋、紫纱裙等。当时的都城百姓，还三三两两相约去吃冷冻瓜果，有的则喜欢品尝各种风味果汁和中草药甜汤。居住在羊坝头经营珠宝、香料生意的阿拉伯商人也常去饮啖。还有一些百姓爱雇上船只，携妻带子去西湖作避暑之游。

南宋时，西湖游船式样很多，有的大如房屋，画栋雕梁，流光溢彩；有的小巧玲珑，状如瓜皮，随风飘荡；有的用车轮脚踏而行，其速如飞……它们的名称也是花样百出，大绿、间绿、百花、宝胜、明玉、七宝、金狮、十样锦、劣马儿等，不下几十种。上船前，百姓都要买一些军庭李、杨梅、莲蓬、新藕，以及甜瓜、枇杷、紫菱、碧芡、林檎、金桃、金橘、水团等和清凉爽口的饮料在船上慢慢消受。妇女们则还要买一些清香扑鼻的茉莉花、香囊和画扇、涎花（手工剪花）、珠佩等鲜花和手工艺品，带到船上去赏玩。

入夏后，西湖游船一般不再入里湖，大多摇撑到外湖蒲深柳密之处，好让一家老少在树荫下吃喝谈笑、披襟玩水。也有的人雇上敞篷大舫，铺以淋过水的簟席，高枕安睡，或梳发快浴，以取凉意。也有留宿湖心的，尽情享受清风明月、水气花香，到天蒙蒙亮时才回家去。

士绅或大商人去西湖避暑，和上述平民则不同。他们往往雇上华丽画舫，携带家眷、亲友和仆人，以及各种名酒、名茶、珍果、菜肴，把船开到苏、白两堤的老柳浓荫下去纳凉。他们散发披襟，品茗下棋，垂钓待鱼，或者饮酒猜拳，清唱狂歌……

达官贵人们则又不同了。他们住在深宅大院，园中假山曲池，花木扶疏，环境幽雅，清风徐来。同时，还常可得到皇帝赐给的窖藏冰雪、冷酒，或冻瓜果，所以，他们是不愁盛暑炎热的。

当然，避暑最讲究、最豪华的莫过于帝王之家了。凤凰山麓的禁苑中，不仅有亭台水榭，翠林奇花，而且还有壮观的人造瀑布，但见乳雾轻烟，水气弥漫，一派寒意。每到农历六月，皇帝和亲贵臣僚们，便来到长松修竹、浓翠蔽日的复古殿、选德殿，或者翠寒堂。太监们早已分置好茉莉、素馨、建兰、朱槿、玉桂、红蕉、阇婆、麝香藤等数百盆南花，用人工鼓风轮，将花香直送殿堂内。御座两旁，内司已安放好数十只金盆，将窖藏的天然冰块刮成"雪花"，置于盆内吸热。亲贵臣僚赐座两侧。接着，太监用玉盘端出冰镇蔗浆和冰冻瓜果，由皇帝赐予众臣僚享用。据史书记载，宋孝宗时，有一名叫洪景卢的学士，被召到翠寒堂去避暑。他虽然盛装而坐，却冷得起鸡皮疙瘩，甚至打起寒战来。宋孝宗便笑令太监赐绫罗一幅，给他披在身上。

11. 南宋的杭州冷饮

南宋都城杭州、商业发达，买卖兴隆，据《梦粱录》一书记载："杭城大街，买卖昼夜不绝，夜交三四鼓，游人始稀，五鼓钟鸣，卖早市者又开店矣。"当时，买卖主要集中在现在杭州凤山门到贯桥长四五千米的中山南路、中路、北路，这一带是都城的御街，也称天街。御街两旁，店铺林立，人声鼎沸，车水马龙。一到夜里，关扑（即把铜钱当作赌具，来出售商品的方法）歌叫不绝于耳；灯火通明，宛若白昼。

由于南宋时杭城经济迅猛发展，社会诸行百业的分工，也越来越细。特别是随着都市饮食业的日益发达，天街出现了我国第一批由茶肆转化出来的专业冷饮店。这些冷饮店讲究店堂环境布置，大多内列花架，安顿奇松异桧，或以名瓷花瓶插时令鲜花，还在壁上悬挂名人书画，供顾客欣赏。能说会道、口齿伶俐的茶博士，在店门口敲打响盏（一种能发出响声的瓷盏），用道地的杭白曲调歌卖，出售名茶和富有江南特色的各种冷饮。当时制冷的手段，主要是用窖藏的自然冰，这是南渡以来从北方传入的。这种冰窖，名叫"凌阴"冰室。冷饮用的原料，主要有三类：一是由果汁、蜂蜜、牛奶、赤豆、绿豆等制成，当时较有名的有漉梨浆、姜蜜水、乳糖真雪、荔枝膏水、卤梅水、木瓜汁、豆儿水等十几种；二是用具有解暑、清火、排毒作用的中草药熬汤，配以糖或蜂蜜调味制成，如五苓散、大顺散、香薷饮等；三是供应冷冻或加冰块刨的雪花的果子酒，如雪泡梅花酒等。

凤凰山麓大内禁苑的皇家冷饮，更为精美讲究，无论用料、制作方法或装盛器皿，都与众不同。最有名的有两种：一种是冰冻蔗浆，蔗浆能清热。唐代诗人王维诗云："饱食不须愁内热，大官还有蔗浆寒。"用新鲜的南方果蔗洗净后，榨汁冷冻，用纯金碗盏装盛饮用，既香甜爽口，又具有清火解暑的食疗作用。二是沆瀣浆，这是一种高级的冷饮。它是由宫女们采集凌晨鲜花花瓣上的露珠，配以糖或蜂蜜及其他调味品冷冻制成，既有自然鲜花之芬芳，又有甜爽清口的美味，可谓是当时我国冷饮之最。

据南宋周密的《武林旧事》一书记载：淳熙十一年（1184）六月初一，宋孝宗赵昚车驾去望仙桥东德寿宫，向盛暑中的太上皇赵构和皇太后请安。在游览德寿宫后苑时，赵构请养子饮用德寿宫精制的沆瀣浆。由此可见，能吃上这种高级冷饮的只有帝王及其宠妃或少数亲贵权臣。

南宋时期杭州的冷饮，不仅都城百姓喜爱，连那些长年居住在天街中段（羊坝头）做珠宝、香料生意的阿拉伯商人和南来北往的游客们也都爱吃。可以说，其花色品种之繁多，制作方法之精巧，足以体现我国劳动人民的智慧。

杭州是名闻中外的风景旅游城市，搞好夏季冷饮对促进旅游事业的发展非常重要。南宋时期的冷饮制作，讲究自然风味、绿色环保，没有加任何添加剂，直到今天，还是值得我们借鉴的。

12. 南宋时期的夜市

"夜市桥边火，春风寺外船。"

这是唐朝诗人杜荀鹤在《送友游吴越》一诗中的诗句，写的是杭州的夜市景色。

唐时，杭州已经成为"骈樯二十里，开肆三万室"的江南名郡。到南宋时期，宋高宗赵构建都杭州，安居江南，杭州便成为南宋王朝的政治、经济、文化中心，人口最多时达到一百余万，经济更是迅猛发展起来，不仅白昼呈现一片繁荣景象，夜也跟着兴旺起来。

当时南宋都城的御街，即现在的凤山门到贯桥长达数里的中山路，这是诸行百业最密集的地方。整条御街的夜市，可分为三个区域：南面以皇宫和宁门至清河坊、羊坝头为一处；中间以官巷口为中心是一处；北面以众安桥到贯桥为一处。一条几里长的御街，把它们穿成一条线。数里之间，灯火通明，弦歌不绝，盛况如同白昼。吴自牧在《梦粱录》一书中说："杭城大街买卖昼夜不绝，夜交三四鼓，游人始稀；五鼓钟鸣，卖早市者又开店矣。"当时夜市经营项目之广，商品花色之多，在国内首屈一指。其中最兴旺的是饮食业，酒楼茶肆中面食点心、各种小吃等通宵买卖，灯火辉煌。其他如珠宝、字画、花果、工艺品、日用品、玩具、卜卦等行业，也都十分兴旺。大街上车水马龙，人群如潮。常可在街心见到小贩们头顶盘子或身挑担子，在熙熙攘攘的夜市人群中沿路歌叫，出卖南宋时期的小吃，如鹌鹑馉饳儿（用鹌鹑肉包的大馄饨）、羊脂韭饼、澄沙团子（细沙团子）等。御街两侧有几十家有名的酒楼，一般门设红杈子、绯绿帘、贴金红纱栀子灯之类。酒阁各厅院，用鼓乐吹杨梅酒曲，牌额常名之为山：一山、二山、三山之类，此非楼上有山，谓酒力之高远也。当时供应的名酒有雪脒、琼花露、蓬莱春、蓝桥风月、兰陵、内库流香等四五十种，甘甜醇美，风味迥异。名菜则有雪团鲊、锦鸡鼋鱼、三色茧儿、江鱼玉叶、鲜鳇蚱、润熬獐肉炙、清撺鹿肉等一二百种山珍海味。达官贵人、王孙公子，大都前呼后拥登楼阁雅座宴饮，而一般市民大多在底层厅院中品尝。茶肆则由茶博士敲打响盏歌卖，内列花架，安顿奇松异桧等物于其上，或以花瓶插四时鲜花，挂名人字画，卖奇花异汤，其中暑天添卖雪泡梅花酒，或缩脾饮之属，冬月添卖七宝擂茶、馓子、葱茶，或卖盐豉汤等。也有车担设浮铺，点茶汤以便街上游览之人品尝。夜市供应的面食点心，由于南渡以来，大批北人南下，汇集南北风味之特色，形成了独特的杭式面点，比较有名的有鸡丝面、鱼桐皮面、蟹肉包儿等，不下数百种。金银珠宝、时新花果、禽兽野味，大都集中在南宋皇宫北门和宁门（今凤山门）至清河郡王张俊所住的清河坊一带，计有一百多家。其他如工艺美术品，奇巧器皿，百色物件和摩睺罗（一种用泥或木制成的，穿彩色衣裤的玩具娃娃），还盛行用"扑卖"方式出售。博者及观者常把那些店铺围得水泄不通，只闻人声鼎沸。还有一些落魄的民间画家，出卖画好的山水、花鸟屏风及纸扇。也有卜卦算命的叫嚷"时运来时，买庄田，娶老婆"等语，招徕游人。

除了商业方面的交易外，夜市另一个热闹的地方是瓦子。南宋的瓦子，是一种较大规模的游艺场所。当时临安（杭州），共有23处瓦子，最著名的有五大瓦子。御街上就有羊坝头的中瓦和众安桥下的北瓦两处，其中尤以北瓦最为热闹。夜市时，瓦子内演出杂剧、唱令曲小调，说唱诸宫调及表演百戏伎艺、角抵相扑、小说经史等。而且当时都各由都城著名的演员们演出，他们的姓名及擅长的演技，在都城里有口皆碑，家喻户晓。夜市中也有一般穷苦的艺人，三五为队，擎一二姿容姣美的女童舞旋、唱小调，专事沿街赶趁，收些零星的游人赏钱糊口。

夜市中最热闹的时候，是每年正月十五的元宵节。这天夜里，整个都城呈现一片家家灯火、处处笙歌、光辉满街、灿如银河的节日景象。此夜，帅司派出巡逻队维持秩序。地方上组织了名叫清音、胡女、乔迎酒、竹马儿、神鬼、杵歌等不下数十种名目的舞队，在街市演出。舞者多是一些俏丽、苗条的女童，先舞于御街，然后，转向其他街市。羊坝头的中瓦南北茶坊内，挂各种琉栅子灯、巧作灯、福州灯、平江玉栅灯、珠子灯、罗帛万眼灯等。从清河坊到御街北段的众安桥，各店铺挂满了沙戏灯、马骑灯、火铁灯、进锤架儿灯、象生鱼灯、一把蓬灯、人物满堂红灯等奇异多彩的花灯。各店还卖应时元宵、小春、盆花、奇巧果儿。御街中段的官巷口，演出傀儡戏，傀儡衣装鲜丽，头戴珠翠冠儿，腰肢纤袅，宛若真人。御街附近的那些达官贵人府第，悬挂玉栅，异巧华灯，低垂珠帘，传出笙簧琴瑟之声，吸引游人。一些茶肆，奇汤异茶，随索随应，点月色大泡灯，照得满室生辉，吸引品著者，路过者亦莫不驻足而观。诸酒楼则点灯球，喧天锣鼓，歌伎们群座喧哗，陪着五陵年少卖笑。那些官衙值勤的官兵，因不得夜游，各以竹竿挑出灯球于半空之中，远眺又若飞星。也有贵家子弟，以纱笼带着佳人美女，由随从吆喝着，遍街游赏。当然，更多的是一般市民群众。夜色渐深，玉漏频催，金鸡屡唱，而游人兴犹未尽。

南宋都城的夜市，每天从黄昏时候开始，一直要延续到谯楼鼓敲四更及诸山寺观鸣钟为止。

13. 千年御街越市井

杭州是南宋都城，当时有一条"御街"，亦称"天街"。北从贯（观）桥起，南至凤山门（旧称和宁门），长一万三千五百余尺，均以石板铺成。考其地理位置，此御街即今之中山路一带。

据《梦粱录》《都城纪胜》等南宋典籍记载，当时御街可分三个区域：南面以皇宫北门和宁门至清河坊、羊坝头为一区；中间以官巷口为中心是一区；北面以众安桥至贯桥为一区。一条几里路的御街，人声鼎沸，繁荣异常。当时御街经营的项目之广，商品花色之多，在国内首屈一指。其中最兴旺的是餐饮业：酒楼茶肆，面食点心，各种小吃，通宵达旦买卖，灯火辉煌如同白昼。其他如珠宝、字画、花果、工艺品、日用品、玩具、卜卦等行业也十分兴旺。

御街上车水马龙，人群如潮。常可在街心见到小贩们头顶盘子或身挑担子，在熙熙攘攘的人群中沿街歌卖，出售南宋时的名点小吃，如鹌鹑馉饳儿（用鹌鹑肉包的大馄饨）、羊脂韭饼、澄沙团子（细沙团子）等。御街两侧，则有几十家有名的酒楼，一般门设红杈子、绯绿帘、贴金红纱栀子灯之类，内有鼓乐吹奏，招揽游人。当时供应的南宋名酒则有雪醅、琼花露、蓬莱春、蓝桥风月、内库流香等四五十种，甘甜醇美，风味迥异。供应的南宋名菜，则有锦鸡鼋鱼、江鱼玉叶、鲜鳇蚱、润熬獐肉炙等二三百种山珍海味。由于南渡后大批北人南下，沿街供应的菜肴、面食点心，皆汇集了南北风味，形成了南料北烹的独特南宋特色。

此外，当时杭州还有23处"瓦子"（大型游艺场所），最大的瓦子就在御街北段的众安桥。这些游艺场所，演出杂剧及表演百戏伎艺（杂技）等，吸引无数市民，处处皆是熙熙攘攘。

斗转星移，这条南宋御街自元代之后，便逐渐开始衰败。不过，到清代后期、民国初期时，清河坊、羊坝头一带的原御街南段，再次呈现出一片繁荣景象，成为杭州许多百年老店及老字号、名店聚集的商业中心。此一中心，汇集着中药名店叶种德堂、胡庆余堂、朱养心中药堂，百货名店张允升，绸布名店高义泰，干腊火腿名店万隆，烟草名店宓大昌，剪刀名店张小泉，南北货名店方裕和，饮食名店皇饭儿、状元馆、羊汤饭店，化妆品名店孔凤春，鞋类名店边福茂，等等。

1949年之后，由于杭城的商业诸行逐渐向游览与购物相结合的湖滨地区转移，特别是饮食业，如天香楼、杭州酒家、新会酒家、湖滨饭店、素春斋等均随旅游业的兴起而移近西湖。自此，杭城的商业中心逐渐开始从清河坊、羊坝头一带转向湖滨、官巷口，后来又延伸到延安路这条南北走向的通衢大道上。

以今之延安路与古御街的中山路相比，它们虽然都是南北走向的道路，但延安路有几个优越的地方：一是靠近西湖游览区；二是它路面宽广、交通方便；三是它更接近后来发展的、以武林广场为中心的闹市区。但尽管如此，羊坝头至鼓楼的、原南宋御街一段，仍然有着它的特色：一大批百年老店及老字号名店依然聚集在此；诸多珍贵的明清商业建筑物依然存在，使它独具一种既古老又时新的魅力。再者，它还具有临近吴山风景区之胜，成为中外游客寻胜觅遗的必到之处……如今，御街的清河坊已经成为历史街区；河坊街改成了步行街，专供中外游人从容观瞻、购物、游赏……此一杭城第二商业中心，以古色古香的传统商业风格、模式，与湖滨、延安路、解放路一带的现代化商场相互衬托，相辅相成，再加上古城旅游事业的发展，使得杭州这个南宋古都再度得以重现"东南形胜，三吴都会"的繁荣景象。

14. 马可·波罗赞杭城

从元代开始，杭州有了"天城""天堂之城""世界上最华贵的城市"等称呼。其实它们是一个含意，原文都出自意大利旅行家马可·波罗所写的《马可·波罗游记》，因为不同翻译家的意译，才有了这样不同的提法。现在通常采用的说法是"世界上最美丽华贵的城市"。

马可·波罗出生在13世纪意大利威尼斯城的一个商人家中。1271年，即马可·波罗17岁那年，他跟随做商贸生意的父亲及叔叔和十几位旅伴，带着罗马教皇的信件和礼品，向东方出发。他们先后穿过地中海、黑海，经巴格达古城，越过波斯湾、伊朗沙漠，进入帕米尔高原，又途经繁华的喀什与盛产美玉的和田，然后穿过塔什拉玛干沙漠到达敦煌，瞻仰了举世闻名的佛像雕刻和壁画。接着又穿过河西走廊，到达元朝的上都。他们一路跋涉，克服了饥渴、疾病的困扰，躲开了强盗、猛兽的袭击，历经四度寒暑，才于1275年到达。

1280年，马可·波罗南下，经扬州，到湖州，行三天，途经人口稠密的市镇、城堡与村落，到达行在城（即南宋都城杭州）。在马可·波罗眼中，就其宏伟壮丽以及所提供之快乐而言，这座城是世界上任何其他城市都无法比拟的。生活在其中的人们，恍如置身于天堂一般，故他称杭州城是"世界上最美丽华贵的城市"。

到了行在，他游览了南宋皇城遗址。他在一位年迈的富商带领下，参观了皇宫遗址。这位富商过去曾是南宋皇帝的亲信。他对所见作了一番描述。他说：这座皇宫曾经非常宏伟，有许多装饰华丽的屋顶、房间、梁柱、台阶以及绘有前代皇帝事迹的壁画。皇帝经常在这里召开朝会，宴请皇族、官员及行在的名人。这种宴会往往一次要持续十天或二十天。皇帝有时在花园（即禁苑，俗称御花园）玩乐，有时在铺满绸缎的画舫里游西湖，有时拜访湖边的寺庙……马可·波罗当时沮丧地看到，环绕皇宫的围墙已经破败不堪，树木和动物都已消失……

马可·波罗经常在行在城中游历。他对见到的一切，都做了细致入微的观察，并一一记录了下来。他在后来口述并请他人帮助写下的《马可·波罗游记》中说，他估计，行在城方圆有100英里（约160千米）。它的街道和一些运河十分宽广，还有许多广场和集市。他说，行在一边有一个清澈澄明的淡水湖（即西湖），一边有一条宽阔的大河（即京杭大运河），河水经由大小运河（即中河、东河、浣纱河、西河、小河等），流入全城各处，并将污物带入海中。他还说，城外有一条绕城的沟渠，起到一种防御作用。应该说，这指的就是贴沙河，旧时杭州人叫它城河。

马可·波罗说，大湖（即西湖）之滨，有许多美丽宽敞的大厦（楼阁）与达官贵人的宅院。靠近湖心的地方，有两个小岛（即三潭印月、湖心亭；那时还没有阮公墩，阮公墩是清代巡抚、学者阮元疏浚西湖，用湖泥堆积而成的——笔者注）。岛上有壮丽的建筑物，如亭台水榭，各自成趣。湖上有无数游船和画舫，船上备有宴会器皿、茶水供应，并有服务人员，游人们可以倚窗而坐，眺望湖景。

马可·波罗说，杭州除了陆路交通，还有四通八达的水上交通。街道和运河（指中、东河等）上，马车和船舶载着生活日用品，不停地往来。他估计行在城有12000座桥（引自其他外国人见闻，有些夸大，据一个名叫慕阿德的人在《东亚档案》中估算，应为347座桥；也有外国人说，只有200座桥）。这些桥，连接着运河（中、东河等城内小运河）两岸的主要街道。这些桥的拱洞都很高，以至一些带桅杆的船舶，都能顺利地从桥下通过。街道上有许多商店及工匠铺子，师傅们都精雕细琢地在加工各种工艺品。行在的所有道路路面，都是用石板和砖块砌成，特别是城市的主干道（南宋御街，即今之中山路），是分左右双向的，每边都各有十大步宽（总为二十大步），中间填满小沙砾，并有拱形的排水沟，因此，街道总能保持干燥。许多长方形的、带车篷的、带丝质坐垫的、四周挂着绸幔的马车，不停地在小沙砾的路面上驰骋。每辆车可坐四至六人。那些喜欢游乐的男女，就雇这种车子到处去游玩。

他说，与主干道并行的方向，有一条大运河（应该指的是钱塘江），"河"岸上有一些用石头砌成的、宽敞的货栈，那是为带着货财从印度和其他地方来的商人们提供住宿的。这样，他们就能靠近市场做生意。每个市场在一周的三天中，有四五万人来赶集。商人们涌向市场，供应人们想要的一切物品。

马可·波罗又说，行在通用纸币。男人与女人一样，容貌秀丽、端庄得体，大都穿着绫罗丝绸衣服。行在城有许多浴室，当地人都很爱干净，经常洗冷水浴。

他说，一年四季，市场上总是有各种各样的水果，尤其是梨，长得特别大，肉白如雪，果香扑人。还有时令的桃子，有黄、白色两种。此地不产葡萄，但有从别处贩来的葡萄干，滋味甚佳。也有从外地运来的酒，不过本地人并不喜欢，因为他们吃惯了自己用稻米和香料（指酒曲）酿制的酒（指黄酒）。

马可·波罗说，大海距城市15英里（约24千米）远，每天都有大批鱼类经河道运到城中；湖（指西湖）中也产大量的鱼，有专门的渔人终年从事捕鱼工作。鱼的品种因季节不同而有差异。当你看到运到市场上的鱼如此之多，总以为卖不完，但仅仅过了几个小时，这些鱼便被销售一空。因为这个城市的居民人数实在太多，即使是沉湎酒色、餐餐鱼肉的上流大户人家，数目也多得不得了。

城里还有许多屠宰场，他们宰杀牛、牛犊、山羊、羔羊，给富人和高官们的餐桌提供肉食。至于低层民众，则不加选择地、什么肉都吃。

由于当时生态环境较好，行在城四周郊野盛产野味，如獐、鹿、黇鹿（即麂，属鹿科，色黄，故名）、野兔、野鸡、鹧鸪、鹌鹑等，还有农民饲养的阉鸡、鸭、鹅等不计其数，而且价格十分便宜，用1个威尼斯银币（4便士），便可买到一对鹅和两对鸭。

马可·波罗从元朝海关的一位官员处获悉，这里每天销售的、海外来的胡椒有43担，每担重243磅（约110千克）。仅以胡椒这一单宗货物的销售为例，就可以推算出行在城居民消费的肉类、酒类、杂食等各种食品的总数大约有多少。

元代是传承南宋的，元时的饮食习惯与方式，基本可分两种：一种是以蒙古族为主的饮食习惯与方式；一种是南宋以汉民族为主，汇合其他较小民族的饮食习惯与方式。蒙古人的吃法，以烤、涮、煮、炖、风干、生吃为主；汉族为主的民族，也有烤（称炙）、涮（例如南宋的名菜拨霞供，即涮野兔肉，最早出现在福建的武夷山区，详见南宋林洪的《山家清供》一书），另外则有炒、爆、蒸、煮、烩、氽、糟、腌、拌、酿等多种烹饪方法及吃法。我们翻开南宋典籍《梦粱录》《武林旧事》《都城纪胜》《西湖老人繁胜录》《山家清供》等书，便能找出元时传承自南宋的野味及家畜、家禽的各种制作方法及吃法，如润熬獐肉炙（獐肉滚水中烫过，用小火炖熟去汤，除掉膻气，再用调料拌过后烤着吃）、獐粑（用调料腌过、烤或晒干的獐肉干）、清撺鹿肉（小块鹿肉用竹签串起，扔进调过味的汤锅里烫熟吃）、兔粑（用调料腌过、烤或晒干的野兔或家兔的肉干）、润兔（兔肉经沸水烫熟，蘸了调料吃，类似现在白斩鸡的做法）、蜜炙鹌子（鹌鹑用蜂蜜、调料腌渍后烤了吃）、红熬鸠子（斑鸠加上酱油、调料与水，用小火慢慢炖熟）、酿黄雀（黄雀治净，肚内塞进肉、糯米、笋丁、蘑菇丁等辅料，蒸熟后再烤），其他还有辣熬野味、清供野味、野味假炙、野味鸭盘兔糊、熬野味等多种野味的烹制方法及吃法。至于家畜、家禽的烹制及吃法，更是异常之多，如烧猪煎肝肉、膋肉、窜臊子肉、红白熬肉、炙骨头（烤制拌过调料的猪排骨）等猪肉菜肴；鼎煮羊、酒蒸羊、五味杏酪羊、千里羊、羊头氎鱼（羊头炖甲鱼）、盐酒腰子、银丝肚等羊肉菜肴及鸡氎鱼、鸡丝签、酒蒸鸡、熬鸭、八糙鹅鸭、笋鸡鹅、五味焙鸡、白炸春鹅、炙鹅、鹅鲊等鸡鸭鹅菜肴，菜品名目之多，举不胜举。由于当时开酒肆、分茶酒店、面食店、荤素从食店的，较多的是随赵构南下的汴京（开封）人，因此街市出售羊肉菜点的，要比出售猪肉菜点的多些。大概是为保护耕牛起见，市井出售牛肉菜点的，相对少点。

从马可·波罗看到的行在城（杭州）来说，虽然元朝建立了，但行在城（杭州）仍然保持着南宋都城时期的一片繁荣景象。

15. 古城春节的民俗活动

南宋时期杭州春节的民俗活动，是异常丰富多彩的：从农历十二月八日腊八节开始，进入过年的"预热"：这一天，为让灶神上天说所在之家的好话，民间有腊八节请灶神、祭灶神的活动。南宋著名诗人范成大在《祭灶词》中云："猪头烂热双鱼鲜，豆沙甘松粉饵团。……酹酒烧钱灶君喜……送君醉饱登天门。杓长杓短勿复云，乞取利市归来分。"请灶神好吃好喝，上天不要说自家的坏话，做生意赚到钱，会同灶神一起分享。

祭社火，即是祭祀土地神与火神。倒贴福字，象征"福到"。腊月二十四日扫尘，打扫卫生迎接新年。除夕守岁踩岁，"一夜连双岁，五更分二年"，全家团圆聚餐，辞旧迎新。从年三十夜开始，直至元宵佳节，无论是市井、御街，还是帝后妃子居住的凤凰山麓的大内禁苑内，都可以听到爆竹声声，鼓乐喧天，充满了节日送旧迎新的欢乐气氛。

正月初一，当时称之为元旦。社会各界人士，无论士大夫，还是平民百姓，都身着色彩鲜丽的新衣裳，互贺新春。男女老少的市民们，纷纷上街游玩，有的挑买家中需要的日常用品；有的与亲朋好友上酒楼菜馆，品尝爱吃的各种风味的菜肴、名酒、小吃；有的去各大梵宫寺院敬香，祈求一家老少新年的安康顺利；有的去瓦子（剧场、游乐场所）听戏，看百戏技艺表演……

入夜，都城御街灯火辉煌，宛若白日，只闻人声鼎沸、笙歌并作，歌舞之声不绝于耳。城内二十多家瓦子（剧院、游乐场所），演出各种杂剧、说唱节目、百戏伎艺等精彩节目，到处都是人头攒动，挤满了欢乐的市民人群。

年初一，都城还有家家饮宴的习惯，合家老少都团坐一桌，自幼及长，饮屠苏酒，以避瘟疫，确保全家新年身体健康。并以春饼为上供，烧栗炭于堂中，称之为"旺相"；贴剪纸青龙于左壁，称之为"行春"；插芝麻枝梗于屋檐，称之为"节节高"；签柏枝于柿饼之中，放在大橘子上，称之为"百事大吉"，以谐音讨取吉利之兆。一些少年，则演习歌吹、舞棍、踢球、唱说评话，开展文娱活动，通宵达旦，要到鼓楼晨鼓响起才回家，称之为"放魂"。

在凤凰山麓的大内禁苑，文武百官、外国使节，都来到大庆殿向帝后祝贺新岁，典仪甚为隆重、壮观。

到了元宵，则都城中四处挂灯结彩、舞狮、舞龙，更加热闹，到处充满了欢乐的气氛。

南宋都城中，无论是市民百姓，还是帝王、达官贵人，都对新年的来到，感到欢欣鼓舞，充满了对新的一年的期待与希望！

16. 起于宋代的香市

过了元宵节，西湖边上就出现了新春的第一批中老年香客。她们的头上包着簇新的毛巾，肩上挎着杏黄色的、写着"朝山进香"字样的香袋，操着江苏及杭嘉湖地区的方言，蹒跚地到处走动。她们的到来，预示了一年一度香市的来临，揭开了杭州又一年春游的序幕。

杭州的香市，已有有八九百年的历史，最早起于宋代，可称江南盛事。到了明、清两代，更为兴旺，"远及齐鲁楚豫，无不奔至，四时不绝，而春月尤繁"。明代文学家张岱在《陶庵梦忆》一书中说，杭州香市"起于花朝（农历二月十二日），尽于端午"，香客"如逃如逐，如奔如追，撩扑不开，牵挽不住。数百十万男男女女老老少少，日簇拥于寺之前后左右者，凡四阅月方罢。恐大江以东、断无此二地矣"。香市上，"三代八朝之骨董，蛮夷闽貊之珍异，皆集焉"，说香市是江南地区农民的春游节，亦未尝不可。

香市起于花朝，是因为农历二月十二日是传统的百花生日，春神翩然降临大地。而农历二月十九日，又是民间所云观音菩萨的生日。旧时不仅四乡农民要到三天竺朝拜观音菩萨，祈求一年春茧及田作的丰收、人口的平安，连杭州市民都倾家出动，万人空巷，且十有九家为之吃素。

自钱塘门（在圣塘路）至天竺山门十五里路中，香客摩肩接踵，人头攒动，何止数万。来自江苏省及杭嘉湖地区的农民，一般从运河坐船而至，船上高悬"朝山进香"的黄色旗帜，多时船只竟达一千余条。上岸后，数十为群，遇天雨则赤脚奔跑，杭州人称之为"烧跑香"。他们回去时，则大量购买杭州土特名产，比如王老娘木梳，张小泉剪刀，叶种德堂、胡庆余堂中成药，天竺筷，天竺豆腐干，孔凤春花粉，等等。这时，商家所获之利，要超过全年之半。清代范祖述在《杭俗遗风》一书中说，"春香一市生意，要安享坐吃一年"，当是切实可信之言。

香客既至西湖，在天竺拜了观音菩萨后，还要到灵隐寺、圣因寺（中山公园）、净慈寺、昭庆寺（现为少年宫）等西湖四大丛林去参拜其他菩萨，还要上韬光寺拜吕纯阳，上玉皇山拜玉皇大帝，上吴山拜城隍菩萨，到涌金门拜金华将军庙，等等。香客烧香，还有特别奇怪的两件事：一件是讲究用大蜡烛，特制数十斤重巨烛一支，用木架夹住，以两人抬之，其余人则跟在后面敲锣鼓。到庙里后，将巨烛点燃后即熄灭。携归家中，说是用之照蚕室，春蚕定能旺发、丰收。第二件是用黄布或白布，数十匹不等，扯长为段，牵曳而行，至寺中作为佛幡，可得菩萨庇护、保佑。一年一度的春香，到蚕事将起时，便告结束，这时香客们便要赶回去养蚕了。

时过境迁，现在杭州香市的规模已与以前大不相同。香客大部分是来自江苏省和杭嘉湖地区的老年妇女。她们一是受全家之托，朝山进香，祈求菩萨保佑家中一年的养蚕及田作的顺利；二是趁大好春光，进行一次春游活动，开开眼界；三是买一些实用的生活用品和土特产回去，自用或馈赠亲友。她们常常是以村为单位组织，由一名经验丰富的老年人打着小旗，带队集体活动，以防意外事故发生。她们一边烧香，一边游览西湖、观赏市容，回去时则大篮小筐，装满了诸如西湖藕粉，杭州的糕饼点心，四时服装，西洋参、蜂王浆等滋补营养品与小孩的玩具，等等。一张张布满皱纹的老脸，被西湖的山光水色、盛开的花枝，映照得泛起满脸的笑容，显得格外的精神。

香市，农民的春游节，西湖春游活动的序幕。她们是新春西湖的第一批游客。她们走后，才是南北游客来游。至于杭州人，生在、住在山清水秀的西子湖畔，却是最晚游西湖的。一般要到桃红柳绿时，外地人少了，才一批批携老带小出来踏春，照杭州人的说法是，不愿意"轧闹猛"！

17. "人生看得几清明"

在我国农业的二十四个节气之中，清明是一个重要的节日，自古以来受到人们的重视。历史上，清明节又称寒食节。这是因为清明的前一天，习惯上要禁烟火，吃冷食，故谓之"寒食"。"寒食"源于原始社会改火的习俗及由此发展而来的奴隶制社会的火禁制度。原始公社制时，火为部落公有，每到"旧谷即没，新谷既升"之时，就要停旧火、燃新火，故有"寒食一日"之俗。之后，火被统治阶级占有，"下等人"只能等待恩赐并遵守火禁制度。唐代诗人韩翃有诗曰："春城无处不飞花，寒食东风御柳斜。日暮汉官传蜡烛，轻烟散入五侯家。"说是唐代寒食节晚上，由皇宫点火燃烛，再将火种传到贵戚大臣之家，以示"皇恩浩荡"。可是民间却一直把寒食节的来源，归之于介子推的故事。说是春秋时，晋公子重耳历经艰难，做了君主，但忘了封赏功臣介子推。百姓们编了歌谣为之鸣不平，歌谣传到晋文公耳中，他立即派人前去寻找介子推。但介子推不愿意出来做官，隐居在山西绵山中。晋文公为了逼他下山，命人烧山，结果烧死了介子推。晋国百姓怜悯介子推的遭遇，用禁烟火来表示纪念。这个习俗后来便逐渐流传开来，演变为一个新的节日——"寒食节"。

清明节有吃寒食的习惯，北方民间喜做酥香脆美的馓子，又名"寒具"；江南民间，有以艾青团子嵌甜豆沙馅或芝麻馅作冷食点心的习惯。旧时杭州人，将艾青米粉捏成狗形，称之为清明狗儿。从店里购之，挂窗口让风吹干，说至立夏之日煮为小孩之食，可防疰夏（不适应夏令气候变化而身体不适，民间称之为"疰夏"）。

清明节还有扫墓的风俗，起源于唐代之后。民间有清明是"鬼节"之说，故家家将祭祀祖先的供品，敬置墓前聊表心意，等祭祀完毕，便进行野餐，正合乎"寒食"的习惯。

每年到清明节之时，正是冷暖相适、鸟语花香之时；在扫墓同时，又兴起了名叫"修禊"的踏青旅游风俗。此俗自宋代开始，在社会上非常盛行。特别是名胜古迹所在之地，红男绿女，游人如织，以至许多脍炙人口的爱情故事，都发生在这个季节。我国四大民间故事之一的白娘子与许仙的爱情故事，就发生在清明节的西湖旅游活动之中。清明和元宵、中秋、重阳节，皆属我国传统的佳节。俗语中有"朝朝寒食，夜夜元宵"之赞语，称之为人间最美好的辰光。

一年只有一次鸟语花香的清明节，故古人对清明节非常重视。宋代文豪苏东坡有诗云："人生看得几清明？"其中便含有要珍惜大好春光的意思。

现在，清明节已成为人们祭祀革命先烈、旅游及学生们春游的佳日。这可以说，已经把时代精神与时代气息充实进了这个古老的节日之中，赋予了它新的意义。

18. 古城重阳节食俗谈

我国民间传统，以九为阳数，农历九月初九，双九重叠，日月并应，故称之为"重阳"。重阳节是一年中的大节。

南宋时，对重阳节十分重视。在吃的方面，有饮药酒，吃栗糕，食用蜜饯及银杏（白果）、梧桐子的习惯。先说饮药酒，一般市民家家都会食用自制的，用菊花、茱萸炮制的药酒。菊花有"延寿客"之美名，用以泡酒喝，有明目养肝、健身益寿之功效；茱萸有"辟邪翁"之称，有温中祛寒、驱虫去邪之作用，故借此两物，以消阳九之厄。

这一天，繁华的临安（杭州）城市肆中，各种食品店，都以糖面蒸糕（上面缀以猪羊鸭肉块及丝，插着小彩旗）供应市民，时人称之为"重阳糕"。都城服务行业中"四司六局"的蜜煎局（蜜饯糕团厂），会生产另一种制作极为精巧的"狮蛮栗糕"。此糕以糜栗为屑，和以蜂蜜，印花脱饼（以模子印花，然后脱饼，犹如今日中秋节广东月饼之做法），还在糕上用五色米粉捏塑成蛮王骑狮子之形状，实为高档点心。又用中药苏子微渍梅卤，杂和蔗糖、梨子、橙子小颗，称之为"春兰秋菊"。以上栗糕、蜜饯皆供应各界过节之用。连西湖四周众多的寺院庵堂，也都按传统的习俗，各由斋堂精制各种净素栗糕，用来供佛，及供僧尼与香客们食用。

由于此时已属新凉，市肆上还有小贩有节奏歌卖"炒银杏（即白果）""炒梧桐子"之类，吸引过往的市民游人。

历经七八百年的世事沧桑，时至今日，作为南宋古都的杭州，饮药酒一俗已不再流行，吃重阳糕的风俗依旧为今之杭州人所喜爱。是日，知味观、颐香斋、五味和等糕点名店与周边郊县的糕点小铺，都会竞相制作香糯的栗糕应市，连农贸市场的许多摊位，都有重阳糕出售。

因重阳节旧有尊老敬老习俗，至今古城的各个社区，也会在重阳节这天，向所属社区的老年居民们赠送重阳糕，以表示传统的问候！

19. 钱江夜潮惊康王

小康王赵构一行人南逃后，在赤山埠石屋洞的螺蛳洞里，躲过金兀术的追兵后，趁天黑逃至洞外，昏昏沉沉奔了一段路，来到一座古庙，敲门求宿。

一个老和尚出来开门，小康王忙拱手哀求："师父！我们是过路之人，请您发发慈悲，有什么残汤剩饭给我们一点充饥，另求让我们草草一宿，以待天明。"

老和尚见所来之人，一副狼狈之相，便动了恻隐之心。先弄了点剩饭残羹给他们吃，又在客屋给他们一行人安排了铺位。

小康王一行人狼吞虎咽填饱了肚子后，又得到一间铺位过夜，内心都感激不尽。由于疲劳过度，一下子都睡熟了。

谁知就在此时，忽听一阵阵金戈铁马之声，自远而近，震人心肺。小康王惊醒后，吓得他冷汗直冒，叫醒所有随从后，不顾一切地逃出门去。

这一来，惊动了巡夜的和尚们，一下子围住了小康王，吓得小康王魂飞魄散。

这时，赵构由于惊慌过度，外衣松开，显得里面鼓鼓囊囊的，小和尚以为他偷了东西，便扯开小康王的外衣，一下子露出了里面的黄龙袍。

和尚们见到是王爷来到寺院里，连忙合掌口称"善哉！"，便簇拥着小康王来到厅堂里见方丈。老方丈见后，问王爷何事惊慌。小康王听着寺外一阵阵的金戈铁马之声，惊恐万状，浑身颤抖。

老和尚听后，哈哈大笑，说："那是钱江夜潮，王爷不信，可去寺后一观！"

这时，天已渐亮，小康王随和尚们走出寺院后门，只见钱塘江风急浪高，江潮汹涌，其轰鸣之声如万马奔腾，始知是一场虚惊。

那小康王原是北方人，哪里见过这惊天动地的钱江大潮？这下可真开了眼界。

后来小康王登基做了皇帝，称宋高宗，仍不忘那一夜的潮鸣之声，便给这个古寺亲自题写了一块"潮鸣禅寺"的金匾送去。于是人们就把这古庙叫作"潮鸣寺"了。

"潮鸣寺"的遗址，现在还在杭州下城区潮鸣寺巷，由于钱塘江的改道与变迁，离江已经很远了。

1949年后，潮鸣寺改作为潮鸣寺巷小学的校舍。现在这座宋高宗赵构亲自题名的古寺，已经寻找不到任何一点遗迹，可是潮鸣寺巷仍在。足见七八百年来，杭城与钱塘江地理位置的沧桑之变。

20. 宋高宗挥毫九里松

西湖北线去灵隐寺的路上，有一座洪春桥。此桥横跨在奔泻灵竺诸山之水的金沙涧上。桥址所在地，历来是交通要道，游人可以分别去灵竺、龙井、玉泉三处游览。

早在南宋时，《梦粱录》一书，就记载了洪春桥的存在，不过那时名叫行春桥。元至元十五年（1278），有军厮名狗儿者，发掘桥畔的一座唐代马三宝古墓，得一铁券，上有"雁门马氏，葬横冲桥"等字样，方知此桥唐时就有，原称横冲桥；行春、洪春，皆为"横冲"之转音也。

唐代杭州刺史袁仁敬绿化灵隐路，曾植九里之松，起点即在洪春桥。他在桥西建造了一座九里松亭，还跨路建门，人称"一字门"。南宋初期，南宋书法家吴说为此门题写了"九里松"三字匾额，悬挂在门的上方。此匾为游览灵竺的宋高宗见到。他认为吴之书法不算最佳，便命人取下匾额，准备自己重写一幅挂上。谁知一向自命不凡的赵构连写数十幅，自觉都比不上吴说的书法好，只好命人在旧匾上重新饰金，再次挂上。

由于洪春桥一带景色清幽悦人，当时这里遍布帝王行宫及达官贵人的别墅园林与僧道的寺院。南宋"中兴四将"之一的韩世忠，在此处就有一处别墅。

由于金沙涧流经桥下，沙明水清。宋时在此地设有曲院，取涧中之水酿取官酒，致使酒香飘逸；又由于其地水池多荷花，盛夏怒放，景色秀丽，人称"曲院风荷"，是西湖十景中"曲院风荷"的原景所在之地。旧时，此地涧中还曾发现过珍稀生物——小蟍螈。

西湖著名的南北两峰，云环雾绕，在洪春桥畔看得最为清楚。故宋时画院中的画师，绘此美景称之为"两峰插云"，后成为"西湖十景"之一。

清康熙年间，康熙帝南巡至杭，为"西湖十景"题名，将"两峰插云"改为"双峰插云"，一直流传至今。现桥畔小亭内，尚有康熙所题写之"双峰插云"石碑一块。

洪春桥畔除了有浙江医院、117医院等医疗单位外，还有供中外游人观赏的花圃、盆景院落及弘扬华夏茶文化的"茶人之家"等游览、品茗胜景，与"双峰插云"交相辉映，组成了灵隐路中段的人文、自然景观群体，吸引着中外的游客。

21. 宋高宗断桥改词句

一日，宋高宗坐御舟游览西湖，经过西湖断桥时，见桥旁有一个小酒馆，颇为雅洁，便舍舟登岸入内。他步入馆内后，见馆内一架屏风上，书有《风入松》一首词，词曰："一春长费买花钱，日日醉湖边。玉骢惯识西湖路，骄嘶过、沽酒楼前。红杏香中箫鼓，绿杨影里秋千。暖风十里丽人天，花压鬓云偏。画船载取春归去，余情付、湖水湖烟。明日重携残酒，来寻陌上花钿。"赵构阅罢，便问酒家："此词何人所写？"酒家答道："乃太学生俞国宝喝酒后，留下的醉笔。"高宗看了后便笑道："此词写得很好，但末句未免儒酸。"便拿起桌上笔墨，将末句改写为"明日重扶残醉"。

俞国宝只是一个穷太学生，自然吃剩的酒，舍不得倒掉，只能留着第二天游湖时再吃，故词中写了"明日重携残酒"。这是挺现实的。倒是作为皇帝的赵构，将词句改得没有道理：第一天喝了酒是不可能醉到次日的，故"重扶残醉"，便失去了艺术的真实性。

赵构（1107—1187）是南宋开国皇帝，宋徽宗的第九个儿子，宋钦宗之弟，被封为康王。因他年龄小，人称"小康王"。北宋靖康二年（1127），金兵南侵，一举俘获徽、钦两帝。小康王率臣子及侍从，南逃至应天府（商丘），登上帝位，称宋高宗，年号建炎。他主张与金议和，拒绝主战派收回失地，救出徽、钦两帝的主张，以保自己的帝位。后又南迁至绍兴、临安（杭州），重用投降派秦桧。先后割地、纳贡、称臣，并杀害岳飞。绍兴三十二年（1162），他56岁，考虑到百姓们的情感，又不想让帝位落到徽、钦两帝后人之手，为保自己江山稳固，便在太祖一脉中寻找接班人。后在宗室子弟中，选中了赵伯琮，即赵昚。赵昚登上帝位后，称孝宗，尊宋高宗为太上皇。

赵构退居望仙桥东德寿宫，俗称北内，悠闲自在。有时观赏宫女歌舞，有时宴饮，有时练习书法，有时坐御辇、御舟出游古城及西湖。

宋高宗赵构，传承了其父的艺术爱好，擅长书画，尤其书法造诣甚深。他长于真、行、草书，笔法洒脱婉丽，自然流畅，得晋人书法之神韵。著有《翰墨志》，传世书法作品有草书《洛神赋》。现杭城孔庙碑林中，尚保存其所书石经十三篇。

22. 宋高宗御舟会见宋五嫂

南宋时，古都有一款有名的杭帮菜——宋五嫂鱼羹。

南宋灌圃耐得翁在所著的《都城纪胜》一书中，记载当时杭城的名菜名点，其中就有一款被称为"钱塘门外宋五嫂鱼羹"的佳肴。

南宋古籍《武林旧事》卷七"乾淳奉亲"一章中，作者周密记载了当时太上皇赵构在御舟上接见宋五嫂的一段轶事：说是南宋淳熙六年（1179）农历三月十五日，宋孝宗赵眘邀请养父宋高宗赵构与太后游西湖。当时南宋朝廷十分开明、亲民，并没有因为皇帝和太上皇、太后要坐御舟游西湖而清理湖面、湖周，或将湖上的游客之船及岸上的游人、生意人统统清场赶走。

宋孝宗赵眘先陪太上皇赵构、太后、嫔妃等一行人，一起游览了聚景园（今之柳浪闻莺一带），并在那里行宫中，品尝御宴，听曲、观舞。宋孝宗赵眘还向养父宋高宗赵构敬上了寿酒，之后一起坐上御舟游湖。画舫先入里西湖游览，然后又从断桥出来，至珍珠园（《梦粱录》及《南宋古迹考》两书称之为"真珠园"）观赏。一路上，宋孝宗赵眘与宋高宗赵构一行，又尽买鱼摊中鱼龟放生，并宣唤在湖上及湖畔做买卖生意的市民。内侍用小彩旗招引这些生意人，并各有物事赐给。

这时，有一个卖鱼羹的中年女人宋五嫂（丈夫在宋家排行老五，妻随夫姓，故称宋五嫂），在小船上对御舟上的赵构父子自称："妾东京（汴京，开封也）人氏，随驾（指赵构南渡）到此。"太上皇赵构听说是来自故乡东京开封府的老乡，特宣宋五嫂上御船聊天，关心地问起她的起居生活；又念她年老，赐她金钱十文、银钱一百文、绢十匹；得知她会烧老家的鱼羹，便又命她根据皇宫内嫔妃一应人的需求，随时向她们供应鱼羹……当时杭州人倾城而出（西湖还在城外）看热闹，都称赞宋孝宗赵眘是个孝子。此事不胫而走，传遍临安（杭城），宋五嫂的鱼羹，也就顿时名闻都城，成为古都临安（杭城）的一道名菜。《梦粱录》《都城纪胜》等书都对此事作了记载。还有人写诗道："一碗鱼羹值几钱？旧京遗制动天颜。时人倍价来争市，半买君恩半买鲜。"宋五嫂给皇帝和太上皇、太后及宫内嫔妃们烧过鱼羹，消息一传出去，饭店生意也就特别兴旺，宋五嫂也就成了一方富媪。

杭州没有黄河鲤鱼，当年宋五嫂用什么鱼代替黄河鲤鱼做羹，史书缺少具体记载。现在杭州厨师，改用肥嫩多肉的鳜鱼制作，亦当无错。古时羹是浓汤，汤是热水，宋五嫂鱼羹用什么浓汤做鱼羹，史书中也缺乏记载。笔者从历史的角度推敲，古汉语中之"鲜"字，由北人以为香美的"羊"（肉）和南人以为鲜嫩的"鱼"（肉）组成。再者，南宋名菜鳖蒸羊，也由甲鱼和羊肉组成。另有北方名菜"潘鱼"，也用羊汤烧鱼。由此可以推论，身为北人的宋五嫂，当年应以羊汤打底做的鱼羹，方不失宋五嫂鱼羹的精髓真情。

现在的杭州名菜"宋嫂鱼羹"，就是在南宋时的宋五嫂鱼羹基础上进一步完善、改进而来。此羹烧好，鲜香软滑，味美宜人，特别适宜老弱妇幼者享用。杭帮菜湖上帮的菜馆楼外楼、山外山、天外天等，特别擅长制作此菜，常常食者盈门。

23. 黄鱼吞下高宗玉扇坠

从20世纪70年代中期起，由于渔民的狂捕滥网，我国舟山渔场的野生大黄鱼逐渐绝迹。四五十年过去，渔民们基本上已经捕捉不到野生大黄鱼。浙江鱼类养殖专家们虽然从福建引进过野生黄鱼亲鱼，用围网的形式，在海上人工养殖成功。但由于黄鱼觅食活动的范围缩小、觅食的食物内容起了变化……黄鱼肉质发生了退化、变异。人工养殖的大黄鱼，外观依然金光灿灿，但滋味与之前已不可同日而语。

记得20世纪70年代中晚期，杭城菜场应市的黄鱼很多。有一天，老母买了一条野生的冰鲜大黄鱼，煎后用姜蒜红烧。做菜之时，黄鱼特有的香气一阵阵传到堂屋里。烧好的大黄鱼放在餐桌上，鱼皮微皱，色泽红亮，透着蒜香的鱼肉，散发出阵阵黄鱼特有的鲜香之气。当时只有六七岁的女儿，顿时从座椅上站立起来，与她爷爷争挟盘中的黄鱼。

2021年3月2日，笔者见到《都市快报》报道，说象山石浦渔民在舟山渔场捕到两条全身金鳞的野生大黄鱼。其中一条重9斤2两，被一人以14.5万元的高价买去。2018年9月18日，有人在上海一家大酒店请客，上的都是顶级海鲜，8个人一顿吃了40万元，其中一条7.4斤的野生大黄鱼，酒店计价为11.692万元。另有报道，2020年11月，奉化渔民在长江口以东海上，一网捕到上千斤大黄鱼，价值上百万元，令渔民喜出望外。遂请专家来鉴定，是舟山渔场的野生大黄鱼，还是越网外逃的人工养殖的黄鱼。经浙江海洋学院陶震博士实验室基因检测，这批大黄鱼像野生的，但属于闽一粤东族大黄鱼，并不是舟山渔场独有的岱衢族品种。

南宋高宗绍兴年间，宋高宗赵构在临安（杭州）凤凰山大内禁苑宴请大臣们，金銮殿中山珍溢香，海味透鲜，箫鼓如雷，笙歌繁响。赵构正举爵进酒时，忽见坐在一旁的宠臣、清河郡王张俊手持一扇，扇尾上吊着一块羊脂白玉雕刻的玉孩儿扇坠。他识得此玉坠，乃是自己心爱之物，十年前去宁波海上巡视水兵时，手中画扇丝绳突然中断，此一玉孩儿扇坠，顿时跌落于船旁海水之中。因它是赵构心爱之物，后曾派善泅之能人潜海底寻找，但始终没有找到踪影。现在它竟出现在张俊手中，便好奇地问道："此玉孩儿扇坠，爱卿从何处得之？"张俊慌忙起身恭敬地答道："臣于清河坊珠宝铺买得！"御宴散后，赵构派人去叫那珠宝铺铺主来，问铺主这玉孩儿扇坠从何处得来。铺主匍匐在金銮殿上，战战兢兢答道："小人从一收旧货的提篮小贩手中购得。"赵构旋又派人，在临安（杭州）城里四处寻找那卖玉扇坠的小贩，终于找到，便问那玉孩儿扇坠来自何处。小贩伏地如实禀报："小人从候潮门外陈宅家厨娘处买得！"赵构又派人去问那陈家的厨娘，从何处得到这一玉坠，厨娘答道："是剖杀新买的黄花鱼（黄鱼）时，从鱼腹中得之！"赵构听到此言，龙颜大悦，认为是失物复得（寓失土复得）之吉兆，便大赏有关人员：封珠宝铺铺主及小贩为校尉、厨娘为孺人，又厚赏张俊金银财富无数，宫内一派喜气洋洋。

赵构之玉孩儿羊脂白玉扇坠，十年之中，辗转海陆多处，失而复得，可谓奇闻。此事一时不胫而走，传为都城佳话，并载入史册之中，使得后人得知此一奇闻。可见当时舟山渔场，黄鱼何其之多，以至赵构的羊脂白玉扇坠落入海中，顿时被当时海中的黄鱼当作食物吞下。历经波折，此鱼后竟被捕起，可称世间奇闻。记载南宋朝野、市井野史轶事的，明代田汝成所撰之文史笔记集《西湖游览志余》一书，将此一奇闻写入书中，使得后人得知南宋时杭城曾发生如此传奇之故事。

岁月如梭，世事沧桑，古今舟山渔场的变化竟如此之巨大，令人感叹。好在现在政府重视保护海洋渔业资源，每年规定休渔期，而且拨下款项，在近海大力进行黄鱼的人工养殖与保护。可望不久的将来，舟山渔场的野生大黄鱼会再度繁衍、生长。有一天，我们会在餐桌上再次品尝到鲜嫩味美的野生大黄鱼！

24. 御宴上的小吃血粉羹

在岳庙的岳飞墓前，跪着陷害民族英雄岳飞的南宋四佞臣铁像。在这四人中，有一个人名叫张俊。他本是南宋名将，曾与韩世忠、刘光世、岳飞合称为南宋"中兴四将"。在岳飞冤案中，张俊落井下石，与宋高宗赵构、奸相秦桧沆瀣一气陷害岳飞，得到了宋高宗的欢心，便被封为清河郡王，并在太平坊巷建起了恢宏的王府。张俊为报答宋高宗重用之恩，于绍兴二十一年（1151）农历十月，在王府举办了一个空前绝后的盛大，宴请宋高宗及所有大臣们。在这个宴席上，共上了近250（盘）种鲜果、干果、蜜煎（饯）、肉食、海陆肴馔。并按到席官员的级别高低，分别上了不同档次及数量的菜肴。其中给宋高宗上的，自然是准备最好的、整个筵席的干鲜果品及各种海陆肴馔的全套美食，其中在"下酒十五盏"中，奇怪的是，竟有一道市井小吃血粉羹。血粉羹，顾名思义，是用血与粉条两种主料组成的。古时羹是汤，而汤则是热水。那么这道血粉羹用什么家畜家禽的血做的呢？此外，禽畜下水做的市井小吃，怎么能上珍贵的御宴呢？

这要从当时的实际情况说起：北宋皇朝地处中原地带，北部边境包括河北、山西、陕甘宁、青海及内蒙古一部分土地，历来民间皆养羊，吃羊肉也吃羊下水（内脏及羊血）、羊头与羊脚。南宋时，朝廷重视农耕，不让杀耕牛，宋高宗绍兴元年（1131）曾颁诏令："越州内外杀牛、知情买肉人并徒二年，配千里。立赏钱一百贯。"买牛肉的与宰牛的都要判处2年徒刑，发配到千里之外，对于检举揭发者，则奖励钱一百贯（串）。这个规定现在人听了，都会大吃一惊。而当时只有老牛与病牛才可以屠宰应市。而且饲养牛要有一大片土地供草生长作饲料，而南宋可供耕种的土地本来就紧张，草还要供给战马吃，所以民间很少养牛。又因宋太祖赵匡胤生肖属猪，宫中将猪当作宠物饲养，依照祖宗家法，历代宋朝皇帝都不许吃猪肉。那么吃鸡鸭肉行吗？鸡鸭肉也吃得不多，因为养鸡鸭要提供谷物饲料，只有丰收的年份，粮食充裕，才会养一些。此外，宋代之前，农村不流行养猪，不擅烹制猪肉菜肴；猪皆散养满地跑，体型较小，供肉不多，而且猪什么食料都吃，骚味较浓。之于鱼类，也吃得不多，因为鱼难以保鲜，腌制鱼干要用盐，而当时盐价是较为昂贵的。人们比较喜爱吃与常吃的是羊肉，因为南方大多是丘陵山地，适宜养羊，而且羊只吃草，养羊就相对成本低一些。而羊供肉多，又味美。古人历来是崇尚吃羊肉的，许慎在《说文解字》中解释"美"字："美，甘也，从羊从大。"即以大羊为美，肥羊为美，羊肉之味是古汉字"美"字的起源，由此而引申到其他各个方面。南宋李焘在《续资治通鉴长编》中说："饮食不贵异味，御厨只用羊肉，此皆祖宗家法，所以致太平者。"规定宫内御厨给皇帝及后妃们做菜，只用羊肉，并且皇帝对臣下的恩赏，也常有用羊肉的。但对低级官员及老百姓来说，羊肉价格还是相对高的。南宋时为官的诗人高公泗在《吴中羊肉价高有感》一诗中感叹："平江（平江为苏州地区之别称）九百一斤羊，俸薄如何敢买尝。只把鱼虾充两膳（当时实行两餐制），肚皮今作小池塘。"因此，南宋时还从草场多的北方金国"进口"肥羊。读书人更是将能吃上羊肉作为幸事，故诗人陆游在《老学庵笔记》中说："苏文熟，吃羊肉；苏文生，吃菜羹。"熟读苏东坡文章能做官，吃到羊肉，反之只能吃菜羹（汤）。

由于以上原因，南宋时期吃羊下水（羊内脏及羊血）都很普遍，集市上常可见到商贩出售羊肚、羊腰、羊血、羊肺，很少有人会买一整只羊去吃。无论王公贵族还是平民百姓，都不忌吃相对便宜的羊下水、羊头、羊脚，并习以为常。宋孝宗赵昚请大臣胡铨入宫吃饭，上五菜一汤，其中就有胡椒醋羊头真珠粉一盘。南宋《梦粱录》一书记载的南宋菜肴中，有一大批羊下水及家禽内脏做的菜肴，如焙腰子、肫掌粉、衬肠血筒燥子（肉末与血混合塞进肠子里做菜）、糟鹅事件（香糟腌过的鹅内脏做菜）、熬肝事件（肝与家禽内脏一起煎熬做菜）、煎肝、煎衬肝肠、煎白肠等。北宋学者袁褧、袁颐父子南下杭州时写的《枫窗小牍》一书中，记载了血肚羹（血肚汤）。南宋《都城记胜》一书记载中，有肠血粉羹（肠血粉汤）。南宋《武林旧事》一书记载有羊血……可见用羊血做菜，在当时极普遍。

《梦粱录》卷十三"天晓诸人出市"记载的是都城御街早市的概况，书中说："御街铺店，闻钟（四更）而起，卖早市点心，如煎白肠、羊鹅事件、糕、粥、血脏羹、羊血、粉羹之类。"可见连早市都卖血脏羹、羊血。

宋高宗赵构来自北宋都城东京开封府，据《枫窗小牍》一书记戴，开封当时已经有许多有名的出售风味小吃的专业户，如"王楼梅花包子、曹婆肉饼、薛家羊饭、梅家鹅鸭、曹家从食、徐家瓠羹"等，又说"南迁湖上"的有"鱼羹宋五嫂、羊肉李七儿、奶房王家、血肚羹宋小巴之类"。这里就提到了开封名小吃血肚羹的专业户宋小巴。由此可见，赵构在开封时就已经吃过当地的名小吃血肚羹、血粉羹一类羊血制作的市井小吃，而且这家专业店还随着赵构南迁到了杭州"湖上"（西湖边）了。可见两宋时期羊血是官民常吃的：拿羊血与羊肚做小吃就叫"血肚羹"；拿羊血与羊内脏做小吃就叫"血脏羹"；拿羊血与粉条、粉丝做小吃就叫"血粉羹"。张俊知道宋高宗爱吃羊血做的小吃，所以在御宴中就上了一道市井小吃"血粉羹（血粉汤）"。

用家畜家禽血做小吃、做菜，现在在我国南方很普遍：杭州新丰小吃店的鸭血汤；南京的鸭血粉丝汤；湖南邵阳的"血浆鸭"；开封人用羊血灌入羊肠煮熟切段，与羊肚、羊腰一起做的"羊双肠"；四川的名菜"毛血旺"；等等。可说都是两宋吃家畜家禽血的遗风。

25. 宋孝宗避暑德寿宫

南宋时期的都城避暑，最讲究、最豪华的莫过于帝王之家。据史料记载，淳熙十一年（1184）农历六月初一，宋孝宗赵昚曾到望仙桥东的德寿宫避暑，并向宫中的赵构夫妇请安。

德寿宫是在原秦桧相府的地基上扩建起来的，方圆也有八九里，亭台水榭，如琼楼金阙；翠林奇花，似画屏绣幕。还有壮观的人造瀑布，从秀石叠砌的"飞来峰"上临空飞泻。绽开红、白两色荷花、装有喷泉的大龙池中，可见乳雾轻烟，水气弥漫，一派寒生六月之感。宫中后苑的小西湖上，更是假山玲珑，曲桥流波。其中湖上筑有的长六丈余、用一色玉石砌成的雕镂阑槛的万岁桥，晶莹生辉，尤为壮美。还能见到各种画舫，在湖上穿梭，丝竹之声不绝于耳。

宋孝宗车驾入宫后，便照赵构旨意"盛暑免拜"，并至冷泉堂进早膳。赵构嘱养子全日在德寿宫纳凉，如有紧要公文，叫三省（尚书省、中书省、门下省）直送宫中处理。说罢，便带赵昚及随从等，至"飞来峰"看水帘（人造瀑布）。时值盛夏，只见峰下池内所栽湖州进呈的五花同开的红荷，婀娜多姿；待放之花瓣，艳如少女粉脸低垂，且清香扑鼻。又见假山、修竹、古松之下，日色淡薄，并无暑气。后一行人又一起去清心堂，听后苑小厮儿三十人唱《鼓子词》，并饮宫中用花露特制的高级冷饮——沆瀣浆和冰酒。父子俩边饮边叙家常。又招宫中琴师张婉容抚琴，看棋童下棋、内侍们玩"投壶""赌赛""利物""则剧"等南宋盛行的游戏。赵昚乘此便向赵构夫妇进呈水晶提壶、白玉双莲杯盘、龙涎香数珠佩带、真珠香囊等礼物，并叫随从车驾的皇家歌舞队演出水族舞。只听得乐曲起处，堂上白绫上下纷飞，宛若水浪滚滚，扮作虾蟹龟蚌的少男少女们，翩翩起舞，使人凉意顿生，暑气全消。

这天，宋孝宗一直在德寿宫待到酉时尽兴，才结束当天的避暑纳凉生活，起驾回凤凰山麓的大内禁苑。

26. 宋孝宗五菜一汤的御宴

南宋隆兴元年（1163）农历五月三日晚，新登帝位不久的宋孝宗赵昚，在杭州凤凰山内殿宴请擅长书画诗词、曾上奏乞斩秦桧的大臣胡铨，并赐给胡铨金风笺、玉管笔、龙脑墨、风眼砚等御用文房四宝。又命潘妃到场陪唱胡铨所写的诗词《贺新郎》……

在这个南宋历史上罕见地只宴请一位大臣的御宴上，宋孝宗亲自用自己饮酒的玉荷杯，为胡铨所持的金鸭杯注酒，以示"朕饮食与卿同器也"。接着，宴会先后上了五菜一羹（包括主食）。

第一道菜是一道羹——八宝羹。宋孝宗对胡铨说："这羹味道极佳，里面有（海）蚌肉，可以下饭。"胡回答说："臣过去贬在新州，每天吃海味，但到了东京（开封）后只偶尔品尝。"接着上的是鼎煮羊羔（大锅煮羊羔肉）、胡椒醋仔鱼。宋孝宗对胡说："仔鱼很好吃！"仔鱼即鲻鱼，生东海，形如青鱼，长者尺余，内有黄色鱼油，味极鲜美。以胡椒粉和醋调味烹制，自然可口。随之而上的是"明州虾脯"，即宁波咸虾干。最后上的是"胡椒醋羊头真珠粉"及"炕羊炮饭"。前者是以胡椒、醋烧制羊头，烹熟后撒以珍珠粉；后者是烤全羊，羊的肚内装了调好味的糯米，羊烤熟，吸足羊脂的糯米饭自然也熟了。在最后一道菜"炕羊炮饭"中，连宴会的主食，糯米饭也包括进去了。

虽然，设宴的地方是杭州凤凰山大内禁苑的内殿，饮酒的器皿不是玉制的，便是金做的，而且还有贵妃陪唱，但作为皇帝亲设的御宴，只有五菜一羹，也足以令人惊叹。而且最好的菜是海产鲻鱼（可能是冷冻的）

及烤全羊，里面没有生猛海鲜，连羊头及咸虾干这类现代人视为"下里巴人"的东西，都上了御宴，真叫人匪夷所思。

宋孝宗是我国历史上一个开明、有作为的君王，而胡铨是一位忠于朝廷与民族的大臣。简朴的五菜一羹御宴，像一面折光的铜镜，让我们看到了贤明君主的俭朴。

27. 灵隐山毒菇惊帝廷

南宋孝宗乾道年间，位于杭州西湖西部山区的古刹灵隐寺，因山高林密，野兽出没，除朝山进香的善男信女外，一般行人罕至。

一天，两个和尚奉方丈之命去寺后山上砍柴，突然发现一棵擎天古树下生长着一朵巨大的蘑菇，色泽红润鲜丽，直径达二尺，似一红漆大盘，实为世上罕见。两个和尚便高高兴兴采了回来。因是罕见之物，回寺后便向方丈汇报了。

方丈见到这朵巨大的红蘑菇，欣喜异常，以为是人间珍品，不敢擅自食用，便派人献给灵隐寺的大施主——郡王杨沂中。杨郡王虽然久经沙场，辗转大江南北，但也从来没有见过如此巨大且色泽鲜红可爱的大蘑菇。他以为灵隐山上出此红菇，乃是吉祥之物，不敢私自享用，便趁次晨上朝时，以绫罗托之，奉敬孝宗。

宋孝宗虽然贵为天子，但他的御膳中也从未有如此鲜丽巨菇入馔。他认为这是南宋中兴、朝廷清明的祥兆，便兴奋地命翰林起草诏书一道，说灵隐出此美物，乃天下之大幸，如此美味，宜于敬佛，以表佛子寸心。便派人以羊脂玉盘盛装，一路吹打，复赐灵隐寺。

方丈接旨后，不敢怠慢，便毕恭毕敬地将红蘑菇供奉在如来佛前香案上，又令众和尚身穿袈裟，点燃巨烛，齐奏钟磬礼赞，以表示敬佛的虔诚之心。

不料，此菇放了一天多，色泽逐渐转暗，而且有液汁渗出盘中。到了后半夜，和尚们因做了一天功课，都已疲惫不堪，先后去休息了，只留下一个小和尚守殿值日。不多时，那小和尚因瞌睡，也睡熟了。

这时，来了两只寺外饿狗，钻入大殿觅食，见香案上供奉着食品，便爬上去争相舔食。谁知一会儿时间，两只狗便抽筋狂叫，顿时死在香案之下。小和尚惊醒后，见此状，忙从蒲团上爬起，赶忙去方丈楼汇报，一时震动全寺，和尚们纷纷起床观看。方丈见两条狗惨死之状，惊道："阿弥陀佛！罪过！罪过！幸而皇上、杨郡王都未食用，否则灵隐寺全体僧人将大劫难逃。此真我佛慈悲，阿弥陀佛！"说罢双手合十，率领全寺大小和尚，一起拜伏在如来佛像前，连连磕头。消息传到朝廷，无不震惊。宋孝宗与杨郡王又惊又喜，道是幸而未曾品尝，否则吃下这巨型毒菇，定会死于非命。

灵隐毒菇一事，震惊朝野，一时传为南宋市井茶余饭后的趣谈，留给后人以无限的深思：野外的蘑菇，不可轻尝，可能会含有剧毒之物！

28. 南宋诗人宴赞故乡美食

宋孝宗赵昚是宋太祖赵匡胤的后裔、宋高宗的养子。赵昚执政期间，改革朝廷弊端，重用贤才，为岳飞平反昭雪，使得南宋一时呈现中兴景象。朝廷大臣中，当时有不少是著名的诗人。

一天，宋孝宗赐宴大内禁苑，要大臣们诗赞故乡美食。此事不胫而走，一时成为趣闻美谈。

当时面对满案山珍海味，宋孝宗笑问端明殿学士、《夷坚志》作者、诗人洪迈："爱卿故乡有何名产？"洪迈原籍鄱阳（今属江西）人，见孝宗问他，不敢怠慢，出口成章曰："沙地马蹄鳖，雪天牛尾狸。"说是故乡鄱阳湖的沙地上，出产马蹄那样滚圆的嫩鳖（鳖以不满半斤者为佳），而一到下雪天，则能捕捉到牛尾那样粗壮的果子狸。沙地对雪天，马蹄鳖对牛尾狸，这一联诗句，可谓对仗工整。宋孝宗听了，颔首微笑，又转向左丞相、南宋著名诗翁周必大："爱卿故乡有何名产？"周乃庐陵（今江西吉安）人，也不甘示弱，不慌不忙地答道："金柑玉版笋，银杏水晶葱。"洪迈说了两种故乡美食，他却说了四种：金柑、银杏、玉版一样洁白的笋、水晶一样透明的葱。金柑对银杏，两种都是果品；玉版笋对水晶葱，两样均为蔬菜，对仗极为工整。宋孝宗闻之，赞赏不绝。又问一臣，这大臣是浙江沿海人，也立即应道："螺头新妇臂，龟脚老婆牙。"讲了浙江的两种海产品，说是螺头的肉，白嫩如同少妇的手臂；佛手螺的外壳黝黑如同老妪的牙齿。螺头对龟脚，新妇臂对老婆牙，对仗也是工整之至……

臣子们一个个锦口绣心，出口成章，宋孝宗听罢，不禁喜上眉梢，开颜大笑。

宴会尽欢而散，这些美食诗句也得以流传到后世，为人们所知。

29. 宋理宗题匾竹园山

勾山原是吴山余脉伏入地中，至清波门荷花池头之西隆起的一座小山。因其历史上盛产紫竹，故曾被称为竹园山。又因其伏地之状如狗，民间又俗称其为狗儿山。南宋理宗在位时，临安府府尹（都城行政最高长官）赵与筹从清河郡王张俊处购得此山，筑楼阁其上，并装点假山、花木，登楼则可观赏湖上风光。宋理宗曾为竹园山之此阁，亲笔题匾曰"竹山阁"。后来，安抚（官名）魏克愚得到此山，将"竹山阁"拆走，移至他的府治中，竹园山从此成为光顶山地。

清康熙年间，竹园山称为"句耳山"。当时桐城派祖师爷方苞至杭，见此山称"其根源盛大，望之有深山大泽、龙虎变化气象"。其子弟陈兆仑（字星斋，号句山）原居柳翠井巷，因受其师之言影响，于晚年迁至句耳山筑宅，称其居为"句山樵舍"，又名"紫竹山房"。陈兆仑曾在此作《紫竹山房诗文集》，远近学子慕名拜访，皆以公为师，称其为"句山先生"。陈兆仑的书法很好，清代著名书法家梁同书先生说他的书法之功逼近晋唐，惜为文名所掩（文章写得更好）。"句山樵舍"（即紫竹山房），原藏有陈兆仑临古石刻，后散失于兵乱之中。

清道光年间，杭州著名作家姚礼居于此地，在建筑物木栅上挂匾，正式名之曰"勾山"。姚礼所作之《郭西小志》一书是杭州有名的地方方志、野史，人称其可与明代郎瑛记载杭州野史的《七修类稿》一书相媲美。之后，勾山又有善写诗文的陈氏三兄弟居于此，分别著有《竹园山房吟草》《介亭稿》《留云雪诗稿》等书稿。自然，在众多的文人学士之中，陈兆仑孙女陈端生所著的60万字的长篇弹词《再生缘》（共20卷，陈写至17卷，未竟而卒），是其中之绝唱，曾与《红楼梦》一书分领文坛风骚，素有"北红南缘"之称。

1961年，郭沫若游西湖时，曾探寻过勾山樵舍，并赋诗曰："莺归余柳浪，雁过胜松风。樵舍句山在，伊人不可逢。"表达了对樵舍祖孙俩的敬仰、怀念之情。郭老还撰文呼吁将勾山樵舍辟为陈端生纪念馆。

清时，勾山园中还有高沙朴树一株，高四五丈（15米左右），老根虬曲，绿荫蔽日，花开时，如香雪积绿云之上。其余花木亦繁盛，如牡丹，最盛时开花一百多朵，灿若云锦。山上还有一井与一泉，井近街，泉傍居家，一水可掬。尘寰之中，有如此胜地，故文人学士先后居此，吟诗作文，临书绘画，文化氛围极浓。

历经世事沧桑，勾山这一历史文化名园，现已鲜为人知。好在"句山樵舍"部分假山太湖石尚在，山上亦有一些树木生长，要将它修复成一处杭城的历史文化名园是完全可行的。一旦修建成，西湖南线将又多一处名园，岂不是大好之事？至于在"勾山樵舍"开辟"陈端生纪念馆"，亦是一个好主意，但首先要考虑的是，要恢复其历史文化名园的本来面貌，为杭城增加一处旅游胜地。

30. 宋理宗孤山建西太乙宫

在波光潋滟的西子湖中心，有一座林木苍郁的小山。《水经注》曰："水黑曰卢，不流曰奴"，"世以山不连陵，名之曰孤山"。此山独峙湖心，一无所依，故名孤山，是西湖中最大的岛屿。它东连白堤，西通西泠桥，四周碧波环绕，景色如诗似画，历来为骚人墨客所吟诵、赞叹。唐朝诗人张祜有诗曰："楼台耸碧岑，一径入潮心。不雨山常润，无云水自阴。"唐朝诗人白居易在杭州任郡守时，更是称赞它"烟波澹荡摇空碧，楼殿参差倚夕阳。到岸请君回首望，蓬莱宫在海中央"。孤山多梅，素为西湖赏梅胜地，故又有"梅花屿"之美称。

孤山高38米，面积约22公顷。自唐宋以来，人文荟萃，胜迹遍布，楼阁错落，花木争荣。湖光衬托山景，山色映照碧波，仿佛蓬莱仙境，故历来是西湖美景的重要组成部分。南宋时期，宋理宗看中此处美景，曾在此地兴建西太乙宫，与他的宠臣贾似道建的位于葛岭的后乐园隔湖相望。清代中期，康熙皇帝曾在此南宋故苑遗址上再建行宫。至今孤山南麓的文澜阁、浙江图书馆、浙江博物馆、中山公园、西泠印社一带，皆是当年宋、清帝王的宫苑所在之处。

孤山南麓、西湖之滨的"平湖秋月"一景，其名取自南宋画院的山水画题名，更是名闻中外的"西湖十景"之一。旧时南麓还曾有辛亥革命烈士徐锡麟之塑像与坟冢。山之北麓，是北宋著名诗人林和靖隐居的地方，"梅妻鹤子"的美丽传说，就产生在此处。每到冬末春初，游人如织，可领略到"疏影横斜水清浅，暗香浮动月黄昏"的美妙诗境。孤山西麓，是我国成立最早的金石篆刻学术团体西泠印社所在地，其间园林典雅、浮屠高耸、山石嶙峋、清泉晶莹，常使游人游而忘返。附近更有俞楼、六一泉、秋瑾墓及有待修复的近代南社诗人苏曼殊、清代才女冯小青、女子教育先驱者惠兴女士墓等古迹。自然景观与人文景观交相辉映，山孤而景观不孤。

说起孤山，人们总以为它是湖心孤零零的一座小山。其实它是距今6700万年到1亿3000万年前、白垩纪地质年代火山爆发后岩浆流出凝结的产物。它和北面的宝石山、葛岭、栖霞岭同时产生，岩石皆为相同质地的流纹岩。宝石山上的"宝石"，同孤山玛瑙坡上的"玛瑙"，亦系相同的含三氧化二铁的赭红色玻璃质矿石。现在，在里西湖湖底，还可找到孤山与栖霞岭相连的微微隆起的山石地脉。由此可见，孤山与西湖北面群山，虽则表面分离，而在地质与实体上，实为一体，可谓孤山不孤也！

31. 九里松与"赛灵隐"

唐代袁仁敬任杭州郡守时，为了绿化西湖，自洪春桥至灵隐栽种松树，左右各三行，每行相间三米，共达九里。一路向西，翠屏夹道，绿荫怡人，人称"九里松"。

南宋理宗赵昀在位时，鄞县人（今宁波市鄞州区）阎良工之女，以艳色专宠后宫，被封为贵妃。淳祐十年（1250）由其父督工，在九里松附近兴建阎氏功德院——集庆寺。由于此寺规模恢宏，用材甚多，附近大树皆被砍尽，连附近功勋大臣家的产业也保不住，一直砍向灵竺山区。当时，一位灵隐寺的高僧被惹恼，即作诗写道："不为栽松种茯苓，只缘山色四时青。老僧不惜携将去，留与西湖作画屏。"以婉转之笔反对大砍林木，破坏西湖景观。此诗一时流播民间，广为人知，后传入皇宫，为宋理宗所闻，迫于民愤，只好命令停止砍伐林木。

次年，集庆寺建成，楼阁耸峙，金碧辉煌，内有月桂亭、金波池、三泉九井等，所有殿宇匾额皆出自宋理宗之手笔，巧丽冠于灵竺诸寺，人称

"赛灵隐"。

大砍林木兴建私人功德院，总得不到都城市民的谅解。一日，有人乘虚潜入集庆寺法堂，偷偷地在大鼓上，用毛笔题写了一首讽刺诗，其中有两句云："净慈灵隐三天竺，不及阎妃好面皮。"批评宋理宗宠妃毁林。宋理宗得知大为恼怒，火冒三丈，派人到处缉拿题诗之人，可是一直找不到踪影。此事一时成为都城市民茶余饭后的笑谈。

元末，集庆寺被毁，到明洪武二十七年（1394）重又修复，后又被毁，最后销迹于沧桑之变中。清代诗人许承祖在所著《西湖渔唱》一书中，写道："淳祐初开祇树林，穆陵翠辇旧曾临。凄凉古佛留灰劫，月桂金波等陆沉。"而建集庆寺被毁的九里松，后人补种新松，直达灵竺，依然翠屏耸立，绿荫迷人。

32. 爱民市长马光祖

南宋时期，京城临安是皇亲贵戚聚居之地，一些不法之徒经常打着权贵们的旗号欺压百姓，因此临安知府的官很难做，要整顿临安的社会秩序也很难。

宋理宗宝祐二年（1254）和景定二年（1261），金华人马光祖两度出任临安知府。他秉公执法，不畏权贵，一身正气地为平民百姓撑腰说话，成为南宋后期声誉鹊起的爱民"市长"。

景定三年（1262），京城临安发生饥荒，朝廷下诏赈恤贫民，但集市上买不到粮食。马光祖知道宋理宗之弟的荣王府与立为储君的荣王之子的芮府，积有大量粟米，三次前往募捐，但荣王都辞以他事不接见。马光祖没有办法，便躺在荣王府的客房里不走，荣王只好出来接见，马光祖厉声说道："普天之下，谁不知道储君为大王子，今民饥欲死，为何不赈恤以收人心？"荣王以仓储空虚相推，马光祖马上从怀里取出一张调查表，说："大王某仓有粮若干，某某仓又有粮若干，此为调查之实情。"荣王一时语塞，无话可推，只好许以30万斤粮赈恤饥民，一时"活民甚多"。

后来荣王晋升为福王，将福王府空余的房子出租给市民居住，但只收房钱不修房子。有些胆大的居民看到房漏不修，就拒付房钱。福王府便派人至临安府讼民，马光祖调查后判道："晴则鸡卵鸭卵（鸡蛋大鸭蛋大的洞透光），雨则钵满盆满。福王若要屋钱，直待光祖任满。"

马光祖还在府署会客厅中，贴出一张布告，告诫吏属不得贪污受贿，所以史书记载他二次出任临安知府时，"风采溢振，威望凛然"。

马光祖对皇亲权贵威严不阿，对百姓却十分关怀，总是极尽其力给予帮助。有一个书生逾墙与情人约会，被女方家长擒住，押往知府衙门，马光祖见此人不像纨绔子弟，便命他写诗自叙，书生便提笔写了一首诗。马光祖见他很有才能，便喜判道："多情多爱，还了平生花柳债。好个檀郎，室女为妻也合当。雄才高作，聊赠青蚨（指钱）三百索。灯影摇红，记取冰人是马公。"便令女方将女嫁生为妻，且厚赠嫁资，一时被市民传为京城佳话。

33. 翠微亭凝战友情

南宋高宗绍兴年间，岳飞被赵构、秦桧君臣以"莫须有"之罪名杀害后，韩世忠不畏权势，当面怒责奸相秦桧："'莫须有'三字何以服天下？"因他正义的举动，触犯了赵构、秦桧，不久便被解除了兵权，闲散在家。

绍兴十二年（1142）的一天，韩世忠骑驴游灵隐登飞来峰，因"飞来"之名而触景生情，怀念起战友岳飞，联想起岳飞当年在池州曾写有《登池州翠微亭》（池州翠微亭在今安徽贵池）一诗："经年尘土满征衣，特特寻芳上翠微。好水好山看不足，马蹄催趁月明归。"便出资命人在飞来峰山腰建造了翠微亭，以寄托怀念战友之情。韩世忠为了表达他的悲悼和忧愤，同时为了防止赵构、秦桧君臣借故迫害，他以儿子韩彦直的名义出面，写了一篇纪念性的碑文，文字相当婉转含蓄，文曰："绍兴十二年（1142），清凉居士韩世忠因过灵隐，登览形胜，得旧基建新亭，榜名翠微，以为游息之所，待好事者。三月五日，男彦直书。"建亭及立碑，仅离岳飞之死隔了六十多天。韩世忠转弯抹角，以这样的方式来表达自己的心意，寄托自己的哀思，可谓用心之良苦。清代诗人汪继壕有《翠微亭题名》一诗，抒发了他对韩世忠建亭怀念战友的理解与赞赏，并鞭策了南宋四佞臣："韬晦山阿历劫尘，隐忠总不没荆榛。还凭慧眼开生面，长对栖霞铁铸人。"

历经沧桑之变，翠微亭屡毁屡建，但至今尚屹立在杭州西湖灵隐寺对面的飞来峰山腰上，成为西湖风景区一个著名的古迹，供后人瞻仰，并令人怀念这一对民族英雄的战友深情。

34. 施全洒血刺秦桧

南宋绍兴二十年（1150）元月，杭城发生一场惊天地、泣鬼神的大事。奸相秦桧巴结赵构杀害岳飞后，杭州百姓义愤填膺，纷纷谴责这君臣两人。这一天，有义士施全，埋伏在鼓楼旁望仙桥（一说众安桥）畔，等秦桧八抬大轿刚从桥上下来时，施全立马飞快窜出，手持斩马刀向桥中秦桧砍去，吓得秦桧面无神色，浑身发抖。不料施全用劲过度，没砍着缩下身子的秦桧，反倒将轿子直柱砍断，并砍死了轿夫。趁这机会，秦桧的侍卫们一哄而上，砍伤了施全，将他缚住。秦桧吓得魂飞魄散，命令侍卫将义士施全缚送大理寺（最高司法部门）处理。大理寺推官问施全同伴何在，施全豪壮地说："天下人无不以杀死秦桧为快，何需同伴？"

一时杭城百姓议论纷纷，有的说施全是岳飞的结拜兄弟，有的说他是岳飞的旧部，其实施全只是朝廷殿前司后军使臣，一个低级军官。

南宋大儒朱熹说："施全刺秦桧，或谓岳侯旧卒，非是。盖举世无忠义，这些正义忽然自他身上发出来。"

旧时，杭城有两处纪念南宋义士施全的祠堂，一座在望仙桥附近的十五奎巷内（旧称石龟子巷）；一座在中山中路众安桥旁。在岳飞故里汤阴县的岳庙山门前，也有施全的义士祠。

20世纪50年代，笔者中学读书时路过众安桥，曾见纪念施全的土地神庙还在（据说后被当地百姓奉为众安桥土地神，立祠祭祀）。门面不大，只一间，后入居市民，被改为民居，复又改成商店。至此，众安桥的施全土地神庙再不复存在。至于十五奎巷的义士祠，是否尚在，笔者不知详情。

35. 旧藩署有秦桧锅

杭州河坊街中段的藩司前，是清代浙江藩署所在地。据地方志记载，这一带素为杭州历代重要官衙的所在地段。南宋初期，此处曾为殿司寨，驻扎守卫皇宫的禁卫部队，后改为安抚司治所，复改秘书省，曾一度是奸臣秦桧的相府。内宅屋宇连片，楼阁起伏，庭院深广。元代是江浙等处行中书省所在，是统辖两浙、闽赣四道的东南军政中心。至明洪武年间，此处改为布政使司。《西湖游览志》记载："司内有紫薇楼，门外百狮池，皆宋元故称。"紫薇乃中书省之号，"而百僚师帅，亦宰相之法像也"。至清代嘉庆年间，此处又复为布政司署（即藩署）。署东有高屋十余楹，为署中官吏休憩之所。后改建为后乐园，叠石为山，花木翁郁；园之北有一园林小品——蓬峦轩，内有南宋淳祐年间遗下的巨锅一只。此锅上广下尖，口径四尺，深可二尺余，还有一锅盖。据《后乐园记》《杭郡诗三辑》《两般秋雨庵随笔》等清代野史笔记记载，相传此锅为秦桧掌权时用以烹人的刑具。

此古锅，是否确为秦桧当年烹杀异己之刑具，可存一说。可惜清末民初，古锅与藩署皆毁于沧桑之变中。否则今日置于岳庙一隅，亦可供海内外游客一览，以博见识。

36. 张俊太平坊建王府

河坊街东段之北面。旧时称太平坊，是杭城尚存的南宋坊巷之一，现在还留有东太平巷、太平巷、西太平巷及东面的太平坊巷等宋巷遗存。太平坊之所以有名，是因为南宋时，清河郡王张俊曾居住于此。他在王府旁开的太平楼，曾是当时都城最为有名的酒楼之一。

张俊原与韩世忠、刘锜、岳飞齐名，并称为"南宋抗金四名将"。但他后来赞同秦桧与金议和，又出于妒忌之心与赵构、秦桧密谋陷害岳飞而博得赵构的欢心，堕落成千古罪人。现在岳坟前跪着的四个铁像中，其中有一个就是张俊。张俊为人心术不正，奸诈自私，又爱钱如命，造了豪华的王府后，又在王府旁造了太平楼，这是都城屈指可数的大酒楼之一。

张俊选择军中之少壮者，自臀部至足进行文身，当时称之为"花腿"。南宋时，都城街头浮浪之辈，皆是此类人。张俊喜此，便进行仿效，同时还起到防备年轻士兵逃往其他军旅的作用。在建造太平楼时，张俊要"花腿"们为他的私人酒楼服役，人们便作歌谣讽之："张家寨里没来由，使他花腿抬石头。二圣犹自救不得，行在盖起太平楼。""二圣"指的是身陷北国金营的徽、钦两帝，"行在"指的是皇帝暂时居住的杭州，讽刺张俊卖国苟安的行径。

南宋绍兴四年（1134）夏，韩世忠自镇江来朝宋高宗，所率将士皆一身盔甲，以铜制成护面工具，军中流传戏语："韩太尉铜脸，张太尉铁脸。"当时杭人称脸皮厚、不知廉耻的人为"铁脸"，由此可见人心之向背。

太平楼后来在火灾中被烧毁，王府也一点痕迹都没遗下，只留下"太平"之名流传至今。又因张俊曾被封为清河郡王，太平坊附近的一段街坊，至今还被人称为清河坊。唯一给人印象深的是，他被铸成铁像，赤膊缚着绳子，跪在岳飞父子坟前，遗臭万年。

37. 中朝诗人唱和仙林寺

中山北路东侧的中河河面上，原有南宋时就已存在的仙林桥。桥之得名，源于桥西的古刹仙林寺。

说起仙林寺，老杭州人无不知晓，旧时杭城每年举办迎春庙会，一直由仙林寺与灵芝寺（钱王祠前身）两寺轮流递办。演员们打扮成昭君出塞、西施采莲、张仙骑驴、学士登瀛等形象粉墨登场，由地方官绅迎往大街闹春，极一时之盛况，达万人空巷之热闹，为古城老杭州人所周知。

仙林寺，全名称仙林慈恩普济教寺，于南宋绍兴三十二年（1162），由高僧洪济大师兴建。宋高宗、宋孝宗、宋理宗都曾先后为寺宇大殿题额；宋理宗还曾为寺钟撰写钟铭。可说自南宋七八百年以来，仙林寺一直为杭城市区著名的古寺巨刹，人皆知之。

清嘉庆二十五年（1820）夏，朝鲜国诗人崔斗灿与朋友航海，遇到风暴，船只漂流到宁波一带，被地方官收留，准备派人送归，暂时就安排在杭城殿宇宽敞、环境清雅的仙林寺居住。崔斗灿虽然是朝鲜人，却有极好的古汉语修养，不仅会讲一口流利的汉语，还能娴熟地以汉文写诗。到达仙林寺后，僧众待他很客气，他便安顿了下来。崔斗灿好写诗，自称"海东漂客"，亦称"江海散人"。他先写了一首名曰《咏怀》的汉诗："万里三韩远，苍浩问室家。乾坤原逆旅，漂泊等泡花。忆弟心难握，思亲鬓易华。临安（杭州）居自好，中夜起长嗟。"这首诗寄托了他怀念亲人的思绪，也表达了他对杭州的好感。当时有一位名叫余慈柏的杭州诗人闻讯，与诗友一起去仙林寺拜访崔斗灿。双方叙情论诗，谈得非常融洽。崔斗灿当即诗兴大发，赠余慈柏汉诗一首，诗曰："西湖诚胜概，东国是吾家。百嶂地蒸雾，双林天雨花。乘槎同汉使，博物异张华。幸有新知乐，自无大鏊嗟。"又在寺楼壁上题写了两首赞美杭州西湖景色的《题寺楼壁》诗，一为"篮舆薄晚入江城，西见重湖耿忽明。谁把烟霞都管领？却教荷桂未忘情。"一首是"越中山水尽精神，最爱明湖景物新。却似东家贤处子，隔墙相望不相亲"。诗句不同凡响，倾泻了诗人对西湖的一往情深。可说这是外国人所写的赞美西湖的诗篇中最美的两首诗。余慈柏非常喜爱这两首七律，一时兴起，依韵和之："三面环山一面城，湖光远映寺楼明。移舟若傍苏堤住，杨柳千条系客情。蛰客殊乡若怆神，恰教眼界一时新。明朝风便乘槎去，应忆僧窗笑语亲。"一时传为杭城佳话，许多杭州诗人也都纷纷来寺和诗，仙林寺竟成了中朝诗人叙会之所。

清末，新学兴起，仙林寺中寄办小学，一时寺校并存。至抗战期间，寺宇渐废。1949年时，寺前山门尚有哼哈二将塑像，寺中还有少数佛像，后被陆续清除，寺宇成了下城二小，即仙林桥小学。至今，南宋古刹遗迹已荡然无存，其地成了一片居民小区。

虽然仙林寺已经消失，但仙林桥依然屹立在古老的中河上，中朝诗人清时聚会仙林古寺的这一段文坛佳话，将会永远流传在杭州这座古老的城市里，成为中朝友谊的千古佳话。

38. 李清照流寓清波门

西湖南线柳浪闻莺公园的水杉林小溪旁，有建于2002年的、为纪念南宋女词人李清照而建立的清照亭。亭柱上有楹联一副："清高才女，流离词客；照灼文坛，点染湖风。"

相传南宋时，李清照南下后，曾居住在清波门一带，也有说居住在马塍路一带。清波门一带，南宋时是官衙及文人墨客、商人居住较多的靠近西湖的一个较高档的住宅区。南宋四大画家之一的刘松年，就居住此处，故人称"刘清波"，又称"暗门（清波门别称）刘"。李清照南下时，带了许多与赵明诚一起搜集整理的书画金石珍品，那时条件还好，此处又能接近湖光山色，所以她居住在清波门一带的可能性很大。李清照到杭州后，后又嫁夫，离婚后又入狱，家境便破落了，以种花闻名的马塍地区，在余杭（武林）门外，租房会相对便宜一点，故李清照在杭后期，也可能住在马塍地区。

李清照（1084—1155），号易安居士，宋代齐州章丘（济南章丘）人。著名女词人，与柳永同为婉约派词代表，素有"千古第一才女"之称。一生著有《李清照集》辑本等。

李清照出身于书香门第，18岁时嫁与21岁的赵明诚，两情相悦，琴瑟相和，人称"神仙眷侣"。两人共同致力于书画金石的搜集与研究。44岁时，金兵南侵，李清照随夫辗转江南。在《金石录序》一文中，李清照如是说"具舟上芜湖，入姑孰（苏州），将卜居赣水上"。赵明诚去世后，李清照随赵构一行人辗转流徙于浙东一带。绍兴二年（1132），李清照到达杭州，于孤苦之中再嫁张汝舟。其实张汝舟只是看中她的收藏。离婚后，根据宋代法律，妻告夫要判两年徒刑。后经翰林学士綦崇礼等亲友大力营救，李清照被关押9日后获释。

绍兴四年（1134），李清照完成《金石录后序》写作。

李清照是49岁时到达杭州的，中间为避战火，曾在金华小住8个月，直到72岁才在杭州去世。虽然在杭州居住了20多年，因丧夫、受骗、入狱，心情愁苦、孤单寂寞，并没有留下一首抒写西湖的诗词。但她在金华写的《武陵春》一词，则足以表达她当时的心境，词云："风住尘香花已尽，日晚倦梳头。物是人非事事休，欲语泪先流。闻说双溪春尚好，也拟泛轻舟。只恐双溪舴艋舟，载不动许多愁。"

李清照去世后，济南人尊她为藕花神，供奉在大明湖畔。山东章丘、青州、济南、浙江金华都有她的纪念堂；开封、北京都有她的塑像。除了杭州有清照亭外，济南蟠龙山森林公园2004年也建了清照亭。

李清照光照千秋的辞章，是中国文学史上闪光的一页，藕花神永远活在国人的心目中。

39. 陆游居住孩儿巷

孩儿巷在武林广场之南，东通中山北路，西接延安路。南宋时，此巷属左二厢，当时叫保和坊，俗呼砖街巷。因当时都城出售泥孩儿者多居在此处，故又称之为孩儿巷。

南宋时，杭州人过七夕节（农历七月初七）要"乞巧"，有多种讲究，其中有一种习俗是，儿童要模仿"摩睺罗"的形态。南宋典籍《梦粱录》卷四"乞巧"记载："……市井儿童手执新荷叶，效摩睺罗之状。此东都流传，至今不改……""摩睺罗"即神佛打扮的泥孩儿，为佛经中梵文的音译。这种模仿泥孩儿形态的"乞巧"做法，原来还是传自北宋东都（汴京，即开封）的风俗。而孩儿巷就是专门卖这种泥孩儿的。由此可见，杭州民间的一些习俗，源远流长，大多与中原文化有关。

提起孩儿巷这条古巷，不得不说起南宋大诗人陆游。南宋淳熙年间，陆游曾居住在此巷之中，写下许多反映临安（杭州）生活的诗歌。其中最有名的一篇为《临安春雨初霁》一诗，其中"小楼一夜听春雨，深巷明朝卖杏花"一联，素来脍炙人口，为人们所吟诵不绝。

转眼七八百年过去，孩儿巷这条南宋古巷，现在已是高楼林立，民居鳞次栉比，再也找不到过去众多的庙宇与出售泥孩儿的店铺了。然而，这一古老的巷名，却永远记载下了南宋市井的一段风俗史。

40. 陆游的美食诗

南宋爱国诗人陆游，字务观，号放翁，越州（今绍兴市）人。在朝廷任职时，曾居住在杭州孩儿巷。他一生写了近万首诗，是中国文学史上以创作力旺盛著称的高产作家，这是世人皆知的。可很少有人知道，他还是一位美食家和烹饪专家。

陆游和许多著名诗人一样，爱喝酒，尤爱喝名酒。他在故乡时，爱喝农民酿的黄酒，有《游山西村》诗曰："莫笑农家腊酒浑，丰年留客足鸡豚。"他在眉州仕宦时，爱喝眉州的名酒"玻璃春"，有《凌空醉归作》诗曰："玻璃春满琉璃钟，宦情苦薄酒兴浓。"他在游汉中时，又喝了当地所产的名酒"鹅黄"，写下了赞美的诗作《游汉州西湖》："叹息风流今未泯，两川名酝避鹅黄。"……陆游品尝的菜肴品种，也很广，上至飞禽，下到走兽、水鲜，无所不爱；佳蔬、野菜，烩不厌细。他有一首名叫《醉中歌》的诗，写了他吃过的许多佳馔美肴："……牛尾膏美如凝酥，猫头轮困欲专车。黄雀万里行头颅，白鹅作鲊天下无。浔阳糖蟹径尺余，吾州之蒪尤嘉蔬……"他说，他吃过凝如酥油一样的红熬牛尾；又说，吃过爱飞的黄雀，可能是用南宋时"酿""煎"等烹调方法调和五味吃的；而吃鹅肉时，要用腌和糟的方法，那味道是天下没有的；吃的浔阳蟹，脚有一尺多，可说是蟹中之王了。不禁使人想起他的另一联吃蟹诗："蟹黄旋擘馋涎堕，酒渌初倾老眼明。"说是刚用手把蟹身剥开，就馋得口水直淌下来，等到持螯品酒时，连昏暗的老眼都突然明亮起来。他还爱吃越州农村的蒪菜（即狗莽），说它是一种"嘉蔬"，可见味道也一定是非常鲜美。

他很懂得吃，自己也很会烧。有一首名叫《饭罢戏示邻曲》的诗写道："今日山翁自治厨,佳肴不似出贫居。白鹅炙美加椒后,锦雉羹香下豉初。箭茁脆甘欺雪菌,蕨芽珍嫩压春蔬……"讲了他烹制菜肴的经验:做烤鹅时,要抹上花椒,才特别香美;做野鸡肉羹时,豆豉一放下去,就透出香味;又说,越州箭竹的嫩笋,比雪白的蘑菇还甘美脆嫩;蕨芽(野菜)的珍贵和鲜嫩,超过春天的佳蔬。可见他是多么懂得名菜的珍贵和制作的技巧啊!

他不推崇吃荤,认为素食、粥类更有益身体。他说:"肉食从来意自疑,斋盂况与病相宜。"又说:"世人个个学长年,不悟长年在目前。我得宛丘平易法,只将食粥致神仙。"粥容易消化,如与红枣或其他补益身体的东西共煮,更是有益。也许陆游正是懂得宛丘流传下来的各种粥的烧法,才长寿,活到85岁的吧!

陆游既精通吃,又对烹调技术富有研究,而且懂得食疗对健康的作用,可说是南宋时期一位不可多得的美食家。

41. 吴太后牡丹做"花酥"

日本的鱼生,来自孔子"脍不厌细",脍即生鱼片。同样,他们的"天妇罗"也来自中国。所谓"天妇罗",即是将新鲜、应时的蔬菜、小鱼、水果,拖一层薄薄的蛋清与面糊的混合浆,入油锅(芝麻油、葵花籽或菜籽油均可)炸,吃来酥脆可口,有的还含有汁水,比烧烤更有利健康。

南宋时,高宗皇后、孝宗的养母吴太后,用牡丹花做酥(即"天妇罗"),用牡丹花、梅花做生菜(凉菜),更上一个档次。

林洪《山家清供》一书中,介绍了吴太后用牡丹花、梅花做生菜、又用牡丹花微裹面做花"酥"的轶事,文曰:"宪圣喜清俭,不嗜杀,每令后苑(御厨房)进生菜,必采牡丹瓣和之,或用微面裹,煤之以酥。……

性恭俭，每至治生菜，必以梅下取落花以杂之，其香犹可知也。"以牡丹花做生菜，做花"酥"；以梅花做生菜。虽然书中没有详细介绍配料与制作方法，但这道菜出于皇家御厨之手，那味道也一定是非常可口的！

吴太后（1115—1197）14岁进宫，知书明理，博通书史，在高宗还是康王时，便侍奉左右，后累升义郡夫人、才人、婉仪、贵妃。绍兴十三年（1143）立为皇后。历经高宗、孝宗、光宗、宁宗四朝，在后位55年，是中国历史上在后位历史最长的皇后之一。

高宗生母显仁太后韦氏从金营回来后，吴氏侍候婆婆，体贴周到，"顺适其意"。宪节皇后刑氏去世后，因吴氏知书达理，"朝臣累表请立中宫"，韦太后也帮吴氏说好话，可见吴氏在宫内外皆得人心。

林洪只用了"或用微面裹，煠之以酥"九个字，就写出了牡丹花"酥"的吃法。"微面裹"即是用少量面粉包住，"煠"即是炸。也就是用油炸裹上面粉的牡丹花，这与天妇罗做法完全一样，但早几百年。

林洪的《山家清供》一书，清雅脱俗，以"山林之味"，贬抑"庸庖俗丁"；以被褐怀玉的"山舍之谈"，贬抑达官贵人的"金谷之会"，彰显有志文人自甘藜藿、不羡轻肥的情趣。且家常之味，还与唐宋诗词有机结合，使人读之受益匪浅。可以推测，此一美食或亦远渡重洋流传到了东瀛，使南宋"微裹面，煠之以酥"，化作了日本的"天妇罗"。

牡丹花"酥"味道怎样？笔者难言其详，但年轻时客居西域边城，曾在塔里木盆地边缘、一个名叫阿瓦提县的沙漠绿洲里，吃过槐花饺子。那是同行的一位当地大嫂，采了门前五月盛开的、淡黄色的蝴蝶形的槐花，焯水后炒鸡蛋，用之包饺子招待我。几十年过去了，那槐花的清香，仿佛还浮动在我的齿舌间，真有妙不可言的风味。可见南宋过去了七百多年，民间至今还保留着吃鲜花的食俗。

42. 南宋"网红"冰激凌

"南宋四大家"之一的杨万里（1127—1206），是人们较为熟悉的一位南宋诗人。他写西湖夏日美景的《晓出净慈寺送林子方》一诗中的名句"接天莲叶无穷碧，映日荷花别样红"，一直广为杭州人所熟知。杨万里爱写诗，还喜爱美食。他一生写了许多赞美南宋美食的诗歌，其中有一首是写夏日冷饮"冰酪"的，诗云："似腻还成爽，才凝又欲飘。玉来盘底碎，雪到口边销。"乍一看，还以为是现代人写雪肤玉容的冰激凌。其实杨万里写的是南宋的"冰酪"。冰酪其实就是冰激凌。它的主要食材，是天然冰加奶酪（奶酪中有奶油成分）。不要以为这位南宋著名诗人，有着过人的超前意识，其实这首诗反映的是我国食用冷饮之悠久历史。

早在商周时，我国已有了用青铜制作的"冰箱"，它的名字叫冰鉴。这种"冰箱"是夹层的，里面可以放天然冰块，用来冷藏食物（包括酒与饮料、肉类）。那么这天然冰块是从哪里来的呢？古代帝王的皇宫与达官贵人的豪宅，都建有名叫"凌阴"的冰窖。古时我国北方，大江大河大湖一到冬天，都会连底结冰，帝王和达官贵人们此时就会在皇宫或庭园里挖冰窖，而且规模很大，叫下属和仆人们到河、湖处凿冰取冰，贮藏到冰窖里。冰窖挖得很深，上面覆盖厚厚的泥土，窖口装门，门上盖稻草或棉麻织物、泥土，即使到了盛夏，冰窖里的天然冰也不会融化，随时可以取出敲碎或用刀刨成"雪花"制作冷饮。南宋吴自牧所著《梦粱录》卷十六载，当时都城市井有"雪泡梅花酒"等应市，专供人们暑天享用；南宋西湖老人所著《西湖老人繁胜录》一书，也记载有"乳糖真雪"一款，那是用牛奶、糖和刨冰制作的；更有一款"暑药冰水"，用清热解毒的中药熬水，加冰制作，书中载明"富家散暑药冰水"，说明这是有钱人家在家里制成这款中药冷饮，做慈善事业，送给过路的劳苦大众饮用的。

由此可见，杨万里写的"冰酪"诗，有写实的一面。他说"似腻还成爽"，是写冰酪的口感；"才凝又欲飘""玉来盘底碎"，是写冰酪的形态；"雪到口边销"，是写冰酪入口顿时就融化了。

读者诸君如有兴趣制作南宋冰酪，并不难：请准备食用刨冰二三汤勺，奶酪一小块，砂糖适量。先将奶酪捣碎，与刨冰、砂糖充分搅拌成膏状，即成。制作量可随人需求，如喜欢冰爽一点，可在冰箱中冷藏一会儿即成。

最后不得不说的是，杨万里诗中所说的南宋冰酪的制法，现在在国内并未绝迹。在新疆南部的维吾尔族人中，还有乌斯塔孜（维吾尔语师傅的译音）在夏天时制作冰酪，并在市井销售，极受人们喜爱。50年前，笔者客居南疆重镇阿克苏，每逢巴扎天（维吾尔族人的集市日）总上街溜达，会看到有一些维吾尔族老乡，在街道边摆摊现场制作冰酪。笔者怀着好奇心，常驻足观赏。维吾尔族人的冰酪制法是：在一架人力脚踏的、红铜做的、脚盆大小的机器中间，有一个可以用脚踩转动的大铜筒；铜筒当中，放有一块块的自然碎冰。当卖冰酪者脚踩踏板，通过皮带飞快地带动转筒时，转筒中的冰便开始融化为冰雾，凝结到红铜做的转筒内壁上。卖冰酪者，用一把长柄铁刀，将冰雾凝结的雪状物刮下来，放到一杯杯稀释的酸奶或牛奶中，卖给过路人。卖冰酪的人（维吾尔族人叫这冰奶饮品什么名称，我当年听不懂维吾尔语，故以现成"冰酪"的叫法代替）用的是天然冰，就是往年冬天从大湖大河中采下、放入地下冰窖中贮存的冰块。一到夏天，便取出来应用。这种消暑的冰酪，很受当地人的欢迎。

笔者不知是中原的冰酪制作方法传到新疆，还是西域的冰酪发明，经丝绸之路传入中原？但从南宋诗人杨万里的"冰酪"诗来看，当时都城临安（今杭州）人，在夏日已流行享用冰激凌了。

43. 杨万里诗解"糖霜玉蜂儿"之谜

张俊曾与岳飞、韩世忠、刘光世并称南宋"中兴四将"，后帮秦桧推行对金的乞和政策，并追随宋高宗、秦桧迫害岳飞，被赵构封为清河郡王。张俊特别爱钱，在御街太平坊，开了一座规模盛大的太平楼酒楼。南宋绍兴二十一年（1151）农历十月的一天，他召集酒楼的大厨们，在王府大厅以隆重的规格摆下筵席，宴请皇帝，以表示对宋高宗封爵的感激之情。

太平坊离皇宫不远，没一个时辰，一个空前的宴会便准时开筵了。先是上四时鲜果、干果、南北土特产、雕花蜜煎（饯），然后上各种腌腊鱼肉，最后是用炸、烩、酿、炒、炙、熬、煨、蒸、润（即涮）等各种烹饪方法制作出来的山珍海味、水陆肴馔，共有250盘（种）之多。其中有珑缠果子一行，共有12种美食，有一种名叫"糖霜玉蜂儿"。

从字面看，这种美食有"糖霜"，一般都会认为是白糖；至于"玉蜂儿"，会被认为是色泽较白的蜂蛹。这两种东西组成了"糖霜玉蜂儿"的美食。

先说"糖霜"，西周时我国已经有了饴糖，即麦芽糖，《诗经·大雅·绵》记载："堇荼如饴。"到屈原生活的时代，我国已经开始种植甘蔗，在他的名作《楚辞·招魂》一诗中，有"胹鳖炮羔，有柘浆些"的诗句，说甲鱼炖烂、羊羔烤熟，还有一些糖浆调味，其中"柘浆"便是甘蔗的浓汁。据《新唐书》记载，唐太宗曾派人不远万里前去印度学习制糖工艺，并责令扬州地区广种甘蔗，所以可以说，唐宋时期我国应该有砂糖了，砂糖即"糖霜"。

再说"玉蜂儿"，历来学者都诠释为白色的蜜蜂。根据我国历史记载，古代素有以昆虫为美食的习俗，如周代《礼记·内则》一书，列举周代天子在宴会上常吃的几道虫菜：蜩、范、蚳、蝝、蜗。据考证：蜩是蝉的幼虫（北方民间称爬叉）；范是蜂蛹（广东人当补品活吞服用，江浙两省人炒了吃）；蚳是白蚁（我国古人做成酱，拌饭吃，现代非洲刚果人将它当美食）；蝝是蝗虫幼虫，先秦贵族用它做酱，拌小米饭吃；蜗是蜗牛，周天子吃鸡肉时配蜗酱（现今有从法国引进蜗牛做的菜）。所以，食用蜂蛹，已有二三千历史。

学术界对于"糖霜玉蜂儿"这一南宋美食的主料是什么，挺感好奇与关注。有一位王仁湘先生，是研究古代美食的著名专家。他认为"玉蜂儿"应是蜂蛹，根据是：元代美食继承自南宋，而元人爱吃蚕蛹，并将蚕蛹称为"蜂儿"。他这么一考证，所有注释南宋《武林旧事》一书的学者，都将"糖霜玉蜂儿"解释为"用蚕蛹做的蜜饯"。问题是，软软的虫体可以做成爽口的蜜饯吗？在"珑缠果子一行"中，绝大多数都是用水果为主料做成的，所以王仁湘先生的观点，还是值得商榷的！

南宋著名诗人杨万里，与陆游、尤袤、范成大并称"南宋中兴四大诗人"，宋光宗曾手书"诚斋"赐他，故后人皆称他为"诚斋先生"。他曾在宋高宗、宋孝宗、宋光宗、宋宁宗四朝为官，与张俊同朝。他一生写了大量诗歌，其中有许多诗写了南宋的风情与美食。笔者在阅读杨万里诗集时，发现他有两首诗，写到了"玉蜂儿"。一首名叫《莲子》，诗曰："蜂儿来自宛溪中，两翅虽无已是虫。不似荷花窠底蜜，方成玉蛹未成蜂。"这首写莲子的诗，把莲子比喻成蜂窝里的蜂蛹，蜂长大会长翅膀飞走，莲子怎么长大也成不了会飞的蜜蜂。另一首名叫《食莲子》，诗云："白玉蜂儿绿玉房，蜂房未绽已闻香。蜂儿解醒诗人醉，一嚼清冰一咽霜。"这首诗是写吃莲子的，说剥开莲蓬，就见到白色的"蜂儿"（莲子），蜂房没有绽开已透出香气，还没吃到莲子，诗人已经陶醉，一嚼莲子就像吃到冰霜那样清凉爽口。杨万里这两首比喻绝妙的诗，一言以蔽之，道出了"玉蜂儿"的来历与真相。

就此，我们已经恍然大悟了，南宋御筵上的"糖霜玉蜂儿"，就是蜜饯白糖莲子，正和同一行的其他多种蜜饯的主料一样，是蔬果做的。

44. 杨万里称赞银杏果韵味美

正是"离离暑云散，袅袅凉风起"的金秋时节，笔者应邀赴临安青山湖畔的一座别墅，参加一个美食专栏作家的笔会。会议主办方委托当地饮食公司，在五代吴越王钱镠的故里，摆下了一席具有杭城西郊风味的盛宴为我们洗尘。在丰盛的宴席上，文友们在众多的佳肴之中，发现了一盘别具风味的佳肴——清炒白果。盘中那一颗颗翡翠色的果肉，在鲜红的辣椒丝衬托下，显得色泽迷人，香气诱人，不由得使人食指大动。诸友难得见到有如此之佳肴上桌，一时筷如雨下，食似风卷，一盘清炒白果顿时盘底朝天，诸友相对而笑。

我国是银杏的原产地。银杏树的历史久远，它曾经历地球的冰河时期而存活下来，可见它强盛的生命力，故它有植物界活化石之称。银杏树又名白果树、公孙树、鸭脚树等，为落叶乔木，其生长期较长；民间有公公种树，其孙才能吃到果子之说，故人称此树为公孙树。此树果名银杏，又称白果，呈椭圆形，外面有绿褐色的果壳，果壳内还有白色的核壳，核壳内可见橙黄色的果皮，果皮内才是香美的果实，可供食用、药用。银杏为我国古老的珍贵特产，其中尤以江苏、浙江等地所产的为最佳。杭州所出的银杏果，大多为临安山区所产。剥开外层绿褐色果皮，我们会见到一颗两头稍尖的白色的坚果。敲开硬壳，会见到一粒果肉。撕去那一层薄薄的淡棕色的果衣，才能见到那翡翠似碧绿的白果肉。

早在南宋时，中秋节一过，杭州的街头巷尾，便有小贩炒卖银杏果和梧桐子。尤其是重阳节时，最为盛行。南宋古籍《武林旧事》一书中记载："雨后新凉，则已有炒银杏、梧桐子吟叫于市矣。"南宋著名诗人杨万里在《德远叔坐上赋肴核八首银杏》一诗中写道："深灰浅火略相遭，小苦微甘韵最高。未必鸡头如鸭脚，不妨银杏作金桃。"说是用炭灰煨烤的银杏果，它的味道有点小苦而微甘（甜），但是它的韵味最为美妙；这种吃法胜过芡实（一种有滋补性的水生植物果实），它的美味如同黄桃。

杭城自南宋以来，秋食白果，已流传七八百年历史。记得笔者幼时，居住在杭州市区东河附近一条白墙乌瓦的古巷海蛳沟，每逢秋风劲吹，巷中便传来一阵阵小贩挑锅炒卖白果的、诱人的声音："现炒……热白果，香已……香来糯已……糯……"接着便是一阵阵炒白果的铁铲与铁锅撞击的声音。此时巷里香气四溢，常常会招引得小孩子们拉着父母来买食。一般一角钱可买火烫的热白果六七颗，香美的银杏果，足以解人之馋。

20世纪60年代，临安山民自留山地上的银杏树，被大量砍伐掉。肉糯味美、食之清香诱人的白果，随即从我们的日常生活中消失了，它从小贩的炒锅中消失了，它从百果油包里消失了，它从百果月饼里消失了，它从餐桌上消失了……"80后""90后"的年轻人，在幼年时都不知杭城秋日里，曾有这样一种生时色如翡翠、熟时颜如绿玉的名果。现在，它又重新回到了我们的餐桌上。

临安的朋友告诉我们，白果不仅可以作点心的珍贵馅料，而且也是制作菜肴的高档原料。临安民间，常以白果与五花夹心猪肉相配炖制红烧肉，其味香糯可口，有健脾益肺作用。除此之外，白果还可以与鸡或鸭共炖，其风味亦诱人，补益人体效果更是显而易见。

白果的营养成分为：蛋白质占6.4%、脂肪占2.4%、碳水化合物占35%，另含钙、磷、铁、胡萝卜素、核黄素等微量元素与维生素，并含多种氨基酸，故小苦而微甘，香糯而清口。我国传统中医药认为，它性平、味甘、苦、涩，入肺肾两经，有敛肺气、定喘咳、止带浊等功能，是一种药食俱佳、品位较高的果品。但也因白果含有少量有毒生物碱，故亦不可大量食用，多食也会产生副作用。

也许有一天，我们在杭城街头巷尾，又能听到"现炒……热白果，香已……香来糯已……糯……"的叫卖声；又能在黑芝麻、豆沙的油包里吃到香糯的白果果肉；又能在百果月饼里吃到名副其实的百果肉；又能在饭店菜单上见到白果红烧肉、白果炖排骨、白果炖鸡，重现南宋食用银杏果之风，并在古都市井重新流行！

45. 朱熹诗赞葱汤麦饭

朱熹是南宋时著名的儒家理学大师，一生从事教育事业，著有《四书章句集注》《周易本义》《诗集传》《楚辞集注》等多种学术作品。他虽然是徽州婺源（今属江西）人，但在浙江许多地方留下了行踪与事迹，而且喜欢吃浙江民间的家常小吃葱汤麦饭。据清褚人获《坚瓠集》一书记载，朱熹品尝了此一小吃后，还留下了一首赞美这一南宋浙江民间小吃的诗。

朱熹的一个女儿嫁给浙江人蔡沈为妻。蔡沈是一个读书人，家境较为贫寒。一次，朱熹去女儿家，想和女婿谈谈他的读书之法，不料恰逢女婿外出。他知道女儿家生活贫困，不愿增加他们的麻烦，便起身欲走。朱熹的女儿不忍眼见老父空腹离开，便婉言留父，立即在厨房里做了一碗香喷喷的葱汤麦饭给父亲充饥。这葱汤麦饭就是现在浙江民间常吃的、被杭州人称为"麦糊烧"的家常小吃。其做法是：用面粉加盐汤（盐水）打成薄糊，撒上葱花搅拌均匀后，在稍放油的锅中烫烤成一种不规则的薄饼。这种面饼，软香可口，制作简便，是贫困人家常吃的一种美食。朱熹的女儿因为拿不出更好的东西招待老父，只得怀着"简亵不安"的心情，用面粉与葱做了这样一份南宋民间常见的便饭给她父亲吃。

朱熹丝毫不在意"葱汤麦饭"的简单，高高兴兴地吃完了热乎乎的饭，趁着女儿下厨洗碗时，他在女婿的书桌上拿起笔纸，留下了一首诗："葱汤麦饭两相宜，葱补丹田麦疗饥。莫谓此中滋味薄，前村还有未炊时。"

朱熹这首诗虽有安慰女儿之意，但也很实际：在这兵荒马乱的时期，还有人连这滋味薄的葱汤麦饭都还吃不上呢！

由此可见，朱熹这位南宋儒家理学大师，怀有一颗关心百姓生计的爱心！

46. 南宋的栀子花"檐卜煎"

每年3至6月，栀子花开了。在花店与花鸟市场，我们会看到有一株株、一束束盛开的、绿叶白花的栀子花应市。栀子花芳香素雅，清丽可爱，可以盆栽也可以做成盆景观赏。它的花可以做插花，也可佩戴装饰，是人们喜爱的一种应时花卉。

这可爱的、清香扑鼻的栀子花，南宋的美食家将它当食材，做成了又香又脆的檐卜煎（又名端木煎），可以自享并招待亲友之用。

据南宋学者林洪《山家清供》一书记载，林洪到朋友刘漫塘家去做客，谈诗论文，中午主人留他喝酒吃饭。喝酒时，主人上了一道名叫"檐卜煎"的菜。林洪看到这道清秀且极其可爱的美食，便问主人："这是什么好吃的东西啊？"

刘漫塘笑着回答："这是用栀子花做的！"

林洪一边喝酒，一边品尝着这新奇的菜肴，又问主人："刘兄，这栀子花美食是怎样做的？请你教教我！"

刘漫塘便大方地向林洪传授了这道菜的做法：采一些栀子花的大花瓣，在开水中焯过，沥尽水稍干，放点甘草水拌成花糊，然后拖上稀面，在油锅中稍煎即成，名叫"檐卜煎"。

林洪引了杜甫的诗"于身色有用，与道气相和"，说这用栀子花做的"檐卜煎"，清雅、和顺的风味都具备了。

栀子花，是茜草科栀子属灌木，花开芳香，呈白色或淡黄色，常单朵长枝顶。果实、叶、根都是传统中药，有泻火除烦、消炎祛熟、清热利尿、凉血解毒作用。

我国民间素有栀子花入肴的食俗，它可以做凉菜、栀子蛋花、栀子花炒小竹笋，与猪肉丝榨菜丝一起做汤，还可以做成花茶、蜜饯、花蜜汤……甚至油炸入肴。油炸入肴的吃法，笔者认为，可能来自林洪《山家清供》一书的"檐卜煎"的吃法。

47. 忘忧有萱草

忘忧草，又名柠檬萱菜、绿葱、鹿葱花、安神花、补脑花，是一种广泛生长于欧洲南部及亚洲北部的多年生草本植物。我国各地山野皆有出产。它茎高，叶绿且长，每年5—9月开花，花形若喇叭，色泽淡黄或橘红，长在萱草一根中心轴上，呈聚伞花序。每朵花只开一天，此落彼开，不断闭合，不断开放。俗称黄花菜，或叫金针菜，可供日常食用。

三国时魏文学家、思想家、音乐家，"竹林七贤"之一的嵇康，在《养生论》一文中说："合欢蠲忿，萱草忘忧，愚智所共知也。"合欢即马缨花，干燥的树皮可入药；萱草即忘忧草，食之有安神忘忧作用。

宋代何处顺当宰相治天下时，经常吃这个菜，主要怕边境不安宁，不能忘忧。林洪在《山家清供》一书的《忘忧斋》一文中称赞他："春日载阳，采萱于堂。天下乐兮，忧乃忘。"

林洪介绍南宋时萱草日常的吃法是：春天采萱草嫩苗，在沸水中焯过，切细，滴上酱油、醋做斋吃。或者用肉炒了吃，没有提到吃花。

萱草的花在未完全展开时，就要摘下，在沸水中焯过后，晒干或烘干，就可保存与食用。它属于干菜一类。

萱草花鲜嫩味美，性味甘凉，有止血、消炎、清热、利湿、消食、明目、安神等食疗食补作用。吃时用冷水浸发，可以用之炒木耳、炖肉、凉拌，清香可口。

萱草在我国有母亲花之美名，无论风雨多大，它那纤细的枝干犹如瘦弱母亲的身躯，总是护卫着花朵，不会折断，寓意着伟大的母爱。

城市里的市民，大都没见到过盛开的、橘红色花朵的萱草。笔者年轻时戍边，曾在单位办公室门前见到一位维吾尔族女副厂长栽种的一丛丛萱草，花开时异常鲜艳夺目。有位同事偷偷地告诉我，此花即黄花菜，焯后晾干可以炖肉吃，很鲜……

年终，办公室召开一年工作的总结会，副厂长站起来，笑着用汉语调侃我："这花儿我种得不多，我还没有欣赏好，小宋（那时笔者还年轻）就摘去当菜吃了；花儿少，他也没有吃好！"同事们听了大笑，传为厂里的趣话。

这是笔者大半生中，与林洪《山家清供》一书中记载的萱草，仅有的一次亲密的接触。

48. 林洪与"拨霞供"

北风起，正是品尝冬令名肴"涮羊肉"之时。冬天去京华，不尝"东来顺"别具风味的涮羊肉，等于没有到过北京。虽说各大城市冬令都有涮羊肉供应，但其风味皆不能与"东来顺"的相媲美。

涮羊肉是一种围炉自涮自吃的北京风味菜。所用之羊肉，选料极其精细，一只羊身上，只能选用"上脑""大三叉"等部位的肉。每半斤"黄瓜条"，在名厨高手刀下，要切四十片到五十片左右。每片羊肉薄如细纸，色若玫瑰，涮熟后再配上芝麻酱、辣椒油、卤虾油、腐乳汁、酱油、腌韭菜花、粉丝、菠菜等佐料、辅料蘸拌着吃，别有风味。在雪花纷飞之时，与家人、友人围坐一炉，边涮边吃，热气腾腾，既鲜美可口，又能增添许多生活情趣。

膳食专家们历来认为，北京风味的涮羊肉源于少数民族的生活习惯，是随着元人入主中原而传播开来的。作者偶翻古籍，却发现它与南宋名肴"拨霞供"有着极其密切的关系。

据南宋林洪《山家清供》一书记载，有一年冬天，他去福建武夷山游览，到一个名叫六曲的地方，拜访止止师。正好逢雪天，猎户送来一只野兔，可是找不到厨师来烹制。止止师便说："我们武夷山山民是这样吃的，将兔肉用快刀批成薄片，用酒、酱、花椒等调料浸渍一下；另备风炉一只'用水少半铫'，等水沸作响声之时，吃的人自己拿着筷子夹着肉片'入汤，摆熟啖之'。至于佐料，可以选所爱的搅拌着吃。"他依法吃了兔肉，果然鲜嫩异常。过了五六年，林洪来到京城临安（今杭州），又在友人杨泳斋家吃到了这道名菜，看来这种吃法已传到了临安，而且当时临安还有用猪、羊肉涮了吃的菜肴。为此，他回忆武夷山品尝涮兔肉之事，不禁浮想联翩，随口吟了一首诗来赞美，其中有一联"浪涌晴江雪，风翻晚照霞"，将沸腾的铫中水，比作晴江雪白的浪花；又将翻动的兔肉片，比作红色的晚霞。这样，这道南宋的涮兔肉，便有了"拨霞供"这个美名。至于"拨霞供"与涮羊肉之间有什么关联，还是饮食文化史上的一个谜，至今没有解开。

49. 林洪与脆琅玕

这道菜的名称有点怪，脆是可以理解的，指味觉中的口感。琅玕是什么食材呢？我们从诗圣杜甫《郑驸马宅宴洞中》一诗中的一句，可以得到启发。这句诗是"留客夏簟青琅玕"，说的是郑驸马在炎热的日子里以家宴招待客人（其中包括杜甫），用膳的地点，安排在一个山洞里，为的是凉快。杜甫认为这个家宴吸引人的地方有两个，一个是有供坐、卧的竹制凉席，一个是洞外有带给人凉爽和诗意的翠竹。当时园艺比较落后，种的莴笋都是细细长长的，南宋美食家林洪便以翠竹的别称"琅玕"来戏称莴笋。又因莴笋的口感是脆的，故称脆琅玕。

这脆琅玕的菜怎么做呢？林洪在《山家清供》一书中介绍，莴笋去叶、皮，切成一寸长的段，在沸水中焯一下，另取生姜少许捣碎，与盐、醋、热油拌匀，腌渍入味，便可食用。因为口感甘脆，故称脆琅玕，

关于莴笋，杜甫与它还有一段因缘。林洪说，杜甫种过莴笋，下种十天，还不见发芽，便一面叹息一面挖掉了土中的种子，说："君子脱微禄（不做官），辗轲不进，犹芝兰困荆棘。"这段话的意思是：正直的人辞官归隐，人生道路却坎坷不平，样样不得志，好像芝兰（香草、香花）被荆棘围困住一样。林洪说杜甫种莴笋，并不是为了弄点菜吃的，而是为了寄托心情，转移不得志的苦闷。自然，言下之意还有，莴笋不容易种。林洪以细长的翠竹比喻莴笋，并引用了杜甫诗，还是有缘故的。

脆琅玕，就是现在杭州人常吃的暴腌莴笋，即凉拌莴笋。林洪介绍的做法，比较粗放了一些，笔者在不失原味的基础上略加改进，仍是甘脆可口：取两根莴笋，去叶、皮，切成寸段，再改刀切为粗丝，焯水后拌以姜末、盐、醋，淋以麻油即成。

旧时，杭城近郊竹乡农民，常有人背着一梱打磨光滑的细长的竹竿，到各处街巷游走，一边走一边叫卖："琅玕竹要吗？"笔者幼时常在家中隔着围墙，听到这卖晾衣竹竿的吆喝声。将竹竿称为琅玕竹，这不知是否出典于杜甫之诗？待考！

50. "苏粉"林洪不识元修菜

宋代先后出了两位美食家，苏东坡与林洪。苏东坡写有大量美食诗文，林洪则著有美食随笔集《山家清供》。

林洪对苏东坡崇敬之至，他是苏东坡的忠实"粉丝"。他读了苏东坡的《元修菜》后，弄不懂苏老前辈说的这元修菜，是什么蔬菜？

苏东坡有《元修菜（并叙）》，叙曰："菜之美者，有吾乡之巢，故人巢元修嗜之，余亦嗜之……"诗云："彼美君家菜，铺田绿茸茸。豆荚圆且小，槐芽细而丰。种之秋雨余，擢秀繁霜中。欲花而未萼，一一如青虫。……点酒下盐豉，缕橙芼姜葱。那知鸡与豚，但恐放箸空。……此物独妩媚，终年系余胸。……"苏东坡说，元修菜豆荚圆而小，像槐树芽那样细，但要丰满一些。秋雨后下种，在浓霜中秀出它的植株。欲开花但没有萼片，外形像一条条青虫……烧这道菜时，要放点酒和豆豉，切点橙皮丝放点姜葱。谁知鸡与猪都喜欢吃这菜，诗人怕自己都要吃不上了……这菜长得特别妩媚，诗人终年怀念它的美味。

林洪出生在南宋乱世之时，他学前贤高士隐逸之风，长年居住在山林之中，写诗会友，搜集文人墨客的私房菜，也收录民间美味的家常菜。后写成了一本近百篇的、别具一格的美食随笔小品专著。他经历得多，知识也很丰富。可是当他看到苏老前辈写的这一首《元修菜》诗并序言后，完全不知这是什么蔬菜，这让他发愣了。他去向老农们请教，那些终年生活在乡间的人也不知道。这元修菜到底是什么菜呢？

后来，林洪的永嘉朋友郑文干，从四川回来，林洪便向他请教这一问题。郑文干说："这是（野生）豌豆，四川人叫巢菜。豆苗嫩时，可以采来做菜。择洗干净，用麻油炒熟，加盐、酱煮。到春末，豆苗叶老了，就不好吃了。"苏东坡诗中所写"点酒下豆豉，缕橙芼姜葱"，正是烹调这个菜的方法。

听了郑文干的介绍，林洪感叹地说："人应该对一个事物的无知感到羞耻，必须见多识广才能知识渊博。我读苏东坡这首诗已二十年，到今天才弄明白，心中的高兴就可想而知了！"看得出，林洪对苏东坡崇拜得五体投地，一个标准的"苏粉"！

巢菜是生长在四川的一种野生豌豆，现代名叫薇菜。受苏东坡之托，朋友巢元修从四川带来了种子。那时苏东坡被朝廷贬官到黄州，生活异常困苦，没有什么好的东西吃，于是便在房舍的东坡（这也是苏轼自称为东坡居士的由来）种下了这野生豌豆。这是从故乡带来的特产，故苏东坡做菜后吃得津津有味，还写了一首挺长的诗并序，来赞美元修菜并寄托自己的心境。

51. 奇特而又别致的"馎"

南宋学者林洪所著《山家清供》一书，在近百篇美食随笔中，写了许多山林田野之味，补充了《梦粱录》《武林旧事》等古籍的不足。他写了水果、野菜、野味、鱼鲜、家禽做的菜，也写了以鲜花为食材做的菜。奇特而别致的是，林洪在书中还介绍了一种以橘树叶与莲藕叶、米粉做食材的米食，名叫"馎"。

在"洞庭馎"一文中，林洪说，以前到水心先生（南宋著名哲学家叶适）家里去做客，在餐桌上见到刚刚由净居僧送来的"馎"这种米糕。它白中隐隐透着绿色，像铜钱那样大小，每个上面盖着一张碧绿的橘叶，散发出一阵阵橘叶的清香，就好像置身于盛产柑橘的洞庭湖畔橘林中一样。水心先生虽然是哲学家，但他用诗一样的语言介绍道："不待归来霜后熟，蒸来便作洞庭香。"

为了弄清楚这种奇特而别致的米糕的做法，林洪便去寺院找那送"馈"的和尚询问并请教，和尚很直爽地告诉他："采新鲜的莲叶与橘叶适量，一起捣烂成浆，拌上一些蜂蜜、米粉，做成铜钱大的糕；在每个糕上，盖上一张绿色的橘叶，就可上笼蒸熟食用。"林洪说："这种糕在市场上也能买到，不过风味要比自己做的差得多呢！"

用植物叶子做糕饼，确实稀见，特别是用莲叶与橘叶两种完全不同的植物叶子加米粉做美食，但也不能说世间没有。现在市场上卖的清明节艾青团子，就是用新鲜艾叶和入米粉中，嵌入豆沙、芝麻酱或咸菜香干丁等做成的。还有立夏时吃的乌米饭（《山家清供》一书中，叫青粳饭），则是用南烛枝叶（也叫乌饭树叶）捣碎浸出叶汁，放入糯米吸收并泡胀后，烧熟制成的。这两种美食，也充满山野风味及植物叶子的清香。

自然，艾青团子也好，乌米饭也好，它们都比不上南宋时"馈"的这种米糕的奇特而别致。宋人富有超人的想象与创造力，让我们这些七百多年后的人，也钦佩不已。

52. 传承唐代的南宋凉面

进入夏天，人的肌体会随着气候变热发生变化，出汗多，易困乏，胃口不开。所以饮食也要随之适应这种变化。因此，绿豆粥、凉面、丝瓜开洋蛋花汤及清淡的素食等，都比较受人喜爱。香港武侠小说泰斗金庸到百年老店"奎元馆"去吃面，很欣赏那里的葱油拌面，说真香！

杭州人夏天爱吃的拌面，其实就是凉面。陕西人将绿豆、土豆粉做成宽面条状，浇上酸辣作料、蒜末调和，称之为凉皮，也可说与凉面的做法大同小异，两者仅仅是所用原料不同而已，吃法是一样的。

古代，凉面叫冷淘。南宋美食家林洪在他所著的《山家清供》一书中，就介绍了一款凉面，名叫槐叶淘（全名应叫槐叶冷淘），是用夏天所采的槐树上的嫩叶，洗净用水汆过榨汁，与醋、酱做的腌菜一起拌面吃，这种做法与现在杭州人做凉面的方法也几乎是一样的。这槐叶淘，也不是林洪发明的，林洪在文中引用了大诗人杜甫的一首诗，说明槐叶淘在唐代就已成为美食了，而且介绍了具体的做法。杜诗说："青青高槐叶，采掇付中厨。新面来近市，汁滓宛相俱。入鼎资过熟，加餐愁欲无。碧鲜俱照箸，香饭兼苞芦。经齿冷于雪，劝人投此珠……君王纳凉晚，此味亦时须。"应时的槐叶淘，不仅平民百姓爱吃，连晚上纳凉的帝王，亦珍此山林之味。

北方人至今仍在吃槐叶汁凉面，不过做法已略有不同，槐叶汁不是拌面吃的，而是揉入面粉中，拉成绿色的槐叶汁面条吃。此面在沸水中汆熟后，用冷水漂凉，色泽鲜碧，然后放在透气的竹匾中晾干，浇以熟油少许抖拌，即条条自分互不沾黏。吃时，调以葱花、蒜泥、辣酱（或芝麻酱、花生酱、腐乳卤），以及绿豆芽、姜丝、肉丝，任自选用，其味凉爽，食之味美！

唐宋时，人们用嫩槐树叶汁拌面吃。这不仅是夏日的一种应时美味，而且有食疗食补作用。槐叶与槐花、槐花的花蕾（俗称槐米）、槐实皆性寒凉，有凉血止血作用。可见古人学识之丰富，在吃凉面同时，又使肌体得到清凉之补！

南宋时，杭州人不仅吃槐叶冷淘，据古籍《梦粱录》一书不完全记载，当时市民还在夏日吃银丝冷淘（绿豆芽凉面或肚丝凉面）、笋燥齑淘（笋与肉皆切成细粒炒后拌面）、丝鸡淘（鸡丝凉面）等，可说南宋时杭州凉面的品种是挺丰富多彩的。

现在杭州人夏天吃的凉面，大多称拌面，面条汆熟过凉后，浇头可以是葱油的，或香辣、酸辣的，也可以是芝麻酱或肉酱。还有一种改进型的拌面，即面条用鲜酱油拌好后，再在平底锅里放一点油炒一下，称之为拌川，而且拌川的花色很多，有虾爆鳝拌川、虾腰拌川、牛肚拌川、肉丝拌川等。笔者虽然是杭州土著，但据考证，先祖应是河南人。周灭商时，周公封纣王之兄于商丘等地，称之为宋国，国人皆姓宋。北宋灭亡后，大批河南人随赵构南下，故鄙人祖上应为北方人，故有浓厚的面条情结，特别喜欢吃面条，可称是"逐面之夫"。诸如奎元馆、状元馆、阿良面馆、松木场面店、大学路面店等，都曾留下过我的脚印。对于拌面（凉面），我最爱吃的还是肉丝拌川，肉丝、香干丝、黄韭芽炒入拌面（凉面）中，特别香美，再加上一碗紫菜榨菜丝汤润喉。自然，一碗拌川要烧得好吃，全靠厨师的功力，好吃与不好吃，实在有天渊之别！

53. 南宋文人的私房菜

玉带羹是南宋美食家林洪所著《山家清供》一书记载的、一道文人私房菜。这道名菜的出现，同三个文人的一次聚会有关。有一年春天，林洪去拜访一个名叫赵莼湖的朋友，刚好一个叫茅行泽的朋友也在场。三个人坐下后，一边喝酒一边谈论诗文，一直吃到夜里，桌上已没有可吃的菜了。莼湖说，我带来了（绍兴）鉴湖产的莼菜。行泽说，我带来了会稽山出产的竹笋。林洪听了笑了起来，说这可以凑成一道菜了。于是，主人叫仆人去做这道当时取名叫玉带羹的菜（因山笋白如玉，莼菜色如翡翠带，故取此菜名）。

竹笋是蔬菜中较为鲜嫩的食材，苏东坡有诗赞曰："长江绕郭知鱼美，好竹连山觉笋香。"这位宋代有名的诗人与美食家，以鱼的鲜美与笋的鲜嫩对应称赞，可见人间美味以鱼与笋为上。菜中莼菜名声之高，是可坐第一把交椅的：《诗经》《楚辞》《齐民要术》等经典著作，都一致提到它。晋代的两个典故"莼鲈之思"与"千里莼羹，未下盐豉"都与它有密切关系；元人将莼菜比作"花中之兰""果中之荔枝"，说只有这高尚的花卉与名果，可以同莼菜媲美。

这样两种文人墨客喜爱的食材，由家厨配到一起，形成了一道创新的佳肴，那品位自然是很高、很高的了。

玉带羹（古代以浓汤为羹，而汤只是热水）的羹是用什么材料打底的呢？林洪没有具体介绍。根据宋人喜食羊肉之习俗，笔者本应将此浓汤诠释为羊汤。但竹笋、莼菜皆为清爽、清鲜之物，窃以为用鸡汤打底比较合式，才有锦上添花的作用。后人对此也有类似认识。现代文学家叶圣陶先生在《藕与莼菜》一文中说，他对故乡出产的莼菜甚为喜爱，因此特别有感悟地说道："（莼菜）本来没有味道，味道全在于好的汤。但这样嫩绿的颜色与丰富的诗意，无味之味真足令人心醉。"叶老的这番话，说出了莼菜之所以能成为千古名菜的奥秘及要用好汤的原因。无独有偶，杭州名菜西湖莼菜汤，采用鸡汤打底，可见杭帮名厨选用汤底的观念与文学大家的心灵相通。我们不能说这与古人的想法毫无关系，兴许还是一种对美食审美观念的不谋而合呢！

据此，笔者认为玉带羹可以这样做：准备嫩笋200克、新鲜莼菜200克（如无，可用瓶装莼菜代用，但色泽、口感、形态则逊色一些）、淡鸡汤一碗许。先将嫩笋切成片状，在沸水中焯熟，捞出待用；再将莼菜叶茎切成寸长的小段，也在沸水中一烫盛出。然后将鸡汤下锅，待沸，下笋片、莼段，待小滚后，即可撒少许精盐，调味出锅。如用仿南宋官窑汤盆盛放此一玉带羹，则珠联璧合，美食美器也！

此羹做好，汤鲜菜嫩，色泽明丽，当为品位高雅之仿宋名菜也。

54. 南宋玉井饭

杭城民间自古就有种植莲藕的习惯，唐时诗人白居易在杭州任郡守时，写有诗曰："绕郭荷花三十里，拂城松树一千株。"到南宋时，《西湖游览志》记载："滨湖多植莲藕"，"藕出西湖者，甘脆爽口"。故夏日挖藕采莲子食用，成为南宋民间的一种食俗。南宋著名诗人杨万里有泛舟西湖采荷剥莲之诗，诗云："城中担上卖莲房，未抵西湖泛野航。旋折荷花剥莲子，露为风味月为香。"说是城里小贩担上卖的莲子，没有湖上现采的好吃，那莲肉像月色一样白，而水分较多，像含有花香的露水。每年炎夏，西湖"接天莲叶无穷碧，映日荷花别样红"，自唐经宋至今，西湖这种夏日美景一直延续至今。但荷叶长得太多太密，不利于生长，园林工人要摘掉一部分；莲蓬熟了也要摘掉，不摘的话，老了便会垂下头掉进湖中烂掉，影响湖水洁净。因此，园林工人每年都要在七月份时，摘掉一部分荷叶及莲子。近年七月中旬，园林工人每天早晨在断桥边卖新鲜荷叶与莲蓬。荷叶3元钱2张，莲蓬10元钱4个。得此消息，杭州人蜂拥而至。荷叶可以做荷叶粉蒸肉、烧荷叶粥，晒干泡荷叶茶喝。而新鲜莲子又嫩又香还带有点甜味，更是一种有营养的时令佳果。据传，因为买荷叶、莲蓬的人多，要排号子，有人凌晨3点就来到断桥边湖岸等候，可见新鲜荷叶与莲蓬有多么强的吸引力。

杭城西湖与四郊夏日，盛产莲藕，南宋时杭州人不仅做灌藕吃，还用之做又香又甜的莲藕饭。

南宋美食家林洪所著《山家清供》一书记载，当时有用藕与莲子及大米烧的"玉井饭"。这玉井莲藕饭怎样烧，里面还有一个故事。

说是林洪有个名叫章雪鉴的好朋友，在一个名叫德泽的地方担任地方长官，虽然职高位重，但他喜欢请朋友吃饭聊天，而且很少到市场上去采购食料，以免骚扰百姓。一天，林洪去拜访章雪鉴，主人就留林洪吃饭。喝了几杯酒后，主人就叫家人做了莲藕饭上桌，那味道非常香美。林洪问这莲藕饭如何做。主人说，取嫩白的藕，切成块状，新鲜莲子去皮和莲芯，等米饭有些滚起来时，都放进去，按平时烧干饭的方法一起烧即成。那么，为什么这莲藕饭又叫玉井饭呢？主人说，饭的名称是从一首诗中取来，那诗云："太华峰头玉井莲，花开十丈藕如船。"故名"玉井饭"。

林洪说，从前有一首诗形容藕是"一弯西子臂，九窍比干心"，把雪白的藕比作西施姑娘雪白的手臂，把藕的芯，比作商朝忠臣比干的心（比干是商纣王一代的大臣，后因劝纣王改恶从善，被纣王下令挖去心）。林洪还说，杭州有个叫范堰的地方，有一种七星藕，大孔有七个，小孔有两个，共有九孔，特别脆嫩。

由此看来，林洪对杭州地区产的莲藕很有研究，所以将这吃过的玉井莲藕饭，写入了他的美食著作中。

现在杭州人吃莲藕除了做菜，就是做甜食的糯米酥藕。而莲子可以生吃也做成甜羹。所以这莲藕玉井饭也可以做成甜味的，具体怎么做？笔者研究出如下仿制之法：先取嫩藕350克，去皮切成小块，煮至筷子能插进，待用。再取莲蓬4个，剥去莲子的皮挖去芯。另准备粳米400克，加入糯米200克拌匀淘洗至净，倒入不锈钢锅子或砂锅中放适量清水，在电陶炉或电磁炉上煮。待饭小滚时，放入藕块、莲子，加冰糖2小勺继续焖烧，直至饭熟。吃时用勺将饭上下拌匀即成。此饭吃来香美甜润，有健脾养心的食补功能，最宜夏秋时令享用！

55. 南宋时的名酒

自从宋室南迁，临安便成为南宋皇朝的政治、经济、文化中心。随着经济的繁荣，临安一时成为"世界上最美丽华贵的城市"（《马可·波罗游记》），饮食业也随之飞快地发展起来；海鲜野味、名肴佳馔，天下所无者，悉集于此地。在南北风味交汇之中，除产生了中国烹饪史上独具一格的南宋风味菜肴外，各种南宋名酒，也应运而生。

说起酒，在我们这个文明古国，已有悠久历史。四五千年前的仰韶文化遗址中，已有酒具出土。古籍记载的"仪狄作酒""尧舜千钟"以及《神农本草》中关于酒的性味及药用价值的记载，都说明我国酒史的源远流长。酒曲，是我国先民的重要科技发明之一。有了酒曲便能使粮食中的淀粉发酵、糖化、酒化，制成香醇可口的美酒。最初的酒，都是以麦曲用粮食制成。到汉代，开始以葡物酿酒，故唐诗中有"葡萄美酒夜光杯"之名句流传于世。到唐宋时，果子酒、药酒等先后问世，酒的花色品种又增加了一些。

到南宋时，北方的酿酒技师们随宋室南下，将北国的酿酒技术与江南的酿酒技术相结合，产生了许多独具风味的南宋名酒。据南宋学者周密所著《武林旧事》一书记载，据不完全的估计，当时光江浙两地有据可查的名酒，就有54种之多。其中有皇室御制的"流香""凤泉"等酒，达官贵人内府精制的"紫金泉""蓝桥风月""万象皆春"等酒，扬州产的"琼花露"酒，苏州产的"双瑞"酒，湖州产的"六客堂"酒，嘉兴产的"清若空"酒，绍兴产的"蓬莱春"酒，温州产的"蒙泉"酒，兰溪产的"谷溪春"，梅城产的"萧洒泉"，等等。这些名酒的制作，都十分精细考究，颇具特色。一是用麦曲发酵，用糯米制成，酒精含量较低，口味甘和；二是大多味甜，甘美可口；三是酿酒之水，大多选用当地名泉、佳水，故清冽润喉；四是由于酒度数低，夏季冰镇后还可以当避暑饮料（如椰子酒、雪泡梅花酒等）；五是做成花酒，用自然花汁调制酒味，芬芳扑鼻，且色泽悦目；六是做成药酒，一酒两用，健身祛病，发扬、继承了祖国医学文化的宝贵遗产。因而，南宋名酒，受到当时上至帝王，下到平民，以及远道而来的阿拉伯商人们的喜爱和欢迎。

由于都城名酒品种繁多，林立的酒肆菜馆，到处都供应酒类，不仅可以零沽，还可坐堂小饮。当时，都城除有官库酒楼外，还有私厨酒店。官库酒楼，规模都较大，装饰华丽，酒器皆用金银、名瓷所制。私厨酒店，根据供应的菜肴、点心、小吃的不同，分为茶酒店、包子酒店、宅子酒店、花园酒店、散酒店等八九种。

都城市民，不但爱饮各种风味的南宋名酒，而且根据北宋风味的特色，爱用各种名酒当作主料，烹制各种海陆佳肴。如盐酒腰子、酒蒸羊、酒烧香螺、酒烧江瑶、酒炙青虾、烧酒蛎等几十种，不同于现在，酒仅仅作为饮料、调料而已。

南宋名酒的风味又如何呢？我们可以从遍游南方的南宋大诗人陆游的众多饮酒诗中，找到一些记载。比如绍兴产的名酒"蓬莱春"，可能是一种果子酒，其色绿如翠玉，他有诗写道"蟹黄旋擘馋涎堕，酒绿初倾老眼明"，可见此酒风味是十分甘美迷人的。另外，当时绍兴农家酿的糯米黄酒，虽然制作工艺方面稍有不足，但人们还是爱喝，正如陆游在《游山西村》诗中所说"莫笑农家腊酒浑，丰年留客足鸡豚"。黄酒用地方风味的菜肴佐之，深受人们喜爱，久饮不厌。陆游在四川眉州（即今眉县）仕宦时，见到当地有一种"玻璃春"名酒，看来是不用焦麦芽上色，又过滤得较清，且用清泉之水酿制，故透明如玻璃，他有诗赞道："玻璃春满琉璃钟，宦情苦薄酒兴浓。"（《凌空醉归作》）陆游在汉中时，又喝了当地所产的名酒"鹅黄"，可能是一种果子酒或花酒，甘美芬芳，远胜其他名酒，故他有诗赞云："叹息风流今未泯，两川名酿避鹅黄。"

历经七八百年，南宋名酒大多湮灭未存世，有的后来经当地名师改良，可能不同程度地已转化为今之地方名酒。

但以绍兴、杭州一带来说，只有黄酒仍然保留着南宋名酒的酿造方法和传统风味，较丰富地体现南宋名酒的一些特色。值得人欣慰的是，今日黄酒已被列入全国八大名酒之一。它仍然具有南宋名酒的一个独特优点，即最宜做菜肴的调料，一经使用，锅中之鱼肉、野味顿时透出一阵阵鲜香之味。凡名厨高手，无一不知黄酒调味胜过全国诸酒。

56. 南宋以酒为名的佳肴

在我国四大菜系中，酒通常是烧菜时用来做调料的，目的是使主菜除腥去膻，增添脂香。酒在制作菜肴时，数量用得很少，是当配角的，为更好地衬托主角的风采。

但是，在历史上，特别在南宋时期，以酒入菜名，用较多量的酒为主料烹制菜肴，却是极为普遍的。仅南宋学者吴自牧所著的《梦粱录》一书记载，以酒入菜肴名的，就有下列一些：盐酒腰子、酒蒸鸡、酒烧香螺、酒烧江瑶、酒炙青虾、酒法青虾、酒掇蛎、生烧酒蛎、姜酒决明、酒蒸石首、酒吹鳔鱼、酒法白虾、五味酒酱蟹、酒拨蟹、酒烧蚶子、酒焐鲜蛤、酒香螺，一共17种。另有用大量酒腌渍的海产品，在都城"鲞铺"里出售，也是以酒入名的，计有酒江瑶、酒香螺、酒蛎、酒蜡龟脚、酒垄子、酒蝇鲞6种。另据南宋时居住在都城临安（今杭州）的湖州学者周密所著的《武林旧事》一书记载，南宋高宗绍兴二十一年（1151）十月，宋高宗赵构临幸清河郡王张俊王府，张俊奉进御膳250款之多，其中就有酒醋肉一款酒菜。

笔者于1984年7月，曾与当时在杭州八卦楼掌勺的名厨叶杭生一起试烹过两道以酒为名的仿南宋菜"酒蒸石首"与"酒蒸鸡"。根据南宋诗人陆游所写《游山西村》一诗云："莫笑农家腊酒浑，丰年留客足鸡豚。"可以确信，陆游所说的南宋"农家腊酒"，即是今日尚在绍兴农村流传的自酿、自制、自饮的土制黄酒。笔者据此，以黄酒为主料，同黄鱼（石首鱼中的一种），以及小母鸡，用蒸的方法分别烹制这两道菜。

由于绍兴黄酒品种较多，我们起先采用黄酒中的加饭酒制作，结果菜肴烹制出来后，味略发苦。后改用黄酒中的花雕酒，仍有苦味。第三次采用黄酒中的香雪酒，分别与黄鱼和小母鸡蒸，蒸熟后再淋一次香雪酒上桌，结果酒香扑鼻，鱼肉和鸡肉皆鲜嫩柔滑，风味特异。不用味精，而纯靠黄酒与蛋白质之间微妙的化学反应，产生出特有的鲜味。这两种仿南宋酒菜应市后，都受到了前来品尝的海内外美食家们的赞赏。

以较多量的酒当主料，与其他主料共烹，制作出独具特色的酒肴，这是南宋时厨师的拿手本领，惜乎今日此类菜肴已极鲜见，一般厨师也不懂此一做法。

57. 精美的南宋菜肴

杭州是南宋古都，当时人口多至一百余万，城市繁荣，餐饮业兴旺，曾被意大利旅行家马可·波罗称为"世界上最美丽华贵的城市"。据南宋吴自牧《梦粱录》一书记载：当时运入杭城的名贵海鲜及淡水鱼鲜，各有四十余种；新鲜蔬菜也有四五十种；肉食除家畜、家禽外，还有各种野味。当时烹制菜肴的方法，有鲊、烩、炸、酿、炒、炙、熬、煨、蒸、润等多种多样；各种菜肴则有一二百种之多。光从口味上来区别，就有蜜煎的甜味，如蜜笋花儿等；蜜炙（烤）的咸味，如蜜炙鹌鹑等；姜醋的酸辣味，如姜醋香螺等；咸、酸、甜三味兼而有之的，如咸酸蜜煎；还有水果味的，如荔枝白腰子、缠梨肉、香梨时件等；酒糟味的，如糟蟹等；芝麻香味的，如麻脯鸡脏等。当时在宴会上精镂细雕的工艺菜，光蜜煎雕刻，就有雕花梅球儿、红消花儿、雕花笋、蜜冬瓜鱼儿、雕花红团花、雕花大段儿花、雕花金橘、青梅荷叶儿、雕花姜、蜜笋花儿、雕花枨子、木瓜方花儿等。用的原材料，有蜂蜜煎过的笋、冬瓜、金橘、青梅、姜、木瓜、枨子等蔬菜水果。雕刻则有花球、花朵、鱼、荷叶等。南宋厨师不断创制新菜，扩大菜点的花色品种。在荤菜方面，据南宋《山家清供》一书记载，当时杭州城里已经出现涮羊肉的吃法，还出现了烤鸭、宋嫂鱼羹等独具风味的名菜，一直流传至今。菜肴的花色品种还扩大到南宋以前不登"大雅之堂"的家畜、家禽的内脏和头、蹄、脚掌，而且都能做得异常别致及鲜美可口。如将猪肚做成名菜的就有：三色肚丝羹、银丝肚、虾鱼肚儿羹、五色假料头肚尖、萌芽肚胘、炸肚山药、炸肚燥子蚶、石肚羹等十多种花色。其他如猪肝、羊舌、鹅肫、鸭掌、猪羊血都能做成佳肴美味。还有不少用下脚杂碎做的菜肴，如南宋第二代皇帝宋孝宗赵昚在宫中宴请大臣胡铨，其中有一道菜便是"胡椒醋羊头"。在素菜方面，当时杭州已有一百多个品种，其中大部分是蔬菜制品，也有用鲜花、水果、中药、豆制品等制作的。这些素食，除了西湖一带的寺院斋堂向香客们供应外，还有专门的素菜馆。据《武林旧事》载，当时较有名的素菜，有薝花茄儿、莼菜笋、糟琼枝、脂麻辣菜、茭白鲊、淡盐齑等二十种。当时市场上，还供应北宋的汴梁风味菜和川菜。

在供应方式上，为满足商贾及市民们进餐求速的要求，我国最早的快餐，已在杭州应运而生。据《梦粱录》记载，当时都城各个菜馆、酒楼、饮食店，都有快餐供应："百端呼索取复，或热，或冷，或温，或绝冷（用窖藏的自然冰制作较冷之食品），精浇熬烧，呼客随意索唤。"又云："随时索唤，应手供造品尝，不致阙典。"这饭菜制作、供应得特别快，连冷热都有几个档次，可见服务之周到。《梦粱录》一书记载的几百种菜肴中，凡"旋"字带头的菜肴，如"旋炙荷包""旋炙犯儿""旋鲊"（暴腌的鱼块或鱼片）等，都是当时快餐的一种叫法。

随着烹饪技术的专业化，当时杭城还出现了一些擅长制作某种风味名菜的饮食店铺，如官巷口的光家羹、寿慈宫煎熟肉，猫儿桥魏大刀熟肉，钱塘门外宋五嫂鱼羹、涌金门灌肺、中瓦前陈职家羊饭、中瓦子武林园前煎白肠、狮子巷口煎耍鱼、罐里熬鸡丝等。当时杭州的菜肴之所以脍炙人口，是因为它做工精细，色、香、味、形、器都很讲究。在刀工、调料、菜肴色彩、炉子、冷藏技术等方面，都较前有很大的改进。盛菜器皿，则有"夺得千峰翠色来"的越瓷和土脉细润、釉色天青的南宋官窑所烧制的盘、盏、大碟、隔碟、碗等。厨师们还熟谙食物的去毒、解毒方法，如河豚肉质鲜嫩但含有毒素，厨师们能解其毒，烹制出美味的"油炸河豚"菜。至于火候运用，据岳飞的孙子岳珂所著的《桯史》一书记载，当时还出现了自动拨风、火力较旺又可以根据作业需要而随时移动的镣炉，这为烹饪工作提供了方便。为了保证四时供应海陆时鲜名肴，不少菜馆、酒楼、饮食店还内设"凌阴"冰室，用窖藏的自然冰冷冻肉类、鱼类，并用之制作"绝冷"之食与冷饮（如皇宫内食用的冰镇蔗汁等），以保持烹饪原料的新鲜，满足顾客的不同需求。除上述所介绍的以外，南宋时的杭州，还出现了名叫"四司六局"的专门服务机构。所谓"四司六局"就是帐设司、茶酒司、厨司、台盘司及果子局、蜜饯局、菜蔬局、油烛局、香药局和排办局。凡逢喜庆丧事，一般富贵人家或小康人家都可以请"四司六局"来帮助办筵席或处理有关事宜。

现在风靡大江南北的杭帮菜，就是在南宋菜的基础上借鉴并发展而起来的。

58. 宋人喜食野蔬蒌蒿

江南春天的湖河岸边及沼泽地里，常生长着一种多年生的菊科草本植物，高4—5尺，有匍匐茎，其叶色绿、薄如纸，开淡黄色的花，有清香。这便是蒌蒿。两千五百年前的《诗经》，已经记载了它，但当时人们还不知道它能食用。到宋代，人们发现它的嫩茎，柔嫩香脆，可以入肴。

苏东坡有一首颇有名气的诗，是为僧人惠崇所画的《春江晓景图》所写的题诗，诗云："竹外桃花三两枝，春江水暖鸭先知。蒌蒿满地芦芽短，正是河豚欲上时。"这首诗里讲了三种美食：河豚、蒌蒿、芦芽。河豚有毒，苏东坡在常州时吃过它，感到味极鲜美，说："值那一死！"民间常用蒌蒿、芦芽配河豚一起做菜，荤素搭配，滋味更为鲜美。有一种说法，蒌蒿与芦芽有解毒作用，与河豚同烧，可解河豚之毒。

南宋学者林洪的《山家清供》一书中，有一篇《蒿蒌菜、蒿鱼羹》，说了一件品尝蒿菜的往事：林洪在到江西梅山房书院时，经常吃这种菜，做法是：摘去蒌蒿的叶子，只留嫩茎，煮一下，浇上熟油，放上盐、醋即成。也可以加上肉炒，脆嫩适口，味道很好。后来他回到京城（杭州），一到春天就怀念起这道菜。他有一次偶遇李竹野，因为李是江西人，就与他说起蒌蒿这菜。李竹野告诉林洪，蒌蒿《广雅》上叫蒿蒌，长在水田里。江西人是用蒌蒿做鱼羹的。陆机在疏解《广雅》时说，蒌蒿的叶子像艾，嫩茎有点白，可以蒸了做菜吃。它也就是《诗经·汉广》中说的"言刈其蒌"的蒌。黄山谷的诗说："蒌蒿数筋玉簪横。"他所描述的形态，确实是如此。

李竹野是李怡轩的儿子，曾经跟西山先生钻研宏辞科目，对草木很有研究，所以他能说得头头是道。

杭城周边不大见到有蒌蒿生长，有时在超市见到有冷藏的、袋装的蒌蒿出售。笔者曾买回去炒了吃，因是从江苏运来的，新鲜度差了一点，炒吃已有点老了，失去了脆嫩的口感。

看来，吃蒌蒿，一定要到产区去吃，现摘现炒，味道便会脆嫩可口。

59. 灵隐寺高僧做荼蘼花粥

中国人食用鲜花的历史，可以上溯到两千多年前的春秋时代。诗人屈原在《离骚》长诗中写道："朝饮木兰之坠露兮，夕餐秋菊之落英。"早上喝木兰花上掉下来的露水；晚上将菊花株上落下的花瓣洗净入餐。

南宋时，学者林洪在美食随笔集《山家清供》一书中，记载了一则灵隐寺高僧用荼蘼花烧粥的轶事。林洪的朋友岩云，以前住在外地时，曾寄给林洪一首诗，诗中写道："好春虚度三之一，满架荼醾取次开。有客相看无可设，数枝带雨摘将来。"诗中说，美好的春天已经过去三分之一，满架的荼蘼花先后开了。有客人到了家里，可看来看去没有可以招待客人的食物，便到花架下剪下了几枝带着雨水的荼蘼花入炊招待朋友。林洪当时看了这首诗，不相信这荼蘼花是可以吃的。后来有一天，他经过灵鹫寺（灵隐寺），去看寺里熟悉的高僧——德修和尚。他中午留林洪进餐。吃粥时，林洪发现碗中的粥挺香美的，便问这粥是用什么食材做的。德修和尚便告诉他，烧粥时，放一些荼蘼花一起熬。德修和尚又说，采来荼蘼花瓣后，先要用甘草煮出的汤焯一下，再放进粥里，一起煮就可以了。

林洪说，德修和尚刻苦钻研学问，好写诗，应该对荼蘼花了解得清楚真切。所以，这时才知，岩云的诗不是瞎说的。

荼蘼花是春天最晚开花的。宋代诗人王淇《春暮游小园》一诗道："一丛梅粉褪残妆，涂抹新红上海棠。开到荼蘼花事了，丝丝天棘出莓墙。""开到荼蘼花事了"，便成为暮春的代名词。《红楼梦》第六十三回有"寿怡红群芳开夜宴"一章，写到贾宝玉过生日，大观园众多佳人前来祝贺，喝酒后各人还抽了花签。宝钗抽到牡丹，探春是杏花，湘云是海棠，香菱是并蒂花，黛玉是芙蓉，轮到麝月抽，抽到的是"荼蘼一韶华胜极"。苏轼诗写道："荼蘼不争春，寂寞开最晚。"荼蘼之后，群芳凋谢。宝玉身边的大丫鬟们，聪慧的晴雯早逝，温柔的袭人之后嫁人，最后只留下麝月陪伴着沦落社会的宝玉。这荼蘼花签，也预兆着钟鼎之家的贾府由盛极而走向衰败。

荼蘼花属蔷薇科，月季花的近邻，是一种落叶灌木，攀缘茎，茎有棱，长钩形的刺，羽状的复叶，小叶则椭圆形；花白色，开时有香气，可供观赏，也可酿酒。在医药上，荼蘼花有舒肝行气作用。南宋朱弁《曲洧旧闻》一书记载，当时文人爱在荼蘼花架下饮酒论诗，花瓣落在谁的酒杯里，大家就一起干杯，以舒肝气。

在历代诗人中，宋代诗人写荼蘼花的特别多。这与当时文人的审美有关。荼蘼意象，显示末代之美：良辰美景即将结束，青春流逝，韶光不再，也表达了怀人之情。

60. 韩世忠食蟒肉成美男

韩世忠是南宋时著名的抗金名将，与岳飞、张俊、刘光世合称"中兴四将"。一生铁马金戈，叱咤风云，是中国历史上有名的军事家。据史书记载，他五绺长髯，面色白皙，肌肤光洁，是一个美男子。

但他年轻时，却不是这个样子，全身上下长满了疥疮，丑不可睹。那么，他是吃了哪家神仙的美容仙丹，变得英俊漂亮了呢？民间流传，韩世忠既不是吃了灵丹妙药，也不是尝了灵芝仙草，而是无意中吃了蟒蛇之肉而得幸变成了俊男。

据《东南纪闻》一书记载，韩世忠年轻时，家庭生活异常困苦，全身上下长满了疥疮，还不时地流脓流血，散发出臭味，以致连妻儿都厌恶他。他也自认命运多舛，常常闷闷不乐。一年夏天，韩世忠在村边溪水里洗澡，突然溪边草丛中出现一条大蟒，张开血盆大口，吐出细长的舌头扑来。韩世忠见状，连忙伸出双手，紧紧抓住了大蟒之颈，而大蟒则以长长的身尾盘绕住韩的身体。韩世忠没有办法，只好把蟒拖带回家，叫家人取刀杀蟒，好使自己脱身。但家人都吓得战战兢兢，不敢近身。韩世忠只得自己拖了蟒蛇来到厨房，把蟒颈按在菜刀刃上，来去如引锯，终于锯断了大蟒之头。大蟒虽死，韩世忠却余怒未息，便将大蟒剥了皮切块，加五香调料下锅煮熟吃了。吃时，发觉肉质细嫩油润，味美之至。数日后，身上疥疮竟纷纷结痂脱去，肌肤变得莹白如玉。韩世忠及亲友、乡邻们都感到惊讶万分。

古时，蟒肉是一种可供食用的肉类，富含蛋白质、脂肪、矿物质等多种营养素。蟒肉不仅是优质肉食，药物学家李时珍所著《本草纲目》一书，说它还能解除手足风痛、杀三虫、去死肤、治疗皮肤风毒、疬风、疥癣、恶疮等。蟒蛇现已被列入《国家重点保护野生动物名录》。

61. 济公爱吃黄金笋白玉粥

济公喜欢吃清淡鲜美的净素饮食，特别对鲜笋有好感。他在《笋疏》一文中，曾以诗一样的文句赞道："拖油盘中煿黄金，和米铛中煮白玉。"前者"煿黄金"为油煎笋，后者"煮白玉"为笋煮粥。

黄金笋的做法是：取笋之鲜嫩部分，拖上拌和调料的面浆，在平底锅中用油煎成金黄色即可。此菜甘脆香美，是佐饭下酒的佳肴，也可当作点心食用。白玉粥的烧法是：以嫩笋切成长方小片，与粳米同煮即成。此粥清口，又保留笋之鲜香，是一款美味之粥。

与济公同一时代的林洪，在《山家清供》一书中，记载了济公的这一美食及制作方法，并对竹笋这种"山林之味"与高僧心灵相通。

62. 金华火腿祖师爷宗泽

火腿口味咸鲜，可制作上百种佳肴。最有名的火腿，出在浙江金华地区，故名金华火腿。旧时，金华火腿店的堂上，常常挂着一张北宋名将宗泽的画像。那是因为火腿行业，公认宗泽是火腿行业的祖师爷。

宗泽如何发明火腿的？这其中有一个传奇的故事哩！

相传北宋末年，朝政腐败，人心涣散，导致金兵南侵，俘获了徽、钦两帝。小康王赵构惊慌之余，急忙迁都商丘，自号高宗。这时，祖籍浙江金华的大将宗泽看到局势紧张，就在家乡金华招兵买马，决心收复失地。凡所招的士兵们，都用钢针在双颊上刺了"赤心报国，誓杀金贼"八个字，故时称"八字军"。

宗泽率领的"八字军"，由于顽强作战，终于收复了大片失土。后来宗泽回到故乡，父老乡亲们热情欢迎并慰劳胜利归来的子弟兵，馈送了大批当地所产的"两头乌"猪肉。这"两头乌"猪，是金华特有的良种：猪身洁白如雪，头尾黑如乌炭，皮薄肉鲜，肥瘦适中。当宗泽命人将这些猪肉装入船舱时，却为难了，这么多猪肉运到河南，要一两个月，不是都变质了吗？他灵机一动，终于想出了办法，把大量盐撒在猪肉上，全部腌渍起来。就这样，将一船船的猪肉运到了目的地。到时打开船舱一看，啊！雪白的猪肉全部变红了，还散发出一股扑鼻的奇香。烧熟后一尝，味道比起鲜肉更加浓香诱人，美味可口。当宗泽向宋高宗赵构献上这些煮熟的、火红的"两头乌"猪肉时，赵构大为兴奋。饮着御酒，一边吃着，一边对这美味的、红色的猪肉赞不绝口，说："这哪里是猪腿，这是'火腿'，要不，它怎么会这样火红呢！"于是，"火腿"之名就流传开来。自此，金华一带的百姓便争相制作火腿，民族英雄宗泽也就被人们奉为制作"火腿"的祖师爷。

据营养学家分析，火腿中含有丰富的蛋白质及磷、钙、铁等多种微量元素。清代医学家王士雄在名著《随息居饮食谱》一书中说它具有"补脾开胃，滋肾生津，益气血，充精髓，治虚劳怔忡，止虚痢泄泻，健腰脚，愈漏疮（痔漏、痔疮）"等食疗功效，是一种滋补食品。民间常用火腿炖老鸭、炖母鸡、蒸鳗鱼、蒸甲鱼，用它炖鲜猪蹄（叫金银蹄），产妇及老弱病残者食之，有利健康，可见它的滋补性长期为国人所首肯。

63. 清湖河上的"鬼桥"

杭城市中心的浣纱路，原是浣纱河所在之处，河填没于20世纪70年代时。浣纱河古称西河，又称清湖河，南宋郡王杨存中的王府就坐落在此河之旁，可见此河历史之悠久。

浣纱河西通西湖，湖水自涌金门水门入河，至开元桥分为两路：一路向南通羊坝头；一路向北经泗水芳桥到平海路这地方时，河道又分两路，一路向西通龙翔桥，一路向北通众安桥。在平海路河道分流处，清湖河形成"八"字状，古时河上有桥，称"八字桥"。但民间却称其为"鬼桥"，这是什么原因呢？

明万历年间，河西有一家浴室，每逢夜色降临即开放，至半夜仍有热水候客。某夜，有一人夜行遇雨，张开了油布伞。半途中，突然有一人钻入伞下避雨，由于光线暗淡看不清对方的脸孔，撑伞人便认为此即"鬼"也。待走到桥上时，他伺机一拱肩，将"鬼"挤入河中后，便大步流星地逃到前面浴室门口的灯下。不料没多久，那"鬼"浑身淋漓而至，一边走，一边喘着气说："一个撑伞的'鬼'将我挤入河中，差点淹死我。"撑伞人闻此，心中顿生歉意，知道是误会了。

又有一人夜间走路，天黑而微雨，只听见身后有脚步声，回头一看，只见一个"大头鬼"，身长二尺许，头大如斗跟着他。他走"鬼"亦走，他停"鬼"也停，他吓得要死，便飞奔到浴室，推门直入。门还未关好，"大头鬼"亦随之跟来，几乎吓得他瘫倒在地。旁人拿了账房先生桌上的烛台一照，乃一小孩，头上套着一个量米的斗。问他为何头上套一只米斗，小孩说，家中无伞，以米斗遮雨，因怕前面走的是"鬼"，故只好走走停停，以观变化。两人说到此，面面相对，一起大笑起来。

明代杭州学者郎瑛在《七修类稿》一书中讲了这故事后，说得好。世上并没有鬼，"鬼"只在人们的头脑中。

64. 诗人张镃的"银丝供"

张镃是南宋中兴四名将之一的清河郡王张俊的曾孙。张镃继承了祖上巨产，家世显赫，家境富饶。他担任过临安通判，一度在朝中任官司农寺、太府寺，人称"有吏才"。他舍弃祖居后，在城南南湖（白洋池）之畔兴建了豪华的别墅园林。他平时喜爱结交名公巨卿、诗坛俊才，与杨万里、陆游亦师亦友，与姜夔也常交往，"登楼才会面，促坐便论诗。"杨万里晚年对张镃不吝赞许，称其是继陆游、范成大等诗坛巨擘之后的又一名人，在南宋星光灿烂的诗坛占有重要的一席。今尚留存他着的《仕学规范》40卷、《南湖集》10卷。

张镃住南湖别墅时，常交往四海隐士逸客。一天宴饮几杯后，他令下人去准备"银丝供"招待客人，又吩咐要"调理好"，又说要有"真味"。客人们听到后都很高兴，以为张镃要请他们品尝张府大厨做的名菜——鲙（细切的、带调料的生鱼丝）。

过了一会，书童捧出古琴一架，放在堂前。从屏风后走出一位琴师，端坐后，燃起一炷香，慢条斯理地弹起了战国大诗人屈原的《离骚》曲。

这时，客人们才恍然大悟，原来张镃说的"银丝"，指的是琴弦；要"调理得好"，是指要调好琴音；要有"真味"，是要求琴师在弹奏诗曲时，体现"琴书中有真味"的幽远意境。

南宋学者林洪称张镃是南宋中兴有功人家的后裔，才有这样的情趣与爱好，可说是有德有才了。

张镃的"银丝供"，本属琴棋书画方面的文化娱乐，因张镃的客人误以为是张镃请他们吃细切的鲙，所以林洪也将这个诗坛趣事写进了他著名的美食随笔集《山家清供》之中。自然，林洪撰写的这篇随笔，主要突出的是这件事的文化色彩。

古琴，是中国传统的拨弦乐器，在八音中属"丝"，故张镃将弹拨古琴琴弦戏说为"银丝供"，可说不失为诗人的幽默之风。

65. 李慧娘魂断红梅阁

西湖宝石山葛岭，上有抱朴道院，节假之日，游客甚多。沿葛岭登山道石阶而上，两旁松柏花草夹道。历数百级后，迎面出现一座玲珑剔透的、巨大的太湖石假山。南宋时，葛岭建有南宋奸相贾似道的相府后乐园，此一假山，可能系贾似道园内半闲堂之遗物。

贾似道（1213—1275），天台人，南宋高官贾涉之子。嘉熙二年（1238），中进士，后依仗其姐贾贵妃得宠，一路平步青云，直到进入朝廷核心，任平章军国重事（宰相）。德祐元年（1275）率军与蒙古军作战，兵败安徽铜陵丁家洲，被贬为高州团练副使。在途中，被押解使臣郑虎臣在漳州木棉庵杀死，时年63岁。

贾似道当政顶峰时，加封太师，宋理宗赐贾似道在葛岭建后乐园。园中嘉木林立，假山玲珑，碧池生波，曲桥通幽，奇花异草密布其中。

贾似道排斥正直大臣，一切政事皆交大小门客处理。自己则与女伶纵酒淫乐、围斗蟋蟀……

当时，他在葛岭与凤凰山之间设缆绳绞盘，每天由人力牵引坐船过湖上朝，故有"朝中无宰相，湖上有平章"之说。

一次，贾似道带门客、侍妾游湖。有一裴姓书生坐船与贾似道画舫擦船而过，伏在画舫窗口观景的侍妾李慧娘，随口赞道："美哉，少年！"贾似道大怒，回园杀死李慧娘，并绑架裴生至园中。民间传说，李慧娘鬼魂出现，至后乐园救出裴生，帮他逃出葛岭相府。

明代学者周朝俊写有《红梅阁》传奇，记载此事。此书姑妄言之，吾等不妨姑妄听之。

后人以李慧娘夜救裴生一事，编为多种戏剧剧种，以《红梅阁》之剧名演出，这也成为我国传统的名戏。

世上无空谷来风，现葛岭抱朴道院内还有一楼，称为"红梅阁"。

66. 城东的"赛西湖"

西湖天下闻名，因湖在城西，故称西湖。令人惊奇的是，杭城东面旧时竟还有一个"赛西湖"。赛西湖在贡院之南，宋时称仁和仓池，又名关王池。仁和仓旧为县基。南宋志书记载，春秋吴越交战时，此地为吴国公子庆忌之宅基，前有池，为庆忌磨剑之处。南宋咸淳六年（1270）七月，仁和仓池忽然起风，池水上卷，直立如壁，以至水中浮萍尽行荡飞至附近百姓房上。当时有人说，池中有数百年之大龟，兴风作浪系巨龟所为。仁和仓仓官黄恮曾目睹此景，叹为奇观。

赛西湖有多大范围，缺乏详细记载，但南宋学者洪迈在载有杭城许多轶事的《夷坚志》一书中说："仁和县仓畔，其南有关王池，龟鳖甚多，大者可以载人。水常清，经旱不涸……"可见此湖不小，也较深，方能容此巨物生存。

清代杭州诗人朱汝霖在《里居八咏·赛西湖》一诗中说得更清楚："寨西门外水，一望浩无津。庆忌棺浮铁，关王池有神。沧桑寻故迹，烟柳接比邻。欲把西湖赛，捧心疑作颦。"可见清代时，赛西湖还"一望浩无津"。赛西湖一直遗存于世，民国浙江舆图局测绘的"浙江省城图"中，尚赫然在目；缩小了的遗池，大约填没于杭城解放之初。按照方位，赛西湖具体的位置，当在今之杭州高级中学南面的纺织品市场与福华丝厂一带。志书记载的、赛西湖西南面的古巷"池塘巷"，至今还在，正巧在纺织品市场与福华丝厂旧址南面。巷以"池塘"为名，可见此巷正傍"池塘"。

历经世事沧桑，赛西湖除湖旁的池塘巷尚在外，其余遗迹均荡然无存。在高楼林立的凤起东路南面，我们几乎不能想象，古时这里曾经有过这样一个充满神奇色彩的、古老的赛西湖。

三、两宋流风传至今

1. 宋仁宗思食烤羊

宋仁宗一日上早朝，对亲近大臣说："昨夜因睡不着觉，肚里感到很饿，很想吃烧羊（烤全羊）。"大臣关心地说："为何不下旨叫人去宰羊烧烤呢？"仁宗说："常听说，皇宫里吃什么东西，社会上马上会模仿、流传成风，怕我一开宰羊之例，京城自此便会连夜宰杀，杀羊成风，宰物多矣！"

宋仁宗真是个顾全大局的皇帝，不愧被称为"仁宗"。他情愿自己口水往肚里流，也不肯连夜宰羊、烹羊，以满足个人的口腹之欲。他这种爱物惜物，不轻易开一时食风的做法，说明他是一个有头脑、考虑问题较全面的君主。

两宋崇尚吃羊肉，一是因为北宋地域较广，多山地丘陵，适宜养羊；二是因为宋太祖生于丁亥年即猪年，避讳食猪肉，故两宋内苑按祖宗之法，肉食皆以羊肉为主。

羊肉可以炖、煮、炒，做白切冷板羊肉、包羊肉包子，但以炙的方法，即烤制，最为香美。历史悠久的成语"脍炙人口"，便是说到两种菜的做法，即脍与炙。脍是生鱼片，炙即烤肉。炙字，上面是一块肉，下面是火烧着。羊肉最为香美的吃法是烤着吃。

我国西北地区有烤全羊这道佳肴。西亚人还有烤全驼这一佳肴，驼腔内放一只羊，羊肚里再放一只鸡，此菜做好，香美不可言。汉族人的烤全羊一菜，应该说是从北方游牧民族里学来的。

宋仁宗晚上想吃烤全羊，但又忍住了，怕这食风传到民间，市井习以为常大宰羊。这真是一个仁君所为，故史学界历来对他评价较高。

赵构南下后，食羊肉之风传到江南，《梦粱录》《武林旧事》等古籍，都记载了一二百种羊肉、羊内脏相关的菜点，一直流传至今。

杭州餐饮业，当今已鲜少烤全羊这道名菜供应。因为制作技术要求极高。但烤羊肉串却极为普遍，许多菜馆、酒楼都有这道菜供应。继承宋元食风的百年老店羊汤饭店，倒有一道名叫"满汉羊腿"的烤羊腿菜，足以反映烤全羊的风味。

2008年夏，杭州老字号协会要出一套六本的《杭州老字号丛书》，其中"美食篇"约笔者撰写。为了写好羊汤饭店，杭州老字号协会副秘书长、丛书常务副主编路峰先生及经办人员徐敏先生，陪笔者前往羊汤饭店品尝该店的名菜。是日，饭店沈总为我们做了一道"满汉羊腿"的珍稀名肴。此菜以肥嫩的湖羊腿为主料，经多种调料腌制后，包以铝锡纸，入烤箱烤制。当此菜上桌，打开盘中铝锡纸时，我们眼前呈现一只色泽金黄、肉香浓郁的烤全羊腿。顿时，烤羊肉香气弥漫、氤氲在店堂里，让人馋涎欲滴。至此，我们可以以小为大，推测出烤全羊的香美之味。

北宋的烤全羊风味，还能在古城尝到一腿，可见烤全羊的风味诱人，才能穿越时空，传承至今。

2. 宋仁宗不吃生猛海鲜

在北宋的所有皇帝中，宋仁宗是一个通情达理而又讲究节约的人。他母亲李氏本是刘皇后宫女，刘因无子嗣，便将美貌的李氏进献给宋真宗，生下一子，后登位，即宋仁宗。京剧《狸猫换太子》中的"太子"，即是指宋仁宗。

一年秋天，蛤蜊登市，因东京（今河南开封）远在北方，南方海鲜路远迢迢运至，价格自然昂贵。宫中采办此物，作为时鲜奉进仁宗。仁宗见此生猛海鲜，便问道："怎么已有这鲜物上市啦？是何价钱？"进献者说："每枚千钱，一献凡28枚。"宋仁宗听了，心里很不高兴，数落道："我经常批评你们，饮食开销不可太奢侈，可是你们今天叫我一下筷子，就要花费两千八百铜钱，我受不了！"便放下筷子，拒食这高价的蛤蜊。

蛤蜊本产海中，看似是一种平常的贝类水产品，但当时在汴京，其身价却非凡，连作为皇帝的宋仁宗，都嫌它价格太昂贵。

看到这则轶事，真叫人钦佩这位皇帝，为了替朝廷节约开支，连生猛海鲜都不吃，可谓是一位圣明之君。其实，蛤蜊并不珍贵，只不过自江南远去，加上需要冰镇，运费变得昂贵。

笔者虽然出生在靠近东海的古城杭州，活了几十岁还不知蛤蜊是哪一种贝壳水产品。2006年6月19日，家母在红泥花园大酒店过生日，因弟妹们都分散住，我和母亲只好等他们到齐开吃。百无聊赖中，我到酒店一楼展示生猛海鲜的小厅里去参观。见到有一个玻璃水柜上贴着写有"文蛤"两字的标签，便心里一喜，扭头去看活的蛤，这才发现，所谓文蛤就是杭州人冬天搽手的"蚌壳油"（正规的叫法是蛤蜊油）的蛤壳之活体。这才恍然大悟。

宋仁宗嫌贵的蛤蜊，在江南只是一种中上等的贝壳海鲜而已。服务小姐问我怎么吃。我想，新鲜的蛤蜊，自然以葱油的吃法为好。等葱油蛤蜊上桌，老母及弟妹各家人，吃了都说好吃！宋仁宗连吃28个蛤蜊都嫌贵，我们一桌就吃了一斤半葱油蛤蜊。

蛤蜊含有丰富的蛋白质、钙、磷、铁质，还含有丰富的维生素A等多种维生素，有滋补养生作用。

时代在进步，今日芸芸众生的百姓，都能对宋仁宗嫌贵的蛤蜊大快朵颐，可见这种爱吃蛤蜊的食风，在北宋时就有的，现在只是传承而已！

3. 苏东坡与杭州月饼

还是农历七月，月饼就早早地出现在市场上了，而且供应时间要延续到农历九月，直到重阳糕出现，才渐渐销声匿迹。这一方面说明，杭州人重视中秋节月圆、月满、月明，家人团聚，并且喜爱品尝象征人月双圆的月饼，对月饼情有独钟；另一方面则说明，月饼市场是块大蛋糕，商家们都想尽早占有自己的那部分份额。杭州人这样地重视中秋节、喜爱月饼，应该说是有其历史渊源的。月饼的出现，当初应该与赏月有关。我们的老市长苏东坡，有一首名传千古的赏月词《水调歌头·明月几时有》，词云："明月几时有，把酒问青天……人有悲欢离合，月有阴晴圆缺，此事古难全。但愿人长久，千里共婵娟（圆月）。"这是他怀念分别七年之久的弟弟苏辙时，抬头赏月所写。古人寓中秋节赏月之情于月饼之中，就将月饼做成满月之形。一家团聚时，一边赏月，一边吃象征人月双圆的月饼，成为国人一种历史悠久的民俗。写了千古赏月词的苏东坡，也写了我国月饼诗："小饼如嚼月，中有酥与饴。"可说苏东坡是将月与饼结合起来赞美的第一古人。

月饼这种时令美食，始于宋而盛于明清。这样算来，月饼的出现，至少已经有千年历史。专门记录南宋杭州民俗的《梦粱录》一书卷十六"荤素从食店"一节中说："市食点心，四时皆有，任便索唤，不误主顾……枣箍荷叶饼、芙蓉饼、菊花饼、月饼、梅花饼……应于市食，就门供卖，可以应仓卒之需。"可见南宋时市井食品店供应的糕饼点心，品类花色极为丰富，至少有上百种。不论什么时令节气，都能满足市民的应时之需，其中就包括了中秋节期间吃的月饼。到明代，月饼成了时代的佼佼者。这是因为它与推翻元朝的统治有着某种内在的联系。据说，元朝统治者为巩固统治地位，每十户人家就安排一名爪牙监督老百姓，每十户人家只能使用一把菜刀。民间传说，智谋人物、浙江青田（现为文成）人刘伯温，乘此放出风声，说今年有冬瘟，除非八月十五买月饼吃，才能避祸消灾。人们一窝蜂抢购月饼，发现每个月饼的馅子中都藏有一张纸条，约定中秋节晚上，大家一齐动手杀"鞑子"。起义终于成功，就更进一步确定了中秋节吃月饼的风俗。故江浙一带，旧时还有"吃月饼，杀鞑子"之谚语流传。由此可见，月饼的产生与中秋节品尝月饼的流行，不仅有着源远流长的历史，而且特别与中秋节的月圆、月满、月明，祈盼人月双圆有关。

旧时杭州的月饼，多以苏式月饼为主，皮酥馅甜，花色则有火腿、豆沙、玫瑰、百果、枣泥、椒盐、水晶等十多个品种。此外，还有现做现卖的榨菜鲜肉月饼。这种榨菜鲜肉月饼，口味咸鲜，很受消费者欢迎。与我市邻近的上海，则还有一款虾肉月饼，以虾仁混合猪肉制成，鲜香可口，也颇有特色。

从二十世纪六七十年代起，广式月饼开始在杭城流行。它不仅以个大、皮薄、馅香获得了人们的青睐，而且馅料与苏式月饼不同，有全莲蓉的、有莲蓉（咸）蛋黄的，有五仁（核桃仁、花生仁、杏仁、芝麻仁、瓜子仁）的，有火腿五仁的……味道特别爽口、好吃，一时引起了杭州人极大的兴趣，以至一些传统的月饼厂家，如五味和、采芝斋、颐香斋、知味观等，除生产价廉物美的简装苏式月饼外，还大量生产塑盒、铁皮盒、绸裹缎包的礼品盒装的各式广式月饼。一时广式月饼大为风行，势头明显压倒传统的苏式月饼。由于江南一带富庶，人们嗜好美食，近几年来各种新潮的软心广式月饼，亦源源不断进入市场。为投合消费者不同口味，这几年来以百年老店知味观、五味和、采芝斋为代表的食品制作商，又推出各种水果、坚果、冰激凌、巧克力、酸菜鱼、鲍鱼内馅的广式月饼，更有有利健康的低糖月饼及别具一格的冰皮月饼问世，可谓花色纷呈，美不胜收。

一枚小小的中秋月饼，包含着国人的种种情感因素，也寄托着国人的种种美好愿望。昔日月饼，主要寓意团圆，买来供全家赏月时品尝，馈亲赠友则在其次。与时俱进，至今月饼的功用已与前大相径庭。说老实话，总的来说，其口味不过如此。人们热衷购买月饼的相当一部分原因，是作为礼品馈赠亲友。因而，商家开发的礼品月饼，花色之多，炫人眼目，不仅有各种纸盒、花篮、金属罐头、漆器盒子的，还有与名酒、名笔、名表等配装的，价格则有高达几百元甚至几千元的。这种高价月饼看来并不是供普通人家赏月品尝的。月饼的包装与功能的变化发展到这种程度，恐怕是一千年前的古人，连想都没有想到的。

4. 苏东坡诗赞"水精灵"

曾经见到一位上海美食家写的一篇介绍鮰鱼的文章，说这种鱼是如何肉细、味鲜、嫩如脂、入口即化且无刺。虽然为之垂涎不已，却无缘一尝美味。

不久前，去小区附近的采荷农贸市场买菜。走到水产摊位附近时，突然听到一位卖鱼的大嫂高声嚷道："鮰鱼！鮰鱼！"走过去一看，只见盆中有几条活蹦乱跳的、深灰色（也有粉红色）的鱼。鱼身前部粗短，后部侧扁，嘴有须，形如鲇鱼。不愧是有"水底羊"之称的鮰鱼，笔者兴奋异常地买了一条携回家中。

鮰鱼亦称"江团""白吉"，是一种洄游鱼类，主要产在长江流域，被誉为"长江三鲜"之一。在岷江的乐山、湖北的石首、上海的吴淞，以及重庆，均有出产。每到春天，鮰鱼膘肥肉厚，以肉质细嫩而著称于世。

北宋时，杭州的老市长、诗人苏东坡极爱食用此鱼，曾写有诗赞曰："粉红石首仍无骨，雪白河豚不药人。寄语天公与河伯，何妨乞与水精鳞。"说是粉红色的鮰鱼有黄鱼的味美却无刺，有河豚的鲜嫩却无毒，因此称它为"水精鳞（灵）"，并希望老天、水神能恩赐于他，让他（经常）能吃到此鱼，可见苏东坡是多么喜爱鮰鱼的鲜美。明代名人杨慎，曾称它为"水底羊"，说它似羊肉般的肥美。而李时珍在《本草纲目》中则说它"气味甘、平、无毒"，有"开胃、下膀胱水（即利尿）"的作用。

鮰鱼有多种吃法，清蒸、粉蒸、红烧，或配上咖喱粉烹制，都鲜嫩肥糯、味美可口。川菜中的清蒸"江团"，制法特别考究，与杭州名菜"火夹鳜鱼"的做法很相近，即是在鱼身上均匀地斜划数刀，每个刀口中都插一片火腿与香菇（杭州的火夹鳜鱼不插香菇），加葱、姜等同蒸，待鱼熟后，倒出鱼汁，加入胡椒粉、鸡精调好味道后再浇在鱼身上。此菜做好后，鱼肉又鲜又嫩，齿舌留香，最能突出鮰鱼鲜美的本味。据说，武汉名厨擅制鮰鱼菜，还能做出一桌鮰鱼席，即整个筵席上的菜，都是用鮰鱼制作的，堪称华夏烹饪一绝。

我买的这条鮰鱼不大，不过500克多点。烧时，我将它切成大块，先在放了姜粒的油锅中煎过，之后放黄酒、酱油及少量牛肉豆豉辣酱调味，然后放适量水，用文火炖焖。出锅前，再撒以葱花、鸡精。吃时，只感到此鱼鱼肉细嫩，肥美鲜香。鮰鱼肉质比鲈鱼紧密，而细嫩又超过鲈鱼。鲈鱼已经是鱼中的上品了，想不到鮰鱼的口感比鲈鱼还要好。最奇的是，买鱼时，卖鱼大嫂已给我剖去了鱼的内脏及鳃，可一路上它还在塑料袋中活蹦乱跳，可见生命力之旺盛。此外，它的肉那么细嫩，油煎时又不断在锅中翻动，鱼肉却不碎，可见肉质的紧密。第一回吃鮰鱼，家里人就吃得口舌生香、盘底朝天，不知今后是否还能买得到此鱼否？从价钿来看，500克10余元的售价，价廉物美，可见还是人工饲养的。

前些日子，我去逛近江水产品市场，发现有的摊位已有活蹦乱跳的鮰鱼出售，问是从哪里批来的。卖鱼大嫂说，是从千岛湖渔民处批发来的，那里已经引进鱼种，并在网箱中人工饲养，并且产量可观，专供杭州一带宾馆饭店做高档鱼菜之用。

我想，野生鲴鱼味道一定还要鲜嫩、肥美得多。苏东坡能吃到野生的鲴鱼，以诗赞美，我们能吃到千岛湖人工养殖的鲴鱼，已经是万幸的了。

5. 苏东坡诗赞佳蔬芥蓝

一次，在湖滨一家大酒店，与约写书稿的几位杭州老字号企业协会的朋友一起吃饭。我问包厢里的服务小姐："有什么好吃的、新花样菜，请帮助推荐几种。"服务小姐笑了一笑，为我们介绍了一款从未吃过的芥蓝菜。这种来自岭南的蔬菜，外形与莴笋有点相像，绿色的长茎，圆棒似的体形。两者不同的是芥蓝叶是光的，莴笋叶有一圈圈线；削皮后，芥蓝是青白色的，莴笋是淡绿色的；味道也有差异，莴笋是脆嫩的，芥蓝是爽脆的。当青白色的芥蓝菜上桌时，我们见到盘中的芥蓝切成了长条块，浇了咸鲜、色赭的广式调味蚝油，吃起来牙齿"咔嚓、咔嚓"有声、爽脆之至。我还是第一次吃到这样一种味道，感到很新奇。

芥蓝像莴笋一样，本身没有任何味道，味道全在于好的调味汁。但我欣赏的是，它那特别的、爽脆的口感，即吃时芥蓝块与牙齿摩擦所产生的那种清爽特脆的感觉。

我请教这家大酒店的厨师长，问这道菜叫什么名字。厨师长倒也大方，莞尔一笑说："广式芥蓝！"我又问："这菜这么好吃，怎样做的呢？"厨师长一点也不见外，笑着教我："芥蓝洗净削皮后，切成长条中厚块，在滚水锅中稍氽，马上捞出装盘，浇以广式蚝油或豉油即成！"看来这道菜的制作方法很简单，没有多少厨艺的主妇、主男们，一教他们，便会做的。好味道，做做还蛮方便的呢。

后来与家人再次到这家大酒店吃饭，便又点了这款广式芥蓝，女儿吃了后，连说："好吃！好吃！"并问我："这叫什么菜？"我便做了介绍。

芥蓝进入杭州的时间并不长，好多主妇、主男都不认识它，也不知道怎样用它做菜。当我在蔬菜店里买菜时，有人见我年纪大一点，认为我懂得多，便会过来询问我："大伯，这种菜，叫什么名字？怎样做菜吃？"我便将我所知道的菜名及做法，坦诚地介绍给他们。

新近我买了一本书，名曰《津津有味谈》，里面有一篇专门介绍芥蓝的美食随笔，对这种菜做了详细的介绍。文章中说，苏东坡当年吃了芥蓝，还曾写有两句诗来赞美芥蓝："芥蓝如菌蕈，脆美牙颊响。"这是一千年前，苏东坡谪居到岭南时所写，也是我国古籍中对芥蓝风味的早期形象的记载。芥蓝本身没有味道，苏东坡却说它像蘑菇一样鲜，鲜美在哪里呀？苏老前辈答复是"牙颊响"，即吃芥蓝时"咔嚓、咔嚓"的声音。可见吃菜时产生的爽脆感觉和声音，也是属于"美"的范围。如此佳肴，制作又如此简单，真可谓是天生丽质，任是粗布旧衫，亦是倾国倾城。可说它是蔬菜中的一个"美人"。

芥蓝现较多种植于我国南部各省，如广东、广西、福建、台湾等。种此菜不容易，每年秋季下种，要过两个多月后才能挖掘。每年10月间，是芥蓝最幼嫩的时期，一直可以采挖到次年4月，可以说，上市的时间比一般蔬菜要长。芥蓝营养丰富，含有维生素A、维生素C、蛋白质、脂肪及糖分。广东民间有食疗单方，说牙龈出血，可将芥蓝切片煲成清汤，待凉后当茶饮，即可止齿血；也可与藕片、西洋菜同煲，颇有良效。《津津有味谈》一书还介绍，芥蓝还可以切成片状炒牛肉，或者炒鱿鱼，说是"极为可口"。又说，芥蓝切成片状炒回锅肉，是四川一道名菜。此外，吃广式腊味煲仔饭时，另外清炒一盘芥蓝配着吃，会感到清口一些。

菜肴制作是可以千变万化的，期待杭州的大厨们能多动脑筋，烧出更多被苏东坡写诗赞美的岭南名菜芥蓝的花色菜品来！

6. 诗人之菜东坡肉

东坡肉有一个奇异的现象。

全国许多地方都有东坡肉：如湖北黄州有"东坡肉"，湖南有"东坡方肉"，开封有"清汤东坡肉"，广东惠州有"东坡扣肉"，四川眉山有"东坡肘子"……名称类似而又不同。如苏州的"松子东坡"是东坡肉加松子，山西的"东坡肉"加莲子、糯米，河南的"东坡肉"加冬笋，等等。苏东坡本人并未著文称自己发明了"东坡肉"，这是后人所称的。

东坡肉的来源，唯一的依据是，他写过一首《猪肉颂》，诗曰："黄州好猪肉，价贱如泥土。贵者不肯吃，贫者不解煮。……早晨起来打两碗，饱得自家君莫管。"笔者的忘年之交、美食研究泰斗聂凤乔教授考证：明人沈德符的《野获编·玩具·物带人号》中有一句："肉之大载不割者，名东坡肉。"似乎只是大块肉而已，别无其他含意。有一点是清楚的，"东坡肉"之称，是到明代才有的。

苏东坡与杭州关系密切，他曾两度在杭州做地方官，特别是疏浚西湖，用挖出的泥筑了一条长堤，有诗证云："六桥横绝天汉上，北山始与南屏通。忽惊二十五万丈，老葑席卷苍烟空。"有一个传说，长堤筑好后，老百姓为感谢苏东坡为淤塞的西湖做了一件好事，知道苏东坡爱吃猪肉，便都不约而同往太守衙门送猪肉。苏东坡收到那么多猪肉，认为应与辛苦的民工们一起享用，便嘱经办人"与酒一起送"，结果下属误听为"与酒一起烧"，结果烧出的肉，更加香酥味美。人们便称此肉为"东坡肉"，后人还将它列入杭州菜谱之中。

这个故事事出有因，查无实据，史料中也无此一记载。但这道"东坡肉"名气实在太大了，我们不能完全否定它与苏东坡的关系。他确实写了黄州猪肉诗，所以我们只能姑妄听之，姑妄言之，权将它视作传说中之宋菜。

但宋代的"东坡肉"，只有三点是清楚的：一、"慢着火"，用火慢慢炖；二、"少着水"，水要放得少；三、"火候足时它自美"，慢慢炖，火候达到了，酥烂可口，自然好吃。至于其他调料及加工方法，都没有具体史料记载。

杭州版的东坡肉，由诗传承下来，经过历代厨师的加工与改进，已非当时古朴、简约、讲究本味的原来面貌了。

制作现代杭州版的东坡肉，可参阅《杭州菜谱》的记载。

7. 苏东坡与澉浦东坡肉

东坡肉是华夏饮食中的"瑰宝"，自北宋文豪苏东坡创制以来，已有九百多年的历史。

我国的许多地方，都有东坡肉。但饮食文化专家们认为，东坡肉最早的产地，以湖北黄州（今湖北黄冈地区）与杭州最为可靠、最具有说服力。不过，杭州湾北岸的海盐澉浦古镇，自古以来，也产东坡肉，且块大肉酥，独具特色，堪称东坡肉"家族"中令人注目的一员。

澉浦古镇建于唐代，"澉浦东坡肉"即起源于此地。相传北宋时，苏东坡任杭州太守，腊月时节到澉浦调查民情。由于公务烦冗，直到（农历）十二月二十三日才动身回杭。当地百姓非常感动，宰了几头肥猪，送给苏太守过年享用。苏东坡命人将猪肉切成大块，亲自烹调，烧好后，叫人给当地百姓一家一家送去。自此以后，澉浦便形成风俗，每年腊月，要烧东坡肉纪念苏太守。它的烧法与杭州东坡肉不同，肉取四斤重的、四四方方的一大块，用洗净的稻草整块扎好，用沸水焯去血污，加水、黄酒、酱油、白糖、盐、八角、桂皮，先用旺火烧沸，再用文火炖焖成酥肉。此菜烧好后，红酥而香腻，食时再斩成小块，口味格外香醇美味。因烧法独特，保存原汁原味，风味与各地的东坡肉皆不相同。

8. 苏东坡题诗云泉灵洞

正是铄石流金的日子，朋友约我去西郊最近的清凉世界灵山景区，作一日之游。

过去曾经游过桐庐的瑶琳仙境，建德的灵栖洞天，随着岁月的流逝，记忆早已淡忘。虽然灵山景区开发已经一二十年，近年又有新的景观问世，但遗憾的是，我却至今未能去寻胜探幽一次。朋友来约，我们一拍即合，择日而行。

灵山景区位于杭城西部，距市区19千米，与宋城、原未来世界鼎足而立。

灵山景区面积12.17平方千米，有24个奇异的天然溶洞，现在开放的则有灵山幻境、清虚洞天、仙桥水乐三个景区。沿着灵山风景区管理处左侧蜿蜒的石径登山，一路竹林蔽日，一边是小溪淙淙流淌，一边是竹影婆娑起舞。不过七八十米之遥，灵山幻境洞口便出现在我们的面前。人还未靠近，一股凉气便从洞口喷薄而出，弥散在空间，使人顿感凉爽。在导游带领下，我们进入洞内，只觉清风阵阵，拂面而来，62米的"清风长廊"把我们引入如梦如幻、如诗似画的仙境之中。在琳琅满目的奇景之中，首先迎接我们的是一只洞顶垂下的奇妙的石手，人称"五指迎宾"。穿越小天门后，展现在我们眼前的便是"麒麟"迎宾厅，一只周身披满蓬松卷毛的石麒麟，张嘴微笑，面向我们。此外，洞顶的"天鹅头"，前方7米高的"蟠龙石钟"，形若水母能发出"叮叮咚咚"乐声的"水母古琴"，被称为"双星祝福"的"寿星"石及"北京烤鸭""天竺罗汉"等奇景，都使我们左右顾盼、目不暇接。不知不觉中，我们已随着导游进入第二大厅，只见一个约300平方米的清碧的泉池出现在我们面前，几疑进入东海龙王的水晶宫。那么，"龙王"在哪里呢？原来他就在水中，随着电筒光，一个突出的、微微张着嘴的"龙头"，出现在我们面前。奇特的是，"龙头"对面有只四脚腾空的"老虎"，向"龙王"咆哮，这就是"石虎啸海"。此景又称之为"龙虎斗"，使平静的水底洞天，平添一分闲趣。第二大厅的主景是一块高15米、宽20米、名叫"玉蓬飞瀑"的巨型钟乳石，一朵朵涌起的"莲花"，"万手"相拥，舒瓣怒放，堪为世间奇观。第三个大厅的主景是一座长着"灵芝"等奇花异草的"昆仑山"，人称"赛昆仑"。紧接着进入的便是第四大厅，这是"灵山幻境"最重要的景观所在地，因厅中有拔地而起、形若雁荡山天柱峰的巨型石笋，人称"天柱峰"，厅亦称之为"天柱厅"。"天柱峰"高24.5米、直径6米，占地面积20多平方米，为亚洲最高最大的天然石笋。除此之外，第四大厅还有戴着破帽子的"济公和尚"，玲珑剔透的"悬崖孤塔"，老枝纵横的"古柏参天"，开满奇花的"玉树生花"，三面悬崖一面走道的"华山飞来"，50年长高1厘米的"水滴石狮"，挂着拐棍的"守峰老人"，海面上波光粼粼的"蓬莱仙境"及此石上隐现的孙悟空、猪八戒、唐僧、白龙马、灵龟及正垂手采珠的观世音菩萨。第四大厅是全洞最为高敞之处，洞顶离地面竟达39米，相当于13层楼房之高，是浙江省最大的一个石灰岩溶洞。这时，我们看了一下随身带的测温仪器，洞温为22度，比洞外低13度。

　　至此，灵山幻境便进入清虚洞天。一架48米的石栈天梯，等待游客奋勇攀登。梯尽洞现，眼前所见的，即是灵山洞的上洞，人称"清虚洞天"。移步换景，又有新的景观涌入我们的眼帘：只见一位"灵佛"在洗澡，导游告诉我们，这是"大佛沐浴"。继续向前，厅内灯光辉煌，只见双柱挺立，玉女迎客，人称此厅为"双柱厅"。据说抗日战争时，有二百多名百姓为躲避日寇的烧杀，扶老携少，在此避难七天七夜，可见溶洞之幽深隐蔽。在双柱厅的石壁上还引有一首宋诗，它是北宋熙宁六年

（1073）正月二十七日，苏东坡和他的好友李节游灵山风水洞时所留下："……路长漫漫傍江浦，此间不可无君语。金鲫池边不见君，追君直过定山村。……风岩水穴旧闻名，只隔山溪夜不行。溪桥晓溜浮梅萼，知君系马岩花落。……"从此诗可知，灵山风景区在千年北宋时期，已为世人所知。

出清虚洞天，行向西南方向，可至至今尚不为世人所熟知的仙桥洞，即"仙桥水乐"景观。只见一条溪流如素练横亘，穿过30米的钢索桥。可见山崖上刻有"仙桥洞"三个刚劲有力的大字，此系著名书画家陆抑非先生的手笔。我们随着导游向前走去，只见一座天然石桥凌空高架，游客从既是石桥又是洞顶的巨石下进入仙桥洞内，只见溪流与石阶齐从洞外进入，正是"水在地上走，人在水上行"，而抬头一看，头顶有一个巨大的天窗洞，直径达30米，上下之差近50米。洞之上部，林木蓊郁；洞之下部，青苔遍布。在隆隆水声之中，只见一只错落有致的水缸，呈现在游客面前。接着看到的，便是一组宽约15米、长约10米的巨型石瀑垂挂在水面，并倒映水中，使人有"水底天幕"之感。仙桥洞最壮观的景观是龙潭飞瀑，泉水从层层梯田似的、天然的"多水田园"而下，落差达13米之多。并与石瀑布有机结合，一起飞淌，堪为奇景奇观。

灵山美景，史称"云泉灵洞"，至今景区崖壁尚留北宋杭州太守祖无择的四字篆书题刻，可说是古景新貌。唐朝诗人白居易游览此处后，有"暂来不宿归州去，应被山呼作俗人"的诗句，说灵山景观迷人，应留驻此处细细观赏，不宜作走马观灯式的游览。

灵山美，避暑纳凉好去处！

灵山美，洞奇石奇水也奇！

9. 御宴上的螃蟹清羹

螃蟹清羹一菜非同凡响，它亮相于南宋清河郡王张俊宴请宋高宗赵构及诸大臣的御宴上。

南宋绍兴二十一年（1151）秋，杭城太平坊巷张俊的清河郡王府，一个历史上空前的宴会，在婉转悠扬的丝竹声中开始。华衣锦带的王府仆人们川流不息，端上了进奉皇上及诸大臣的各种南宋四时干鲜果品、腌腊鱼肉、海陆肴馔达250盘（种）之多。在这众多的菜点之中，有一款秋令美羹，显得特别应时，它就是用江南秋日著名的美味——湖蟹制作的"螃蟹清羹"。

螃蟹清羹的做法是：取肥壮的活湖蟹二三只，煮熟剔出蟹肉、蟹黄，蟹膏，撕成碎片。另取清淡的草鸡汤大半汤碗，煮沸，放入水发香菇丝25克、姜末、香醋、精盐适量，再滚，然后在汤中放入蟹膏肉，为适应现代人口感，也可用马蹄粉或绿豆粉勾以流水玻璃芡，即可用仿南宋官窑浅盆盛装上桌，用勺享用。

此菜鲜美可口，汇螃蟹、鸡汤、香菇于一羹之中，制作精良、讲究，纯以食材自然鲜味取胜，且营养丰富、易于消化，是老年人、妇女、儿童秋令开胃养身之美羹，其制作之法，完全是江南之风格！

10. 高宗馄饨不熟问罪厨师

北方人爱吃饺子，有俗言曰：好吃不过饺子。逢年过节或亲朋来访，包饺子是北方人家里郑重其事的大事。小孩子一听说家中要包饺子，便欢呼雀跃。而在江南一带，民间却爱吃馄饨。饺子与馄饨的区别在于，饺子是当主食吃的，面皮薄了就吃不饱；馄饨是当作点心吃的，所以皮子薄，在于吃味道。如果骑车在杭州城里蹓一圈的话，你会发现，大街小巷馄饨店较多，而饺子店却鲜有所见。杭州馄饨店，供应的馄饨花色品种十分丰富，一般有荠菜肉馅的、芹菜肉馅的、香菇肉馅的、虾仁肉馅的、全家福馅的等十来种。其中全家福馅馄饨是集中了多种馅子的馄饨，吃一碗便尝到了多种风味，因而价位也高一些。馄饨还分大馄饨、中馄饨、小馄饨三种，店家会根据吃客需求烧制。

古城馄饨店，最有名的，莫过于周素珍馄饨店，有多家连锁店。该店的馄饨，是湖州风味，皮薄个大汤鲜，一碗十只，一般人吃一碗就够了。早些年头，解放路、延安路交叉口不远处还曾有一家名叫天德坊的馄饨店，这家店能做108种风味馄饨，真是令人叹为观止。老板是杭州人，叫屈晓群。据他说，他家做的馄饨是馄饨世家的家传秘方，是居住在龙翔桥天德坊的屈、金两个馄饨爱好者，各献其长，合作研制的一种特色馄饨。它最早起源于清代末年，而当它重现杭州之时，却已到了2000年的夏天。笔者偶然吃了一次这家的香菇荠菜肉馅馄饨，感到皮薄馅鲜汤有味，不禁拍案叫绝，遂写了一篇名叫《天德坊特色馄饨》的专访，发表在《今日早报》的美食版上，一时报社记者、编辑及市民们见了，都蜂拥而至该店品尝，使得该店一时名播杭城。我这篇文章亦被《今日早报》评为甲级稿。

笔者有浓厚的面食情结，尤其爱吃馄饨。

杭州人对馄饨的喜爱，从什么时候开始，已无从考证。但南宋时，宋高宗赵构在凤凰山大内禁苑时，已爱吃馄饨。据古籍《霏雪录》一书记载，一次，御厨房大厨烧煮馄饨时，没有煮熟（可能厨师没能掌握好烧煮馄饨的火候），宋高宗大为光火，下令将厨师关入大理寺狱。随后，又令太监叫来了宫里服务的两个优伶来给他解解闷。这两个艺人，打扮成相貌不同的两个士人上殿。宋高宗赵构见到，随口问他们的年龄，一个说甲子（年）生，一个说丙子（年）生。之后，其中一个艺人马上调侃道："我们两个人也该关入大理寺狱治罪！"宋高宗问："为什么啊？"一个艺人说道："肉夹馍（'夹'与'甲'同音）与饼子（与'丙子'同音）皆生，与馄饨不熟同罪！"宋高宗听完大笑，便下令将被关起来的、烧馄饨不熟的厨师释放了！由此可见，宋高宗是常吃馄饨的，烧得熟不熟，一吃就知道。南宋艺人虽然社会地位不高，但他们通过幽默风趣的、相声式的表演，解救了厨师。从这个故事里可以见得，在七八百年前的南宋早期，杭州市井食用馄饨的风气，已经传入帝王们居住的皇宫。皇宫的御厨，也开始学做并烧制馄饨。

从历史渊源上说，中国人吃馄饨的历史可以上溯到二千年以前。西汉扬雄在《方言》一书中提到："饼谓之饨。"（馄）饨是饼的一种，其中夹肉馅，经过蒸煮后食用；若无肉馅全以汤水煮，则称之为汤饼，是当时的面条。另有一种说法，汉时常有匈奴来犯，由名叫浑与屯的两个首领率兵南下，百姓恨之，将猪肉当作他们身上之肉剁碎，包入面角食用以解恨，并取浑、屯之音，呼为"馄饨"。晚清富察敦崇在《燕京岁时记》一书中说，馄饨有如鸡卵（外白内黄），颇似天地混沌之象，故名。也有古人认为，馄饨是种密封的包子，没有七窍，所以称为混沌，依据我国古代造字规则，便改食字旁，称之为馄饨。其实南宋之前，馄饨与水饺并无明显的区别。民间传说则有另一种说法，说西施入吴，做出一种新式点心，吴王问何种点心？西施笑吴王是无道昏王，成天浑浑噩噩，混沌不分，便随口回答是"馄饨"。

到南宋时，馄饨与饺子已经分开。古籍《武林旧事》记载，南宋已有"冬馄饨，年馎饦"之谚，并说"贵家求奇，一器凡十余色，谓之百味馄饨"。当时还有一种大馄饨，面皮包着肉馅，造型像朵花，可以用铁签子串起来烤着吃，叫作"馉饳"。前面说到的"馎饦"，则是不带馅子的面食。点心师揉出粗面条后压扁，缠在左手手腕上，一直拉到手掌里，烧时，用右手指捏住扁面条揪成薄片，抛入沸水锅中烧煮。它其实就是面片，北方人叫作揪片。浇上做好的荤素菜肴、汤汁与调料就可以吃，是面条的一种。

现在杭州人吃的馄饨，无论花色品种还是制作的精细程度，都已较七八百年前的南宋时，完全不同了，不仅造型美观，配料丰富，味道也鲜美得多了！

11. 宋孝宗收回牛筋诏令

宋高宗赵构因金兵入侵南下，一路狂奔过累，终生无子嗣。其养子宋孝宗赵眘（1127—1194），系嘉兴人，为宋太祖赵匡胤七世孙，原名赵伯琮。据《宋人轶事汇编》记载，其母张氏梦到崔府君拥羊入怀，生下赵眘。故赵眘小名"羊"，杭州人俗称"阿羊"。

绍兴二年（1132），赵眘被宋高宗从宗室众多子弟中相中，选入宫中养育。绍兴三十二年（1162）被立为皇太子，同年登上帝位；使帝系从宋太宗赵光义一脉，转回到宋太祖赵匡胤一脉。

赵眘在位27年，享年68岁。在他的一生之中，平反岳飞冤案，起用主战派，加强集权，整顿吏治，力惩贪污，重视农业生产，使百姓得以过上安康的生活，史称"乾淳之治"。后世称其"卓然为南渡诸帝之首"。

有一年，爱吃牛筋的宋孝宗，下了一道诏令，要盛产牛的金华府上贡牛筋五千斤。这时，侍郎李椿出列，上了一道奏本，说："一头牛只有四两牛筋，陛下要征五千斤，金华府就要宰杀二万头牛啊！"言下之意是，宰杀肉牛不够，民间便会杀耕牛充数，便会影响到农业生产。

宋孝宗听了，恍然大悟，便收回诏令。

一位九五之尊的皇帝，在听了臣下的忠言后，甘愿不吃喜爱的牛筋，还能收回成命，改正错误，这确实是一件了不起的事。宋孝宗为冤死的岳飞平反昭雪，这恐怕与他一贯善于听取臣下与百姓的意见有关。

牛筋是一道美味的菜，特别红卤后，韧久有嚼劲，越嚼越香。用青椒、冬笋或胡萝卜炒之，风味特别诱人。且含有丰富的蛋白质与胶原蛋白，有健脚、养骨、美容等食补作用。

杭州制作、销售卤牛筋的摊铺很多，烧得最美味可口的，当数上城区采荷农贸市场的"富阳佬牛肉"店，已有一二十年的开店历史。老板每天上午制作，加私配调味香料，慢火细卤，一直要炖到下午三时半才开锅卖。不到三点半，店铺前便排起了弯弯曲曲的长龙队。一打开窗户，买卤牛肉、卤牛肚、卤牛筋的顾客甚多。虽然价格不菲，但牛肉铺传出的一阵阵香味，始终吸引着远近的居民及远道而来的顾客，笔者即是其中一个。

杭州人这么爱吃牛筋，也不是空穴来风。南宋第二代皇帝宋孝宗赵昚，就是一个爱吃牛筋的皇帝。也许这股食风，一直流传到今日。

美味的牛筋香味，穿越时空隧道，仍在南宋古都飘香。

12. 宋光宗冰糖葫芦"救"贵妃

清河坊是南宋御街最繁华的地段，凡金银珠宝、象牙犀角、南北百货、奇花异果……天下所无者，无不集于此地。现此处已成为杭城有名的河坊街历史街区。中外游客，四时不绝，摩肩接踵，纷沓而至。笔者每年亦数次到此观赏、购货，乐此不疲。

去年金秋的一天，笔者又至此游览，一路走来，发现有一家卖冰糖葫芦的小店。柜上橱窗里摆满一串串红熟的、晶莹的冰糖包裹的山楂，诱人之至。铺前围满了人，一些孩子拉着父母的衣服，想买来吃。有个小孩已吃了两串，还要吃，这时大人在一旁说了："不能再吃了，吃多了不消化！"

听到此言，店里老板笑着说了："这冰糖葫芦是山楂做的，能帮助消化，宋朝皇帝还弄来给贵妃娘娘吃呢！"听到此言，这位家长好奇地说：

"还有这样的事？"看到我旁边站着，便客气地问："大伯，我看你像很有文化的样子，老板这样说，你说说看，有根有据吗？"

我笑着道："有这回事的，那是南宋的第三个皇帝宋光宗，名叫赵惇。他宠爱的黄贵妃，长年累月吃山珍海味，得了消化不良症，就是用这冰糖葫芦治好的！"

这时，店前围满了顾客，都好奇地请我讲讲这个冰糖葫芦的典故。盛情难却，我便笑着说了起来："宋光宗赵惇的爱妻黄贵妃得了消化不良症，面黄肌瘦，不思饮食。吃了御医所开的许多药方，都不见好转，只好张榜求医。这时，一个江湖郎中揭榜进宫，开了一个方子：冰糖熬红果（山楂），每次饭后吃十颗。黄贵妃依法吃了，果然半月后所得之病痊愈，食欲大开，恢复了健康。"

众人听了都感到有趣，纷纷来买冰糖葫芦吃，一时店里生意兴旺闹猛。老板开心，为感谢我为冰糖葫芦做宣传，一下送我三串冰糖葫芦，用保鲜膜包好递给我。

北京名吃冰糖葫芦的出典，《燕京岁时记》一书对此有记载，说南宋时，京华市井已有冰糖熬红果（山楂）的小吃，后民间百姓为了方便食用，便用竹签串起冰糖红果（山楂）吃，这便形成了后世冰糖葫芦串的、方便吃法。

13. 南宋的皇家饮料沆瀣浆

南宋学者林洪，钱塘（杭州）人，自称是北宋隐逸诗人林和靖的后人。他在著名的美食随笔集《山家清供》一书中记载：有一年，在一个下雪天的夜里，临安（杭州）地方官员张一斋请朋友饮酒，在座诸人都喝得大醉，连公事都办不了。这时幕客何时峰拿出一瓢名叫沆瀣浆的饮料，分给客人们喝。客人们喝了这沆瀣浆后，都酒醒了。有客人好奇地问："这沉瀣浆是用什么食材做的？怎样做的？"张一斋说，制作的方法是从皇宫御厨那里得到的，只用等量的甘蔗与萝卜，切块、煮烂、榨汁，就可以了。这是因为甘蔗能醒酒，萝卜助消化。喝醉了，喝它的作用就凸显出来了。林洪认为，《楚辞》中提到的"蔗浆"，恐怕也是指它。这样说来，南宋皇家的醒酒饮料沉瀣浆，可能还是从战国时代的楚国流传下来的。

《浙江日报》资深编辑、南宋文化研究学者傅伯星先生对"沉瀣浆"很感兴趣。傅先生曾在《浙江日报》发表一篇文章宣称，南宋"沉瀣浆"的配方，已为专家破译，如果能做成罐装饮料面世，将会备受人欢迎。他请笔者指导他的朋友制作此一饮料，以做成罐装饮料行世销售。首次做出沉瀣浆时，傅先生兴奋地嘱笔者坐出租车前往他的南宋画院品尝，并希望提出改进口感的意见。当时笔者喝了后，感到这现制的沉瀣浆的味道，确实是不错的，还挺润喉好喝。后因保鲜的问题解决不了，试做罐装饮料的实验就宣告失败了。笔者认为，假如在这沉瀣浆中放入适量的苯甲酸钠，是可以保鲜的。但如果放了南宋时还没有的防腐剂苯甲酸钠，那这罐饮料，也就不再是南宋的"沉瀣浆"了。为了尊重历史的真实性，这现制的、仿南宋的沉瀣浆做成后，只在古城存放了一天。

笔者的女儿曾转引某月某日《杭州日报》的消息，建议体弱多病的笔者冬日食用甘蔗养身，遂想起20年前这一仿南宋沉瀣浆制作前后的悠悠往事，以供读者诸友同飨！

14. 两宋烤鸭香飘古城

北京烤鸭，鸭皮酥脆，肉质鲜嫩，鸭身色泽金黄，名厨高手能将一只新鲜的出炉烤鸭，用利刀片出300多片鸭片。每一片鸭肉都包含3层：第一层是酥脆的鸭皮，第二层是香美的皮下脂肪，第三层是鲜嫩的鸭肉。享用烤鸭时，先要在手掌中摊开熟薄的荷叶饼，分别夹入烤鸭肉片、黄瓜丝、大葱丝，上涂特制的烤鸭酱，就可卷拢享用；吃来香美不可言状，且久吃不厌。

北京烤鸭已成中国十大名菜之首。当年基辛格访华时，周总理宴请他，筵席上就有北京烤鸭，基辛格吃得心满意足。那些上不了国宴的随访的美国记者，回去后写了一本书，书中妒忌地写道："周恩来用北京烤鸭，喂胖了基辛格！"越南前国家领导人胡志明主席，生前也最爱吃北京烤鸭。他患病时，托驻中国大使馆转告周总理，说想念北京烤鸭的美味。周总理得到这一音讯后，立即用专机将两道全聚德现烤北京烤鸭套餐，飞送到河内。可见北京烤鸭的魅力。它不仅国人爱吃，连外国领导人也都为之垂涎三尺。

中国著名的烤鸭有五种：北京烤鸭、孔府（山东）烤鸭、汴京（开封）烤鸭、金陵（南京）烤鸭、广东烤鸭。烤鸭最早的发源地是在汴京，即北宋东京开封府。南宋孟元老的《东京梦华录》一书记载，东京当时已有"燠鸭"，即炙鸭、烧鸭出售。金兵破汴京后，康王赵构南下，开封的烤鸭技术，也随之传到了南京与临安。南宋著名学者洪迈在《夷坚志》一书中记载，当时有一位名叫王立的烤鸭名厨，每天在临安（今杭州）盐桥街旁卖烤鸭。这是我国饮食文化史上，最早出现烤鸭名厨名字的记录。

1984年盛夏，笔者供职的院校组织教职员工去北京旅游，游览了故宫后，久闻烤鸭大名的我，立即在街上寻找烤鸭店一解馋劲。后在大前门烤鸭店，如愿以偿。我点了半只烤鸭套餐，内含一盘片好的金黄色的烤鸭肉、一盘切碎了的椒盐鸭架、一汤碗奶白色的鸭架汤、一小盘熟荷叶饼、一小碟黄瓜丝、一小碟大葱丝、一小碟烤鸭酱。此外，嘴馋的我，还点了一盘鸭掌（去骨）条拌黄瓜丝。大快朵颐，腹拱如鼓，惬意极了。当时只花了16元钱，换至今日，恐怕要200元以上。自此之后，我始信烤鸭是真正的美味。

要做好烤鸭也非易事：一是一般鸭子不行，肉太瘦，脂肪太少，烤了干巴，不好吃，一定要用白羽肥壮的北京鸭；二是要用枣木烤制，才有果木清香；三是要挂炉烧烤，不断翻动烤制面，才能均匀烤熟；四是要会做特制的荷叶形薄饼、黄瓜粗丝、葱白丝并配特制的烤鸭酱，吃来才香美。一套完整的制作方法，含有较强的技术性。吃也有程序，要按部就班，才能吃出美味。

自从1984年夏在北京吃了烤鸭后，直到2021年住在石桥慈养老年医院时，才第二次品味烤鸭的滋味。虎年初一，小老孤身只影，只有一位善良的衢州阿姨陪我过节。我买了烤鸭的两人套餐。阿姨从来没吃过这样的美食。当我教会她吃法后，她连吃三卷，并连说："好吃！好吃！"

可惜这样有名的美食，在杭城主要市区，竟鲜有酒楼菜馆供应。我还是一早躺在床上时，网络点餐，然后由外卖小哥送上门，两个人这才食欲大开，饱餐了一顿。

两宋烤鸭的香味，至今还在古城飘香呢！

15. 南宋名菜发掘记

南宋绍兴二十一年（1151）秋的一天，临安（今杭州）御街南段，大内（皇宫）的和宁门，在钟鸣鼓响中打开了。宋高宗赵构，头戴通天冠，身着绛纱袍，端坐在御辇中，由卤簿仪仗及殿步三司的将官军士们前簇后拥，打着旌旗，浩浩荡荡，沿着御街向北行进。一路上鼓角轰鸣，千乘万骑如云奔潮涌。出了雄伟的朝天门（即今之鼓楼），来到了太平坊的清河郡王张俊的王府。张俊及文武百官早已跪伏在地迎接。

在恢宏豪华的王府大厅上，一个中国历史上空前的宴会，在乐工宛转动听的丝竹声中开始了。华衣锦带的仆人，端着各式各样的器皿，首先为宋高宗赵构上菜，先是四时鲜果、干果，南北土特产，雕花蜜煎（饯），然后是各种腌腊鱼肉，最后是用炸、烩、酿、炒、炙、熬、煨、蒸、润

（即涮）等各种烹饪方法制作的山珍海味、水陆肴馔，计有250盘（种）之多。满桌的金盘玉碟、官窑名瓷，使这些精细制作的名菜、名点与名果，显得更加高雅、名贵。如以这些上桌的菜肴的味道来区分的话，有蜜煎的甜味，如蜜笋花儿等；蜜炙（烤）的咸味，如蜜炙鹌鹑等；姜醋的酸辣味，如姜醋香螺等；咸、酸、甜三味兼而有之的，如咸酸蜜煎；还有水果味的荔枝白腰子、缠梨肉、香梨肉事件等；酒糟味的，如糟蟹等；芝麻香味的如麻脯鸡脏等。特别是在这个宴会上，出现了精镂细雕的工艺菜，光是蜜饯雕刻，就有雕花梅球儿、红消花儿、雕花笋、蜜冬瓜鱼儿、雕花红团花、木瓜大段儿、雕花金橘、青梅荷叶儿、雕花姜、蜜笋花儿、雕花桦子、木瓜方花儿等。用的原材料，有蜂蜜煎过的笋、冬瓜、金橘、青梅、姜、木瓜等蔬菜瓜果。雕刻的花样，则有花球、花朵、鱼、荷叶等，足以反映当年菜肴品种的丰富多彩和厨师手艺的高超。

能不能让四海游客在南宋古都杭州，重新尝到这些南宋风味呢？这个设想很早很早就在我脑海里盘旋、翻腾……

1984年7月21日，杭州闸口水澄桥的八卦楼菜馆经理，在上海出版的《旅游天地》杂志上，见到我写的《南宋时期的钱江观潮》一文。文中介绍了许多沿江饮食店铺，趁成千上万市民观潮之际，推出南宋时的各种美食名点飨客。他为此文所吸引，便四处打听我的住址，并带了聘书登门，邀我为该菜馆研究、发掘上述南宋菜点。盛情难却，我表示了同意合作的意愿。

笔者根据南宋典籍，诸如《武林旧事》《梦粱录》《都城纪胜》《中馈录》《山家清供》《西湖老人繁胜录》等古籍进行考证、研究、诠释，并与名厨叶杭生配合，反复试制，终于发掘出25道仿南宋菜。

1984年11月18日，八卦楼宫灯高照，酒菜飘香，仿南宋名菜鉴赏会在这里召开。到会的有浙江省电力局、闸口电厂的领导，及专家、学者、记者40余人，他们一起听笔者作研究汇报，并品尝了该菜馆用仿南宋官窑名瓷盛装、由身着仿南宋服装的女服务员端上的各种仿南宋菜点。研究南宋地方史的林正秋先生，应邀到会作了鉴赏发言。他说："宋老师研究的仿南宋菜点，是符合南宋典籍记载的特色的，菜点不用味精，而以新鲜原料的原汁原味取胜，这是万里长征跨出了成功的一步！"参加鉴赏会的、中国新闻社驻杭记者站站长孙先生，为此专门向海内外发布了这一南宋菜点仿制成功的消息。后来，浙江电视台于12月下旬作了播映，中央电视台新闻联播也作了转播。

我和叶杭生师傅发掘、试烧成功的仿南宋菜，计有江瑶清羹、鳖蒸羊、荔枝白腰子、蟹酿橙等，其中荔枝白腰子、三脆羹、螃蟹清羹三种，是南宋绍兴二十一年（1151）十月，清河郡王张俊宴请宋高宗赵构的御宴上的名菜。

南宋名菜，汇集了南北风味，独具特色。它既不同于北宋风味的河南菜，又不同于以清鲜见长的杭州本地菜。试以鳖蒸羊为例：北人以羊为鲜，南人以鱼为鲜，故训诂学上说"鲜"字由"鱼"及"羊"两字组成。鳖蒸羊就是以北方人认为鲜美的羊肉和南方人认为鲜美的水产品加辅料、调料蒸制而成的。此菜香醇浓郁，具有南宋风味菜的主要特色与风味。

在制作工艺上，仿南宋菜讲究刀工，以荔枝白腰子为例，除需有新鲜荔枝装饰外，还要使烹制后的腰花，花纹自然张开，朵朵形若带壳之荔枝形状。此菜腰花呈白色，宛若荔枝果肉，鲜嫩异常，故名。烹制南宋菜，用料必须新鲜，才能以原汁本汤的内在鲜味取胜，且以酒醋调味与蛋白质发生微妙的化学反应，方能取得特有的自然美味。

后来，宋史专家邓广铭先生来杭，也品尝了这些仿南宋美味，并题诗一首："我读南宋书，不知南宋味。今晚八卦楼，方知宋菜美。"

仿南宋菜的发掘成功，为古都杭城的餐饮业增添了宋韵文化的浓厚色彩，促进了杭州市旅游经济的发展。

16. 两宋名点酥油饼

杭州脍炙人口的名点，首推吴山酥油饼。它的历史，可以上溯到北宋时期。其之香酥可口，亦为古今文人墨客所赞叹不已，成为杭州最有魅力的名点之一。

相传，唐末五代十国时，后周赵匡胤因战事在南唐寿州（今之安徽寿县）被围粮尽，当地百姓以粟米油炸做成酥饼相奉济饥，赵匡胤感动地说："此真大救驾也！"故寿州人将此饼称为"大救驾"。后金兵南下，宋室南渡，此一北方名点做法，便被当地百姓带至杭城，融入江南面点之中。南宋《梦粱录》一书说："南渡以来，凡二百余年，则水土既惯，饮食混淆，无南北之分矣。"翻开此一古籍，可在"荤素从食店"的"诸色点心事件附"栏下，见到"千层儿""油酥饼儿"的款名记载。

至清代中期，酥油饼以"蓑衣饼"的名称，出现在杭州吴山上。之所以叫"蓑衣饼"，一是因此饼蓬松如农家之蓑衣，二是"蓑衣"与"酥油"谐音。

清乾隆十三年（1748），安徽文豪、《儒林外史》作者吴敬梓，去探访时任浙江遂安知县的老朋友吴培源时，途经杭州，游览了西湖，写了《西湖归舟有感》一诗，并在吴山上品尝了蓑衣饼。后来吴敬梓把这段游览经历，假借马二先生之名，写入《儒林外史》一书之中。这是最早记载吴山酥油饼的文字记录。

清乾隆五十七年（1792），杭州著名文学家、烹饪理论专家袁枚，又将吴山酥油饼以"蓑衣饼"的名称，正式写入《随园食单》这部经典的食谱之中，并介绍了吴山酥油饼的具体做法："干面用冷水调，不可多揉，擀薄后卷拢，再擀薄了，用猪油、白糖铺匀；再卷拢擀成薄饼，用猪油煎黄。如要盐的，用葱、椒、盐亦可。"这制作方法，已与现在吴山酥油饼的做法，非常接近。由于酥油饼在吴山出售，吴山又多茶室，故酥油饼成了杭州传统的茶点，饮食文化与茶文化交织在一起。故清末时，诗人丁立诚写诗道："吴山楼头江湖景，品茶更食酥油饼。酥油转音为蓑衣，如人雅号纷品题。"说明酥油饼叫"蓑衣饼"，是"如人雅号纷品题"，只是换了个美名而已。

时间又过了一百多年，浙江著名文学家郁达夫从富阳来到杭州求学，爱去吴山游览，并常吃吴山酥油饼。后来他在《远一程，再远一程》中说："酥油饼的价钱的贵，味道的好和吃不饱的几种特性，也是尽人皆知的事实。"可见此饼之味美可口，曾深深地打动过郁达夫这个文豪。

从吴山酥油饼源远流长的发展史，可以见到南北面点在杭城漫长的历史里，不断交汇演变的过程。

现在，吴山酥油饼这古老的名点，依然为追求美食的杭州民众所喜爱，并且百吃不厌，继续在吴山及市内各大饭店、宾馆里展现它们金丝盘绕、层多不碎、入口就酥、又香又甜的风采与特色。

2007年6月，笔者曾应上城区政协与百年老店知味观总经理孟亚波先生之邀，前去该店考察、审定"非遗"，有缘品尝了知味观的名特菜点。其中杭帮点心大师丁灶土师傅制作的吴山酥油饼，小巧玲珑，香酥味美，食后余香久久弥留在齿舌之间，不啻是一种顶级美食的享受。

17. 南宋风味鳖蒸羊

鳖蒸羊是一道南宋时的风味菜，古籍《梦粱录》与《武林旧事》，都记载了它。

这道历史文化名菜，不仅是水陆两种肉食的叠合烹制，而是有着它浓厚的华夏地理特色及文化色彩。古时，我国北方人以畜牧业为主，南方人以农业、养殖业为主。北方人视"羊羔美酒"为至上美味，而南方人则视鱼鲜为世间珍味。故在训诂学上，一个"鲜"字，以"鱼"与"羊"两个部分组成。可以说，北人以"羊"为鲜，南人以"鱼"为鲜。鳖蒸羊正是这样一款汇聚南北方美味于一菜之中的佳肴。正像历史上流传的"潘鱼"以羊汤炖鱼出名一样，鳖蒸羊也是以水陆两鲜结合而著称于世。可以说，它是宋室南下，北方饮食文化与南方饮食文化融合的产物。

从传统的食疗观点来说，这款南宋风味菜，具有阴阳双向滋补的作用。这是因为鳖有较强的滋阴功能，鳖甲还是一味滋阴良药；羊肉则有明显的壮阳功效。两者都由高蛋白组成，其养生价值，不低于参芪之力。

鳖肉含胶原蛋白较多，肉质纤维较粗，较难于消化，故体虚胃弱之人，宜以细嚼慢咽为好，且要控制进食之量。

20世纪80年代，在开发古城旅游经济的热潮中，杭城掀起了一股研究南宋、古为今用的文化之风。各界学有专长的有识之士，在市政协文史委员会的组织下，很快就出版了一本厚重的《南宋京城杭州》的文献。

当时，在浓厚的历史文化研究气氛之中，笔者与名厨叶杭生合作，于1984年冬，在八卦楼菜馆首先推出25道仿南宋菜，揭开了南宋菜研究的序幕。后来，以鳖蒸羊、蟹酿橙为代表的仿南宋菜的研究成果，由浙江省电视台拍摄播出，中央电视台新闻联播作了转播。杭州各大菜馆亦竞相仿效，仿南宋菜成为新杭帮菜中带有历史文化色彩的定型佳肴。

鳖蒸羊这道菜制作并不难，烹制时，请准备250克左右的雄鳖一只，与煮至六成熟的羊肉块排列好，铺以姜片，浇以绍酒，撒上盐花，倒上适量羊肉汤，隔水蒸至筷能插入；待鳖肉酥软时，撒一点胡椒粉，即可上桌享用，下饭饮酒皆宜。食用时，吃肉喝汤，不仅享之以口福，而且补益身体，可谓是一道味道鲜美的食补美食。

18. 南宋都城炒栗香

"紫烂山梨红皱枣，总输易栗十分甜。"

过了中秋节，到了重阳，古都杭城街头便处处炒栗飘香了。因为是应市美食，老小都喜爱，那些设锅卖糖炒栗子的摊头，也较往年大为增加。炒得火烫的栗子，裂开绛色的硬壳，露出金黄色的肉质，散发出一阵阵甜美诱人的果香，格外诱人。说起糖炒栗子，杭州人特别爱吃，买上一小袋刚出锅的热乎乎的栗子，边剥边食，又烫又香，吃在嘴里，甜在心头。

说起糖炒栗子，杭州人从南宋时吃起，至今已经吃了七八百年。这种应时的大众化的美食，当时不仅老百姓吃，连朝廷里的官员们也常吃。家住市区孩儿巷，曾经在南宋朝廷里担任过官职的诗人陆游，年老回到故乡绍兴的鉴湖三山，还写下这么一首名叫《夜食炒栗有感》的诗回忆年轻时："齿根浮动叹吾衰，山栗炮燔疗夜饥。唤起少年京辇梦，和宁门外早朝来。"并自注道："漏舍待朝，朝士往往食此。"陆游诗中说，自己的牙根已经浮动，不禁叹息自己的衰老，吃点炒熟的栗子解解夜里的饥饿，想起年轻时在京城做官，早朝时在皇城和宁门外等开门，也往往吃这炒熟的栗子充饥。其实南宋时杭城炒栗的工艺，还是从北宋京都汴京（今开封）传过来的，这也由诗人陆游的《老学庵笔记》一书记载了下来："故都李和炒栗名闻四方，他人百计效之，终不可及……"说的是汴京李和的炒栗，名气很大，别人怎么仿制都赶不上他炒的味道好。这大概是他在加工炒栗的选料、火候及加工技术方面，都有自己完整的一套独特的工艺，才使别人的炒栗怎么都没有他炒的好吃。现在杭州糖炒栗子的加工方法，就是从李和那里流传下来并不断改进的。清代爱好美食的皇帝乾隆，也爱吃糖炒栗子。他曾在一首名叫《食栗》的诗中总结前人炒栗的经验："小熟大者生，大熟小者焦。大小得均熟，所待火力调。"这个爱吃的皇帝，说得一点也没错：糖炒栗子的颗粒必须大小均匀，否则小的炒熟大的还生，而大的炒熟小的就焦了。

栗子是一种极有益于人体的美食，古时栗与桃、李、杏、枣并称"五果"。清代食疗专家、名医王士雄在《随息居饮食谐》一书中说，栗子"甘平、补肾益气、厚肠止泻、耐饥，最利腰脚"，又说"生熟皆佳，点肴并用"。可见，用它炒着吃或生吃，风味俱佳；做点心烧菜都可以。

做糖炒栗子，旧时常采用北京房山良乡的名果，俗称"良乡栗子"。良乡栗，颗粒较小，每斤在100枚左右，果皮呈红褐色，果肉色泽淡黄而甜美，品质极佳。但现在杭州的糖炒栗子，有许多炒货摊子采用的是本省湖州、长兴、诸暨、上虞、临安等地的相对便宜的产品。只要栗子质量好，小而均匀，加工得法，照样能加工得甜香可口。

秋风烈，菊残蟹香，正是吃糖炒栗子之时。吃一口香糯的炒栗，秋天就进驻我们的心里了！

19. 宋都羊汤千年香

刚入金秋，笔者进城办点事，中午想找个饭店尝鲜，又希望便宜点。在杭州清河坊五花儿地段几家店里穿进穿出，最后还是走进了羊汤饭店。许多桌上都有热气腾腾的羊汤，一股浓香氤氲在室内。前人说："闻香下马，知味停车。"这么多顾客在尚热的三秋日子里喝滚烫的羊汤，可想而知羊汤的魅力。于是，笔者也决定喝羊汤。端到桌上，牛奶一般的、鲜得舌头舔鼻头的羊汤！简直不可思议！

杭州这个地方，人人都知是南宋古都。七八百年过去，在历史古迹方面，留下了凤凰山上众多的泉池石刻；而在饮食文化方面，只有羊汤可说尚留昔日余韵。你看，无论是炎夏还是寒冬，古城的羊汤饭店的羊汤，始终以它的悠久的饮食文化历史、独特的宋元风味吸引着众多的知味者，我即是其中的一个。

翻读南宋古籍，你会发现宋人崇尚羊肉，甚至连御膳亦沿用祖宗之法，以羊肉为主要肉食。以致尊贵之极的皇帝宋孝宗赵眘，因母梦羊而怀胎生下他，小名竟称"阿羊"；他在宫中宴请大臣胡铨，即是用的两道羊肉菜"胡椒醋羊头真珠粉及炕羊炮饭"。这胡椒粉加醋拌羊头肉一味，笔者认为里面还有伏笔：在煮羊头时，不是还有一锅浓香的羊汤吗？这汤正好下饭，否则再加上烤全羊、炒羊饭，燥得要命，干得要死，宋孝宗和他的大臣受得了吗？只是羊汤不是正菜，而未列上菜单而已。

我国食用羊肉的历史，仅见诸文字记载的就有二三千年。《诗经·豳风·七月》中已有"朋酒斯飨，曰杀羔羊。跻彼公堂，称彼兕觥，万寿无疆"的名句。殷商时代，祭祀祖先，牛称大牢，羊称小牢，猪的地位尚在羊之后面。试看古人造字之由：美、鲜、善、祥，一切美好的字眼皆从羊旁，非言羊肉其美乎？即使是"美"字，从羊从大，亦说明古人以大羊为美，肥嫩的羊肉为美；羊肉的鲜味，是古汉语中"美"字的起源，由此而引申到各个方面，如西湖风光美、江南丝绸美、越女天下美。

羊汤饭店的羊汤为何能烧得色如牛奶、浓香迷人呢？原来制作中大有学问：制作时采用新鲜带骨羊肉，焯过水后去掉血污，加姜、葱、黄酒等多种调料以冷水旺火烧沸。随着锅中水温上升，羊肉及骨中的各种营养物质便溶解、游离至汤中，待汤滚后，再改为小火慢慢炖。用这种方法烧成的羊汤，因骨中大量的钙质及无机盐融入汤中，脂肪乳化成微粒状态，再加上已溶解的骨、肉、皮中的胶原蛋白，色泽自然浓酽如牛奶，而且散发出特异的浓香。

历史翻过了一页又一页，而羊汤的魅力始终不减；人事更新了一代又一代，而羊汤始终有知味者。历史文化色彩加上传统的烹调技艺形成的饮食文化，其生命力之强盛，足以令人赞叹不已、击节歌吟！

20. 灌肺与维吾尔族"面肺子"

香肠是人们爱吃的一种腌腊肉制品，可以用羊肠灌制，也可以用猪肠灌制。其实，可灌制之物，不仅仅只有家畜的肠类，家畜的肺也可以用之制作美味的肉食品。

南宋时的杭州人，曾将羊肺做成"灌肺"在市场上出售，很受人们喜爱。《梦粱录》一书记载，当时都城的酒楼、菜馆、茶肆供应的"市食"中，有"香辣灌肺"。《武林旧事》一书则记载有"香药灌肺"。

灌肺如何制作，南宋典籍语焉不详。稍晚的元代的《居家必用事类全集》一书中，却说得很清楚："羊肺带心一具，洗干净如玉叶。用生姜六两，取自然汁，如无，以干姜末二两半代之；麻泥（芝麻酱）、杏泥（杏仁泥）共一盏；白面三两、豆粉二两、熟油二两，一处拌匀，入盐、肉汁，看肺大小用之，灌满煮熟。"用这么多香料、配料，调味品和着面粉、豆粉灌到洗干净的羊肺里，煮熟后切块取食，味道自然可口之至。元代相当一部分菜点的制法、吃法，是来自南宋的。

南宋时期还有"香辣灌肺"，除增加香料外，还要加入芥末（辣椒要到明代才传入中国）、胡椒一类辣味，使得灌肺又香又有辣味，可以猜想到，那滋味一定是非常可口。至于"香药灌肺"，除香料外，还要加一些有香味的中药，如肉桂、豆蔻之类，那做好的灌肺，更是浓香扑鼻、催人食欲大开的了。但现时杭州的小吃、点心中，已经没有"灌肺"（只有灌糯米的蜜汁酥藕）这种美食了。说起"灌肺"，好像是在说天方夜谭。

其实，南宋的这种美食，并没有消失在历史的长河中。30多年前，笔者客居新疆南部古镇阿克苏时，曾有幸在维吾尔族朋友家中吃到过灌肺，制作方法与元代书籍记载的一样，只是没有在羊肺中灌装那么多的香料、调料而已。维吾尔族人把"灌肺"叫作"面肺子"。每当逢年过节时家家杀羊，都将羊肺留下来做"面肺子"。"面肺子"的做法是：反复用水灌入羊肺，洗净血污，然后在粉面子（马铃薯做的淀粉，也可以做凉粉）中加入洋葱末、盐、适量的菜油，调成薄糊糊，往羊肺里灌；边灌边拍，使之灌满羊肺，然后用绳子扎紧羊肺气管口子，与羊肉块同煮，熟时切块，蘸醋、辣椒面或蒜泥之类调味品食之，口味咸香软糯，风味别致。

看来，在杭州消失的南宋"灌肺"，还在新疆维吾尔族人的生活中保留着。只是不知是南宋时江南的吃法流传到西域，还是西域的吃法流传到江南，可见七八百年前，两大民族之间，已经有了饮食文化的交流，正是"墙里桃花墙外红"啊！

21. 冬至灌肠飘腊香

南宋都城杭州，曾被意大利旅行家马可·波罗称之为"世界上最美丽华贵的城市"。当时繁荣的经济，从流传千年的南宋古籍《梦粱录》《武林旧事》《都城纪胜》《西湖老人繁胜录》等书中可窥一斑。特别是由其催生的都城饮食行业，达到了前所未有的兴旺盛景。在几百上千种菜点中，有一种奇特的美味制作方式，令人赞叹不已，即是把一种食物，装进另一种食物中加以烹制。当时最有名的有灌肺、灌肠、灌藕……灌肺在内地已罕见，但在新疆维吾尔族人居住的地区仍在制作，当地叫"面肺子"。灌藕即是目前尚在杭州市井制作并受市民喜爱的"糯米酥藕"。

本文要诠释的是"灌肠"。"灌肠"是什么，一般人都会感到陌生。如果我告诉你，"灌肠"就是香肠，你便会恍然大悟。它们的不同是，一个以制作方法的"灌"字来命名，而另一个以嗅觉的感受"香"字来命名。说起香肠，实在叫人太熟悉了，浙东浙西皆有。古城的百年老店万隆，年年有佳品问世，人皆熟知。而浙西的金华香肠、衢州米肠，还有广东腊肠，新疆哈萨克族人的马肠子等亦都是同一类制法的肉食品。

每年腊月，杭州闸弄口文辉菜场，就热闹起来。几对会做香喷喷金华香肠的金华地区的夫妻，便会铺开摊子，现场制作香肠。一批批大妈、大伯，都会现购夹心肉十斤、八斤，到摊位前排队做香肠。做香肠用的是羊肠衣，还有酱油、烧酒、白糖及调味品，都是师傅们带来的，他们还带来一台既简单又实用的机器当场灌制。做香肠的顾客，只要付一点加工、材料费就可以了。大妈、大伯们看着师傅们当场制作香肠，没用添加剂、没放人造香精，都放心得很。于是，来自杭城四面八方、拎着猪肉排队做香肠的，要按先来后到次序排队，忙得师傅们连吃饭都没有时间。等到又粗又长的一节节的新香肠做好，大妈、大伯们拎回家，还要凌空挂起来。让西北风吹，让冬日和煦的太阳晒。时间一天天过去，在风与阳光同新鲜香肠的不断亲密接触中，香肠瘦身了，酱油、烧酒、白糖、调料们，与肉末们发生生化反应，颜色从白变红，香气一阵阵透出。苗条美丽的"香肠姑娘"引来了大妈、大伯们满脸的笑容。儿孙们下班回来，或者远方的亲友们来探望，香肠开始一展身手：炒、蒸、烩、烤……变出各种口感与风味！

再说它们的同族兄弟们：衢州米肠，是用糯米、肉丁和调料灌入猪肠做成的，吃时只要煮熟切片就可享用；哈萨克族人是用马肉拌入调味品装入马肠子做成的，吃法也相同。至于其他民族、地区，可能也有类似做法与吃法。不管怎样，它们万变不离其宗，都传承自千年前的南宋灌肠！

给我一餐香肠佳肴，还你千年南宋风味！

22. 香甜灌藕人人爱

杭城大小宾馆、大小酒楼的菜单上，基本上都有一款名叫"糯米酥藕"或者"桂花糯米藕"的冷菜。暗褐色的莲藕，孔里填满了雪白的糯米，切成片状，很规则地斜叠在一起。这种糯米藕片，吃来香甜爽口，很受本地市民和外来的南北游客的喜爱。因为其味道诱人，就带来了商机，像百年老店知味观和楼外楼的连锁店及一些农贸市场与超市，都有现做的或者做好后真空包装的糯米藕应市。这样好吃的东西，别以为是现代杭城哪一位食神与大厨发明的，其实它是我们南宋老祖宗传承下来的。

翻开南宋学者周密所著《武林旧事》一书，里面"元夕"一节就介绍了"生熟灌藕"。灌藕，自然是往一段藕的孔里灌装另一种食材。熟灌藕，就是如上所说的在藕孔里装糯米，与粥米、红糖、麦芽糖加水炖煮做成；至于生灌藕，孔中装的是何物，笔者至今没有考证出来，亦难以洞悉宋人此一奥秘。因此，本文只能向读者诸君介绍熟灌藕的做法。

先准备老藕（最好是中间那段）两段，切去前后藕节，洗净待用。另准备上好糯米一斤半左右，淘净，用清水浸一个小时上下，备用。在做灌藕时，先将一个藕节用牙签固定在原位，然后往藕孔里灌装糯米，越实越好；灌满之后拍拍，务使藕孔装满，然后再用带牙签的另一个藕节，封住藕孔。做第二段灌藕时，亦照前法。

煮灌藕不能用高压锅、电饭锅，要用不锈钢炖锅或大砂锅。放大半锅水、放灌藕，再放红枣、糯米、红糖、麦芽糖。先用大火烧开，然后用小火慢滚，直到筷子可以轻松插进藕体，才算烧好，也可放点蜂蜜增味。

旧时杭城做酥藕的师傅，往往在黄昏时将所有食材落锅，一晚上柴、炭火不绝，要烧到第二天凌晨，才把满缸（用缸代锅）糯米藕炖酥。藕烧好后，整段取出，让其自然冷却，然后用快刀切成片状，叠放盘中，再浇上锅中浓稠的甜汁，就可上桌。喝同锅香甜的藕粥，吃香酥的糯米藕片，无疑是人生一大享受。

作为冷盘，糯米酥藕是独具杭州特色的冷菜；作为小吃，是香甜味美的点心。它传承七八百年，一直流传至今，仍有旺盛的生命力。它从南宋穿越至今，独具特色，仍然保持着独有的迷人的魅力。

23. 千年蟹香飘杭城

螃蟹双眼突出，形体似龟，八脚如蛛，是一种丑陋的甲壳动物。但其肉质鲜美，成为人们嗜食之物。自然，第一个尝试蟹味的人，必定是勇士，否则至今，我们尚不知此丑陋之物是否可以食用。

从历史记载看，我国食用螃蟹已有三千年左右历史，但史料中没有记载第一个吃蟹者的姓名。至于杭州，令人兴奋的是，在野史中却能找到早期吃蟹的人。

古时杭州人崇尚吃蛙而鄙视食蟹，直到唐代末年，才有人公开品尝：当时武林门外半道红，有个名叫田彦升的农民，非常孝顺母亲。他的母亲非常喜欢吃蟹，他怕在当地捉蟹会让人讥笑，常常到苏州、湖州一带买蟹煮熟后，用布袋装了带回家供母亲享用。唐昭宗乾宁三年（896），他买了一袋湖蟹回到杭州，刚好碰到淮南军阀杨行密派军队攻掠淮南，企图吞并吴越国。当时杭州百姓纷纷外逃，田彦升亦带着老母、背着湖蟹逃到外地山谷中去避难。他人皆因缺食而亡，独田彦升母子得以安全而归。一袋湖蟹救了他们母子两条命。此事一经传开，杭州人便开始将蟹视作吉祥之物。

至五代十国时，湖蟹已成为市民招待亲朋好友甚至帝王席上的名菜。成语中有"一蟹不如一蟹"这个典故，就出在杭州：后周显德五年（958），后周世宗柴荣派大臣陶谷出使吴越国，吴越王钱弘俶设宴款待，宴席上罗列了从青蟹至蝤蛑的十多种螃蟹。从蟹体看，先上的青蟹最大，之后上的一只比一只小。陶谷开玩笑说："真所谓一蟹不如一蟹。"以此言说吴越国自钱镠开国后，三代五王，一个不如一个。以蟹喻人，亦是新奇之喻。

北宋时，欧阳修在《归田录》一书中，又记载了另一个爱吃蟹的杭州人的故事：北宋初期，各地都有通判（地位略次于州府长官，但有连署州府公事及监察之权）与知州争权之事。有个名叫钱昆的杭州人，特别爱好吃蟹，在杭州买不到蟹，便托人到外地去采购，有人问他有什么愿望。他说："但得有螃蟹无通判足矣。"螃蟹横行，其味鲜美，而通判横行霸道，却是惹人讨厌，因此，他作如是言。

此外，两任杭州地方官的苏东坡也是一个爱吃蟹的老饕。他在《丁公默送蝤蛑》中，曾有趣地写道："堪笑吴兴馋太守，一诗换得两尖团。""尖"指尖脐公蟹，"团"指团脐母蟹。苏东坡笑说自己用一首诗换了两尖两团四只蟹，洋洋得意之态，使人备觉这位诗人"市长"的可爱。

至清代，杭州又出了个著名的吃蟹专家、隐居云居山的戏曲家李渔。此人吃蟹吃出了大学问。你听他对蟹的评价："蟹之鲜而肥，甘而腻，白似玉而黄似金，已造色香味三者之至极，更无一物可以上之。"关于吃法，他主张"凡食蟹者，只合全其故体，蒸而熟之，贮以冰盘，听客自取自食"。杭州人吃蟹，正是按此金科玉律照办。

旧时杭州人吃蟹不易，因价格昂贵，一般人难常染指。现在随着人工养殖事业的发展，蟹价大跌，持螯品酒，已成为寻常百姓亦能大快朵颐之乐事。

杭州人真是有口福！

24. 金秋名食蟹酿橙

南宋学者林洪，著有美食随笔集《山家清供》一书。此书对《梦粱录》《武林旧事》《都城纪胜》《西湖老人繁胜录》等古籍漏载的许多南宋佳肴美点及名人轶事，作了补遗，是一部经典的名著。林洪在此书中，介绍了一款金秋美肴蟹酿橙。

它以湖蟹膏肉为主料，配以香橙制成。此菜做工极为精致，即使七八百年后的今之杭帮菜中，亦难以见到有如此精细工艺的名菜。此菜以螃蟹、香橙、绍酒、菊花四味之美相汇，具有浓厚的江南金秋色彩。

林洪曾回忆前人危巽斋（稹）写的《赞蟹》："黄中通理，美在其中，畅于四肢，美之至也。"说的本是《易经》上讲的话，而在螃蟹上得到了体现。现在，又在蟹酿橙这道名肴上感觉到了。

1984年秋，在杭城学界掀起研究南宋文化之风时，笔者与八卦楼名厨叶杭生合作，反复试制，终于烹出这一款南宋金秋美肴。

制作蟹酿橙，先要准备熟甜橙三只（不能以橘代替，因为橘之鲜香之味不及，蒸后又易塌），最好选橙顶上带枝条的，以示新鲜。做此佳肴时，以快刀平着截去圆顶（截去部分宜占香橙高度的五分之一），剜去橙肉，留下少许橙汁。然后取大螃蟹两只（或小螃蟹三四只），煮半熟，挖出蟹膏肉（蟹黄、蟹膏、蟹肉），分别填入橙内，然后盖上橙盖，插上三根牙签，将橙盖与橙体固定一体，放入平底大碗中，在碗中放适量的绍酒、醋、水，扣上盖碗，上笼隔水蒸半小时左右（亦可视橙子变形情况，随时调整）。出笼后，换装仿南宋官窑瓷盘。蟹酿橙旁，宜缀以洁净的菊花和菊叶。一切就绪后，即可上桌。食时，以筷夹橙中之蟹膏肉，蘸炒过的花椒盐及香醋而食，香而鲜美。

此菜纯以自然之美，突出菜肴的色、香、味、形、器，有太羹之味，保持了中国传统菜肴制作的真髓。

25. 天下烤禽数它香

用烤（即炙）的方法烹制肉食，是我国历史上，最为久远的一种烹饪方法。早在六七千年前的河姆渡、仰韶文化中，先民已用柴火烤制各种肉食。考古学家们从这些远古的遗址中，发现炭火痕迹的同时，亦发现了各种兽类及畜、禽的骨骼，由此可见，烤（炙）是比较易于为人们掌握的一种加工肉食的方法。两千多年前的《诗经·小雅》中已经有了"有兔斯首，燔之炙之"的烤兔头的记载，可见炙法之源远流长。

七八百年前，南宋都城临安（今杭州）市井中，酒楼菜馆林立，供应各类菜肴达数百种之多，其中不少是用炙法烹制的，如五味炙小鸡、旋炙犯儿、炙鳅、炙鳗、炙鱼粉等（见南宋学者吴自牧之《梦粱录》）。"蜜炙鹌子"（即蜜炙鹌鹑），即为其中之一种。

现在市场上常见有烤（炙）鸡、烤（炙）鸭应世，但稀有烤（炙）鹌鹑鸟露面。鹌鹑是一种体小如雏鸡的雉科动物，原为野生，繁殖于我国东北和西北地区；迁徙及越冬时，遍布我国东部地区，现已被驯化为家禽，各地农贸市场不难见到。此禽之肉，嫩美且有滋补作用。唐代医药学家孟诜说，它具有"补五脏，益中续气，实筋骨，耐寒暑，消结散"的食疗功能，是一种优质的禽肉。一般人常以油炸、红烧、切块炒食的方法食用，但远不如南宋时的一种做法，即用蜜炙的方法制作味美。

1984年，在杭州盛行研究南宋的学术风尚中，笔者曾与杭州名厨叶杭生在当时的八卦楼菜馆仿制过这道南宋菜，其味确实别致可口，受到食客们的纷纷赞赏。

其实，这道菜制作并不难，亦可在家庭中制作，凡家有微波炉、烤箱者，皆可按以下方法烹制：取鲜活、健壮的鹌鹑4只，宰杀放血、拔毛去内脏后，洗净晾干，用花椒盐（花椒与盐以1∶5的比例炒成），遍擦鹌鹑鸟身内外，腌制半小时后擦干，再涂以上好黄酒（去臊去腥），晾干后，再遍涂蜂蜜一层，即可放入烤箱烤制。待熟后，即可取出切块装盘。此菜烹成后，色泽黄亮，外脆内嫩，香味浓郁，最宜佐酒吃粥，是一款仿南宋佳肴。

有志于学习烹饪技艺及爱好美食的朋友，不妨一试，这会增添你生活中的情趣。逢年过节，在家中款待亲友，会给你家餐桌增添一道耀眼的亮色。

26. 陆游故里的炒蚕蛹

南宋诗人陆游，一生写了近万首诗词，不仅是个多产作家，而且还是一个与众不同的美食家：地上跑的猪、牛、羊、鸡、鹅、鸭；水里游的鳜鱼、汪刺鱼、鲚鱼、螃蟹；天上飞的黄雀、斑鸠、鹌鹑；山林坡地里长的蕨菜、野笋，都吃了很多……

陆游在故乡绍兴鉴湖三山生活时，因当地养蚕，经常将蚕蛹当家常菜吃。这有他写的诗可证："瓦盎盛蚕蛹，沙斟煮麦人。"（盎是腹大口小的装菜的陶盆；斟是古人蒸饭用的陶锅）意思是说，他用砂锅蒸麦仁（麦子去壳后的籽仁）当主食吃，又用陶盆装了炒熟的蚕蛹当菜吃……

江南一带，农民都有养蚕的习惯。蚕宝宝结茧后，可以抽丝织绸，也可以做成丝绵被御寒。蚕茧加工后，会留下蚕蛹。蚕蛹是一种高蛋白的昆虫食品，含有蛋白质、脂肪、多种微量元素与维生素，营养十分丰富。曾有饮食文化专家说，一颗蚕蛹的营养价值，相当于一只鸡蛋。

我父亲年轻时，在老余杭从事丝绵加工、销售工作；我母亲是老余杭农村养蚕人家的女儿，所以我家中经常吃炒蚕蛹。蚕蛹洗净晾干后，用姜粒爆香油锅，倒入蚕蛹并加入少量辣椒一起炒，起锅时，再加一些盐和葱花，其味香美可口之至。

三年自然灾害时，我在新疆阿克苏支边，厂里食堂每天只供应"五马什"（维吾尔语，六谷糊）、清水面条，由于营养不良，许多工人都得了浮肿病。我谋事的外贸皮毛厂隔壁，是一家缫丝厂。来自江苏支边的工人们，将蚕茧缫丝后抛弃的蚕蛹，炒了当菜吃。当年我托熟人要了一些，挑去那些身长带籽而肉瘪的雌蚕蛹，剩下一碗个小而结实的雄蚕蛹，用少量油、盐、辣椒、葱花炒了吃。炒好的蚕蛹，色泽金黄，浓香扑鼻。那味道胜过油氽花生，只是没有花生米那样爽脆而已。我因为有炒蚕蛹吃，没有得浮肿病，气管炎也没有复发。

七八百年前的诗人陆游，都将蚕蛹当菜吃，我们又何必害怕、顾忌吃虫子呢！

27. 民间刻骨恨化作葱包桧

说起杭州的市井美食，不能不提起葱包桧儿。葱包桧儿这个叫法本身就很奇特，特别是有一个"桧"字。"桧"是一种常绿乔木的名称，人以桧为名的，历史上有名的只有秦桧一人。自从秦桧害死民族英雄岳飞以后，很少有人再以"桧"字入名，故后人云"人自宋后少名桧"。葱包桧儿这种大众化美食，可以说是与秦桧有联系的，由此可见，它已有比较悠久的历史。

葱包桧，杭人称之"葱包桧儿"，由春饼、甜酱、葱段、桧儿组成，其中"桧儿"是主料。所谓"桧儿"，全称为"油炸桧"，即油条。

这里有一个历代相传的趣事：南宋初期，岳飞被秦桧以"莫须有"的罪名害死后，杭州百姓人人痛恨这个奸臣。在鼓楼望仙桥畔，有一家油条店，店里的伙计听说秦桧、王氏害死岳老爷后，气得不得了。其中一人马上用发酵面团做了两个人，一个像秦桧，另一个像王氏，因为他俩勾结在一起，便将两个人形面团拉长扭在一起，然后摘了他们的头入油锅猛炸，直炸得"秦桧""王氏"遍体焦黄。另一个伙计见状大叫："油炸桧！油炸桧！"一个路人好奇，问明原委后连声叫好，并马上买了一副，拼命咬嚼起来，以解心头之恨。周围的人见了，也纷纷掏钱买"油炸桧"，大咬大嚼。于是，一夜之间，杭人皆称油条为"油炸桧"，以表对秦桧夫妇的刻骨仇恨。

转眼八百多年过去了，至今一些上了年纪的老杭州人，还是将油条叫作"油炸桧儿"。

葱包桧儿的含意又比"油炸桧"更进一步，它用春饼包油炸桧，加葱、甜酱后，烤后食用，寓意是将"秦桧夫妻"油炸后再用火烤。

葱包桧儿的做法是：先将油炸桧儿在平底锅上揿扁，烤至略脆，另将葱段也烤扁至略黄，然后取春饼三张，边与边接叠成椭圆形，抹上甜面酱，放入烤好的葱段六七根和烤好的油炸桧一副（对折），卷成筒状，再放在平锅内揿压，直烤至春饼呈金黄色即成。如喜欢辣味的，还可以在饼的外层涂上辣酱，味道则更好。

葱包桧儿甜辣香脆，经济实惠，是深受广大群众喜爱的市井美食。它可作早餐，也可在两餐之间或晚间充当点心，可说是一种历史悠久、充满市井气息及文化色彩的杭城大众化小吃。

28. 济公故乡的豆腐圆

中学读书时，路过平海路浣纱河旁，常见到有一个卖豆腐圆的摊子，一阵阵香气四溢。少年时代嘴馋，经不起美味的诱惑，便用二角钱买了一碗豆腐圆吃，味道真的绝了。大叔见着我吃得津津有味，便自豪地向我介绍起他故乡台州的这一小吃。

他说：故乡豆腐圆子的产生，与台州佛教天台宗的兴旺有关系。台州有隋代古刹、天台宗发源地的国清寺，又出济公活佛。因此，作为素斋的豆腐生产，历来比较讲究，不仅厂、店制作，农民也都会做。但作为俗家子弟的平民百姓，虽然信佛、崇敬济公活佛，但要他们常年吃素豆腐，总是打熬不住的。于是有人想出了嵌肉馅的方法，做豆腐圆子。这种圆子，外面全是豆腐，看不出其中有肉，而吃来味道鲜美，成为台州的一种著名的小吃。

台州豆腐圆子的做法是：取一只小盆，把加了少许味精和细盐的500克嫩豆腐放入盆中捣碎，另取一只浅底碗，放上250克面粉，用手稍压。再取一只碗，用葱花、香菇末、嫩笋末、味精、细盐调好适量肉馅待用。等锅中水沸时，挖一瓢碎豆腐放在碗中的面粉上，再取一些肉馅放在碎豆腐中间，用筷子将豆腐裹住馅子，然后晃动面粉碗，让豆腐外面均匀地沾上一层面粉，滚成一个腰圆形的圆子。圆子做好后下到滚水锅中，等浮上水面，稍余一会儿，便可带汤舀到放有猪油、榨菜末、味精、细盐、葱花的碗中，可以吃了。

这种豆腐圆子，味道特别鲜美可口，且营养丰富。由于材料易得，制作也较简便，一般家庭都常做了吃。

朋友，你想尝尝济公故乡的风味小吃吗？请试做清鲜味美的豆腐圆子。

29. 济公与无锡肉骨头

南宋高僧济公，在江南一带闻名遐迩，传说很多。比如，他爱吃狗肉，爱喝酒，爱打抱不平，本来和尚应该吃素的，而他肉、鸡、螺蛳无一不吃，世俗色彩很浓厚。相传名闻海内外的"无锡肉骨头"（即无锡排骨），亦与他有着一段不解之缘。

南宋时，无锡城里来了一位身穿袈裟、手持破蒲扇的游方和尚。他走到一家熟肉庄门口，向老板讨钱。老板说："刚开店门没有钱，给你一块肉吃吃吧！"于是，便拿了一块熟肉递给这个和尚。原来，这和尚就是济公。吃完手中的肉后，济公又问老板讨，老板又给了一块，济公吃了后又要肉。老板有点不高兴了，说："肉都给你吃完了，我明天卖什么呀！"济公接过话题答道："卖肉骨头嘛！"说着，就从破蒲扇上抽下几根蒲茎，交给老板："你把这几根蒲茎放在肉骨头锅里一起炖，我吃的肉，日后会加倍还给你的。"老板闻言，半信半疑。翌日，老板如法炮制，锅中肉骨头果然异香扑鼻，整个无锡古城都能闻到香气。自此，这家肉庄，便开始经营起烧肉骨头的生意来。

据地方志记载：清光绪二十二年（1896），无锡产的传统肉骨头，已经畅销于市，尤以无锡南门外的黄裕兴肉庄的肉骨头最为有名。该肉庄的肉骨头均用留存下来的老汤原卤烧煮，风味独异。后来，无锡肉骨头又形成南、北两种风味特色。1927年，无锡三凤桥附近有一家慎余肉店，以高薪聘请了几位烧肉师傅，兼收南北两派烧肉骨头的特色，改进选料、调味和操作方法，终于创制出今日无锡肉骨头最有代表性的名牌产品，畅销海内外。

30. 济公创制天台饺饼筒

笔者有幸在庄严肃穆的天台宗发源地——隋代古刹国清寺及天下独绝的石梁飞瀑与天台华顶，留下了流连忘返的足印。在临走之时，陪同游览天台山的当地朋友，说是要为我饯行，请我品尝一下天台名食——饺饼筒。

此一天台名食，以前在杭州时从未听说过，也不了解，便问天台朋友道："此为何种美食？有甚出典？"

朋友莞尔一笑说："天台山是天下名山，'天台之奇'与'黄山之秀'齐名，是盛唐时浙东唐诗之路途径的主要景区之一。李白、杜甫、王维、杜牧等唐代众多的著名诗人均到此游览，写下了1500多首诗。由于历史悠久，人文荟萃，天台民间饮食的文化色彩也较浓厚，乡土美食比比皆是，饺饼筒即是其中之一。千言不如一观，请您到舍下厨房去看看我具体制作便知。"

笔者随着朋友走进他的住宅，来到厨房。只见朋友拿起一只特制的平锅——"鏊"，搁到煤气灶上，打着了火，在"鏊"上薄薄地涂上了一层油，然后将薄薄的面糊，用手在平锅上转抹成一张张圆形的薄饼并取下，然后分别裹上调好味的烹熟的肉片、猪肝、蛋皮、鱼肉（去刺），并分别加入熟黄花菜、熟木耳、熟笋丝、水发粉丝等，卷成筒状，再用少许油、小火，在鏊上翻烤至金黄色即成。此点制成，香气阵阵，催人涎下。朋友顺手递给我一个，叫我品尝。我放入口中一咬，只觉齿舌生香，味道鲜美，爽口之至。

朋友爽朗一笑，说："你吃的饺饼筒，系与南宋时天台出生的高僧道济（济公和尚）有密切关系。"

相传，当年济公在隋代古刹国清寺当和尚时，见寺内香积厨每餐剩下许多菜肴，都倒入泔水桶中送农家喂猪。他心痛浪费，便动脑筋，用面糊薄饼（天台人称之为"糊拉汰"）卷入剩菜食用，吃后发现滋味还挺不错的。济公这一顺手的创制，后来流传到社会上，久而久之，便形成了天台的这种奇特的吃法。后人在此基础上逐步改进，时间长了，这便成为浙东天台的名食了。

朋友又告诉我，这种饺饼筒，可以当点心，可以过粥，还可以作为下酒的"菜"。逢年过节，天台人家家都喜欢根据自己的口味爱好制作饺饼筒，以作为节日美食。

看来天台的饺饼筒与杭州的春卷确有同工异曲之妙，在我省地方美食间不分伯仲。它们各有特色，相互媲美，反映出浙江民间饮食生活的丰富多彩！

31. 济公与运木古井

济公和尚，在江南一带可说家喻户晓，人人皆知。脍炙人口的济公故事，更是在民间代代相传，流传不绝。特别是著名喜剧表演艺术家游本昌以精湛的技艺、夸张的手法，在电视剧中重现了济公的形象后，他唱的"鞋儿破，帽儿破，身上的袈裟破"的歌曲，更是不胫而走，在海内外风行一时。人们往往以为济公只吃狗肉和老酒，对于其他东西是不屑一顾的。其实，现实生活中的济公与艺术形象中的济公，完全是不同的，文化修养要高得多，学问、胆识难有其二，而且人情味更重。

济公（1148—1209）是南宋时人，俗姓李，名修缘，浙江天台人。其家世显赫，高祖是宋太宗的驸马，任镇国军节度使。父母信奉佛教，四旬得子，其父请国清寺方丈取俗名，为修缘。父母去世后，他拜法空一本为师，法号道济。当地传说，他出生时，恰巧国清寺罗汉殿的第十七尊罗汉像倒下，因此人们认为他是罗汉转世。因其举止疯疯癫癫，人们又称其为"济癫"。

道济后来辗转来到杭州灵隐寺，向慧远禅师学习，由于天资聪慧，佛学造诣颇高。之后，他居住净慈寺，死后葬于虎跑寺中，至今坟冢尚在。

杭城佛教有四大丛林，即灵隐寺、净慈寺、昭庆寺、径山寺。道济栖身的净慈寺，系五代后周显德元年（954），吴越王钱弘俶所建，原名"慧日永明院"，后屡毁屡建。道济在世时的南宋绍兴九年（1139），就重建过一次。

净慈寺建筑宏丽，寺前有亭，晚钟撞响时，抑扬回荡，山鸣谷应，被称为"南屏晚钟"，为"西湖十景"中唯一以音响入景的名胜。

传说有一天，道济问方丈："有寺好，还是无寺好？"方丈误听，双掌合一，说："出家人以慈悲为本性，有事自然无事好！"道济微笑而退。这时，有火神化为一年轻女子，入寺以烧香为名，点燃大殿，焚毁寺院。此时方丈方悟道济之语有先兆。知其通神，恳请道济募化，帮助重建净慈寺，道济允之。之后道济远去安徽，适逢一家财主之子患病难治，道济揭榜，手搓身上污垢为丸，让病人温水吞服，次日即愈。财主知遇神僧，问何以为报。济公脱下身上破袈裟说："我用此衣包你山上树木，包着几棵，就给我几棵吧。"财主闻言乐之，说："好，好，任凭神僧包住，决不虚言！"道济一笑，至后山，将袈裟抛向天空，一时无限张开，将财主的整个山岭全部包住。财主吓得拜服在地，道："神僧法力无边，小老愿将山林所有树木相赠，只是树全部砍光，小老一家何以为生？"道济说："三年后，保尔山上树木复原。"接着道济将所有巨木通过京杭水道南运。至一关隘，有官员挡住道济要他交税。道济说："和尚化缘所得，系为重建杭州净慈寺之用。"官员说："不管如何，只要船只、货物从水道上过，都要抽税。"道济说："如木料从水下过，可要收税？"官员笑道："木料从水下运输，一分银子都不要！"说罢，道济双掌合一，念念有词，顿时所有木料都头朝下入水下而走，官员惊得目瞪口呆，无话可说。再说道济摇着破芭蕉扇，飞也似的奔回了杭州，入寺便大喊："木料来了！木料来了！"方丈正和诸僧在焦地废墟上熬粥，一听此言，忙问："木料在何处？木料在何处？"道济答道，在偏殿院子井中。方丈半信半疑走去，果见木料一根又一根从井中涌出，众僧看得惊心动魄，忙搬木料。搬了三天三夜，道济忙问请来重建寺院的"鲁班"师傅："师傅，木料够用了吗？""鲁班"师傅忙说："够了！够了！"一语既出，只见井中不再向外涌木。寺院建好，等要上大雄宝殿栋梁时，"鲁班"师傅呆住了，还缺一根做栋梁的巨木。他知道道济是神僧，赶忙求助。道济说："你跟我来。"到了井前，道济说："你往下看！""鲁班"朝井底看，果然发现井底水面还有一棵截面朝上的巨木。道济说："你说木料够了，它就不上来了。""鲁班"担心一世英名就此完蛋，忙哀求道济帮忙。道济命他用草绳将许多木料的刨花捆扎在一起，说罢念念有词，木质刨花顿时化为大殿一根数人环抱之大梁。从此，杭州百姓都知道，净慈寺大雄宝殿的大梁，是一根刨花梁……

儿时常听里巷父老讲起南宋时这一神奇的故事，之后无数次到净慈寺偏殿院内去看运木古井。守井的和尚，便会将插着一枝点燃的蜡烛的烛台，用麻绳放下去，直接搁在一棵大树的圆截面上，让观者直视。我和游客都伸头往井底看，果然井底有一根巨木的圆截面与井水持平，蜡烛一亮一亮，看得清清楚楚。

七八百年过去，这运木古井一直保存着，观看井底巨木的海内外游客，摩肩接踵，纷沓而来。

老辈姑妄言之，我们亦不妨姑妄听之。道济重建古寺的故事，一代一代往下传，一直流传到今日。

南宋时净慈寺毁后，是否是道济募化山木重建，史书没有翔实记载。但是有一点是可以肯定的，当时道济确实驻锡挂单在净慈寺内，他平时不断做好事，也广为人知。

32. 南宋遗韵叫花童鸡

杭州人爱吃鸡，鸡肉高蛋白、低脂肪，富含多种营养物质，是一种滋味鲜美而又补养身体的禽肉。曾在杭州行医的、清代咸丰年间的医学名家王士雄，在他经典的食疗名著《随息居饮食谱》中说："鸡，甘温，补虚暖胃，强筋骨，续绝伤，活血调经；拓痈疽，止崩带，节小便频数，主娩后虚羸。"老百姓常说，四条腿的（牛、羊、猪）不如两条腿的（鸡、鸭、鹅），不是没有道理的。鸡肉可做多种多样佳肴，无论白切、红烧、香卤、清炖，还是爆炒、烤制、炖汤，都别有风味，引人食欲大开。杭州人爱吃的鸡肴有多种多样，最有名的还属吴山烤鸡。每天上午，吴山路吴山烤禽店门口总是排着长龙，排队的不但有市民，还有中外游客，以至日销售量常常超过百只。另外，还有各个菜馆用散养鸡做的白斩鸡、火腿虫草花炖鸡、栗子炒鸡、宫保鸡丁、香卤鸡翅鸡爪等，都是深受消费者喜爱的鸡肴。此外，做杭三鲜、什锦火锅、雪菜炒时件，也都离不开鸡肉。但多种多样的鸡肴中，最负盛名的是一款名叫"叫花童鸡"的鸡肴。它是一款独具杭州风味的佳肴，是华夏众多鸡肴中的精品之一。虽然邻省的江苏，也有一道常熟叫花鸡，但从历史渊源来说，杭州的叫花童鸡，得南宋同类鸡菜的精髓，具有历史的传承性。

据居住在杭州西溪湿地洪园的南宋著名学者洪迈所著《夷坚志》一书记载：南宋时，京城临安（今杭州）闹市，有一家名叫升阳楼的菜馆，有一个名叫李吉的人，常在那里卖爊鸡。“爊”是一种古老的烹饪方法，它的做法是将鸡放在微火上煨熟，与旧时叫花子（乞丐）偷了鸡宰杀后将鸡带毛用泥包住，放在柴火与炭灰中煨熟的吃法，非常接近。现在杭州名菜叫花童鸡的制作方法，与南宋爊鸡的做法非常接近，还比南宋爊鸡的做法更为精细，更讲究用料和做法。大厨们以放养的童子母鸡为主料，用的香料则有山柰、八角、绍酒、酱油、白糖、细盐、葱结、姜丝、川冬菜等九种；辅料则有猪网油、猪腿肉丝等。制作时，用玻璃纸与鲜荷叶以麻绳包扎整鸡并捆紧，再裹上加了绍酒沉渣的酒坛泥，做成一个小“枕头”，入电烤箱煨制。从入炉到出炉，先后要耗费四五个小时，才算完成整个制作过程。食用叫花童鸡的时候，先由服务员用木盘将叫花童鸡端至餐桌上，当场用木棍敲破泥包，去泥剥开，将鸡带荷叶放入瓷盘当中，供食客们享用。

多年之前，我曾应杭城某餐饮公司之邀，到杭城久负盛名、当时还在解放路井亭桥旁的、百年老店天香楼去参加一次盛会。当时上的菜肴花色丰富，水陆肴馔、山珍海味次第而上，令人目不暇接。其中就有一道该店的招牌菜叫花童鸡。旧时杭城有名谚曰：“城里天香楼，城外楼外楼（旧时楼外楼在钱塘门外）。”说明杭州旧时菜馆菜烧得好吃的，还属这两家老字号菜馆。天香楼制作的叫花童鸡，原料采用正宗的土种童子鸡，鸡身不大，约斤把重，色泽淡黄，肉质细嫩，菜做好后，冒着氤氲的热气，平卧在散开的干荷叶之上。鸡香浓郁，又透着淡淡的荷叶芬芳。食者筷子插下去，酥烂的鸡翅、鸡腿任人夹取。入口则香醇无比，鲜美异常，令人回味无穷。

菜鲜酒香，微醺当归之时，热情的东道主抓住我的手腕，诚恳地说："老朋友，请为我们写写杭城这一古老名菜的源远流长的历史，并说一说它丰富的历史文化内涵，让爱好美食的消费者们了解，长长我们老字号的志气，也为我们美食天堂杭州作一广而告之！好吗？"

盛情难却，言语感人，回到寒舍后，我略作思考，便铺纸引笔，在灯下写出如上文字，以飨同好之读者诸君！

33. "武大郎"卖的不是烧饼

杭州人逛街叫"荡马路"，我最喜欢荡的地方，是河坊街历史街区，因为那里有南宋御街最热闹的地段清河坊的影子：诸行百业林立，金银珠宝、丝绸绫罗、奇花异果、珍稀特产，天下所无者皆聚集于此。但河坊街离寒舍毕竟太远，通常天气好，精神好，我会骑我的电动小三轮颠簸前往。一年也不过二三次。

荡河坊街，要荡出味道，一是要慢慢荡，这家店穿进，那家铺穿出，都要好好看看，什么特色名产，什么时新服饰，什么养生补品……二是要多了解，多问问。最近去河坊街的一次是在端午节前后，天未大热。停了电动小三轮后，逛了万隆、方回春堂，一路向西走。走到小井巷附近时，我看到路边有一个"武大郎"烧饼摊。摊边站着一男一女，男的四十六七岁，身材矮胖；女的三十五六岁，长身玉立，两人都穿戴着仿宋服装，在招徕顾客。毫无疑问，男的模仿的是武大郎，女的模仿的是潘金莲，我不知他们是不是一对夫妻，因为摊边围着许多游客，我也不便去问他们，便花20元钱买了一甜一咸两只烧饼，站在路边吃。甜的像麻饼，外面沾满了白芝麻，咬了一口，里面的馅子是以糖冬瓜蓉为主，甜酥可口；咸的是干菜饼，不是发面，咬来质地较硬，但干菜很香。一边吃，我一边走过去问旁边店里的一位大伯，这扮武大郎与扮潘金莲的，是哪里人。大伯笑着说，这位扮武大郎的是江西人，姓姜，已是这摊位的第四任"武大郎"了；扮"潘金莲"的是刚找来的，是第三任，不知是哪里人。这时，摊前游客已开始减少，我过去和"武大郎"搭讪，问他一个月工资多少。老姜说，三年前来时，老板一月只给1600元，后来生意越做越好，烧饼卖得多，现在一个月能拿五六千元。我问他具体有多少。"武大郎"笑了笑，说："这是商业秘密！"

我站在人潮涌动的河坊街历史街区最热闹的地段，左前方有吴越国韶国师开凿大井的大井巷，右前方有南宋清河郡王张俊在太平坊巷的王府遗址。站在吴越与南宋历史遗迹之间，我不禁发思古之幽情，仿佛已穿越到武大郎曾经生活过的南宋时期。据明代施耐庵《水浒传》记载，武大郎每天早晨挑一担做好的炊饼，告别妻子潘金莲，上街去卖炊饼。现代人都以为炊饼就是烧饼，所以河坊街仿古的"武大郎"摊位，卖的是名副其实的烧饼，其实这是历史的误会。烧饼是烤的，炊饼是蒸的。烧饼是圆而扁平的，炊饼是底平、上面圆圆鼓鼓的馒头。烧饼是多层次的，必须现烤现吃，才香美可口，如果冷了受潮，吃来就如同啃橡皮。武大郎凌晨在家里做好整整一担炊饼，挑到街上去卖，要慢慢卖，才能卖完。因为它是发酵过的实心馒头，冷了仍然松软好吃，放个半天也不会有一点问题。如果是一担烧饼，一冷像橡皮，谁还会买来吃。南宋是传承北宋的。北宋有孟元老其人，随宋高宗南下后，著有《东京梦华录》一书，追述徽宗崇宁、宣和年间北宋都城开封的城市风貌及王公贵族与庶民百姓的日常生活情景。在该书的卷之四"饼店"处介绍："凡饼店有油饼店，有胡饼店。若油饼店，即卖蒸饼、糖饼、装合、引盘之类。"这里说的蒸饼，即炊饼。吴处厚《青箱杂记》卷二云："仁宗庙讳祯，语讹近蒸，今内廷上下皆呼蒸饼为炊饼。"这是在说，宋仁宗名赵祯，时人避其讳而称蒸饼为炊饼。所以，武大郎卖的炊饼，应该是蒸饼，即馒头也。馒头有带馅及不带馅（即实心）的两种。南宋杭州市井，两种馒头都很多。翻开南宋古籍《梦粱录》卷十六"荤素从食店"一节，我们会发现，书中记载着许多品种、风味不同的馒头：如糖肉馒头、羊肉馒头、太学馒头、笋肉馒头、鱼肉馒头、蟹肉馒头，接着隔了肉酸馅、千层儿两种，就提到炊饼，可见炊饼是归在馒头一类的。那么，为什么馒头叫饼呢？宋代时，那饼并不是现在所见的扁平的面粉烘烤制品的样子。南宋时的饼，有多种模样："索饼""汤饼"，是面条、面片（北方人叫揪片，一只手拿着一条揉好的长而扁平的面段，另一只手飞快揪下一小段、一小段，压扁了抛向沸腾的汤锅，煮熟后用漏勺捞起，拌以调料吃）；"环饼"，是馓子、麻花一类；"糖饼"，是方糕（《东京梦华录》一书的"饼店"中也提到了"糖饼"）；乳饼，是奶豆腐……这些饼与现代人观念中扁扁平平的面粉烘烤的制品，完全不同，概念已经全变了。了解了南宋武大郎卖的炊饼的真实情况后，我们也不必去计较现代武大郎卖烧饼是不是张冠李戴的事。这毕竟是一种做生意的营销手段、一种噱头。生意人姑妄行之，我们亦不妨姑妄观之，把他们当作一种行为艺术表演与生意经观赏吧！

北宋末年，金兵攻陷了北宋京城开封，徽、钦两帝被俘。到南宋初期，中原地区大都被金国占领。不愿降金的文武百官跟随宋高宗赵构逃往南方，不愿做亡国奴的老百姓也大规模迁往长江以南。在将近半个世纪的时间里，至少有三千万北方难民，陆续南下过长江跑到南方各省定居。这些来自北方的移民（包括笔者的祖先），带来了北方以面食为主食的饮食习惯及农耕种植小麦的习惯。大量的北方难民要吃面食，使得南方出现麦价高于米价的局面，使南方的稻农弃种稻米而种小麦。据宋代古籍《鸡肋集》记载，到宋高宗晚年，江浙两省遍布麦田，江南各个城市涌现大量制作面食的馆子与小吃店。杭州人爱吃馒头、面条等面食的习惯，可能也是从那时开始流行的。所以，在南宋古籍《梦粱录》《武林旧事》《都城纪胜》《西湖老人繁胜录》中，我们可以看到当时杭州众多荤素从食店中供应的、各种花色品种的面食制品。时间过去了七八百年，至今南宋遗风在杭州依然原汁原味存在着。如果你到杭州的大街小巷去走走，你会发现到处都有面店、馒头店、馄饨店、烧卖店、烧饼店……还有一些几十年乃至上百年以制作面食、小吃出名的老字号，如奎元馆、知味观、状元馆等。以面食当主食，自有它的优越性，那就是简单、方便。南方人吃米饭要炒菜，而且总要炒几盘，荤素搭配了吃才惬意，而吃面条、馒头、烧饼等，要简单得多。这也就是河坊街武大郎烧饼铺生意那么好的原因之一。此外，这家卖烧饼的摊子，还煞有介事，加上了仿古的噱头，吸引了众多的游客。

34. 宋韵遗风生吃大龙虾

20世纪90年代某天，杭州饮食服务公司及所创办的《饮服时报》为酬谢美食撰稿人，在当时的湖滨饭店设宴款待。穿着华丽的女服务员，手托各种山珍海味、时鲜蔬果瓷盘，次第而上。各类美食摆满铺着洁白台布的餐桌，满室生香，令人食欲顿生。在众多制作讲究的菜肴中，最吸引人的是放在餐桌正中的一只长尺余的、须枪俱全的红色大龙虾。它卧在一个巨大的椭圆形的青花瓷盘中。它的头胸部和尾部栩栩如生，而粗长的肉身已被切成薄片，整齐地码在头胸与尾部之间。为保持大龙虾的新鲜，龙虾下面铺着一张保鲜膜，保鲜膜下铺着一层晶莹的冰雪，更衬托出大龙虾头胸与尾部的鲜红与龙虾之肉的洁白、晶莹。龙虾的大盘旁则放着一碟芥末。很明显，这是叫食者夹了生龙虾片蘸了芥末食用的。虽说被邀请者大多是杭州的美食撰稿人，但许多人都没有吃过生龙虾片，面对这珍稀的美食，动筷的却不多。我吃了一两片，虽有新鲜之感，但对芥末的辛辣刺鼻，则难以接受。杭州人平时极少吃生鱼及生虾，虽然杭州菜中也有用白酒、姜汁、酱油腌制的醉虾及醉蟹，但食用的人也不普遍。面对这只几乎没有动过的大龙虾，有朋友提议，干脆切碎了烧泡饭吃，这主张得到了大家的赞许。当热腾腾的龙虾泡饭端上来时，大家吃了后都说，太鲜了，真的太鲜了。我这辈子是第一次吃龙虾泡饭。一般人都认为，生吃鱼虾的习惯来自日本，因为日本有著名的鱼生，用金枪鱼、三文鱼等名贵海洋鱼类之肉制成。他们也吃生龙虾片，并将其裹入不同的紫菜包的饭团中，做成日本传统美食——寿司。

其实，生吃鱼虾的食法并不是日本人的专利，它是从我国传过去的。两千多年前，孔夫子就爱吃生鱼片，《论语·乡党》中记载，"食不厌精，脍不厌细。"孔夫子平时吃的食物，要求越精细越好，而吃生鱼片则要求切得越薄越细越好。脍，即是细切的鱼肉等。到唐代，许多文人墨客都爱吃生鱼片，诗仙李白在《秋下荆门》一诗中云："此行不为鲈鱼脍，自爱名山入剡中。"说的是这次出行不是为吃鲈鱼做的生鱼片，而是喜欢名山，到浙东的剡中（即今之浙江嵊州一带）去玩。诗圣杜甫则云："鲜鲫银丝脍，香芹碧涧羹。"诗中说了他爱吃的两种美食：鲫鱼肉切丝做的鱼生，香芹菜放汤做的羹。到南宋时，杭州市井鱼生菜很多，《梦粱录》一书记载的就有"鲈鱼脍""鲫鱼脍""海鲜脍""石首鳝生"等，特别最后一种，用黄鱼肉、黄鳝肉合在一起做鱼生，可说极有特色。

35. 脍菜遗风——"醋鱼带柄"

清光绪年间举人、杭州学者徐珂于民国初期编撰了一部清代的百科全书《清稗类钞》。此书汇辑野史笔记和当时新闻报刊中有关清代朝野遗闻以及社会经济、学术文化的记载，实为研究清代历史的一部巨著。其中有关杭州饮食文化内容的篇章，为数不少。最为引人注目的是《饮食类》中关于"醋鱼带柄"的记载，全文如下："西湖酒家食品，有所谓醋鱼带柄者。醋鱼脍成进献时，别有一篓之所盛者，随之以上。盖以鲩鱼（即草鱼）切为小片，不加酱油，惟以麻油、酒、盐、姜、葱和之而食，亦曰鱼生。呼之曰柄者，与醋鱼有连带之关系也。"

记载很清楚。鱼生即南宋时所称之"脍菜"也。据《梦粱录》一书记载，这种生鱼肉切片做成的菜，在都城临安市上，甚为常见，最有名的有"鲈鱼脍""鲫鱼脍""鲤鱼脍""海鲜脍""石首鳝生"等。直到民国初年，杭州还流行，徐珂之记载即为可靠之依据。20世纪50年代，卫生部门怕群众生食鱼肉不卫生，不让菜馆制作，一转眼就是七十年。但广州依旧流行鱼生：1988年2月1日出版的广州《南风窗》杂志，刊登了一篇《舍命吃鱼生》的故事，极言粤菜鱼生之美味。该文介绍广州的鱼生，也是用草鱼肉制作，文中云"薄薄的如片片蝉翼，晶莹通透，如脂似膏"，吃来"竟是那么嫩滑鲜美，无论在口感上还是心理上都有一种说不出的滋味"。

三十年前，笔者应《经济生活报》"花市"副刊责编陈幸德先生之邀，曾专程走访了杭州"龙井虾仁"的正宗传人、灵隐天外天菜馆的吴祖寿老师傅，问吴师傅可会做此菜。吴师傅莞尔一笑，便兴致勃勃地讲起了"醋鱼带柄"的情况：此菜是一鱼两吃，用两斤重的鲜活鲩鱼（草鱼）制作。头尾肚当做成糖醋味；鱼身去皮、去骨刺，用利刀片成薄如蝉翼的鱼片，然后整齐地码在瓷盘中。吃时，用筷夹着，蘸着麻油、黄酒、精盐、嫩姜末、葱花、味精等的混合鲜汁生吃。我以前曾做过，现在的年轻厨师不但不会做了，连这菜的名称都陌生了。70岁以上的老杭州人，旧时倘上过西湖边的大馆子，恐是皆知的。

吴师傅接着又说："做此菜除鱼要鲜活直蹦外，还要有过硬的刀工，味汁的调配也很重要。一般每半斤鱼片，叠成一盘，客人吃了想添，再上一盘。过去天外天的鱼生，都是我亲手做的。可惜，现在杭州会做此菜的老厨师不多了。如果没人重视的话，不但这道菜，还有许多的杭州名菜，如象牙步鱼都要失传了。"

"醋鱼带柄，一鱼生熟两吃"的风味，虽然在市面上断档了，但并没有在人们的记忆中消失，红学家俞平伯先生20世纪20年代住杭州俞楼时，常到附近的名店楼外楼去品尝"醋鱼带柄"。他在《略谈杭州北京的饮食》一文中说："大鱼之外，还有一小碟鱼生，即所谓'柄'，虽是附属品，盖有来历……尝疑'带冰（柄）'是'设脍'遗风之仅存者。脍字亦作'鲙'，生鱼也。其渊源甚古，在中国烹饪有千余年的历史。《论语》'脍不厌细'即是此品，可见孔夫子也是吃的。……宋人说鱼片其薄如纸，被风吹去，这已是小说的笔法了。……日本重生鱼，或亦与中国的鲙有关。"另有一位浙江新闻界元老黄萍荪先生曾在杭州《经济生活报》发表文章，漫谈楼外楼当年之名菜"醋鱼带柄"，并怀念那位善做此菜的阿毛师傅。文中写道："醋鱼带柄是什么玩意儿呢？此味已成《广陵散》了。1982年，我去楼外楼点此味，一位20来岁的大姑娘眨眼问我：'夹格讨说？'（杭州方言：怎么样说）我回答她：'你去问阿毛师博吧！'阿毛，20世纪30年代该楼名庖。所谓带柄实系一鱼两吃……另碟生拌，谓之带柄，风味特殊。……这样的款式，四人围食，按彼时物价，不超过四元大洋（银圆）。"

余生也晚，未能赶上品尝此菜的时机。但多年前，杭州市所辖的新安江望江餐馆的厨师许志生，已研究出配以独特调味汁的"生切虹鳟鱼片"一味，是一款地道的鱼生佳肴。日本友人尝了后，认为其味已胜过日本金枪鱼所制的鱼生。不少浙江新闻界的食客，当时去品尝过，妙文美言，累见报端。可以预料，南宋遗制的"醋鱼带柄"迟早会在杭州重现昔日风采，我们可拭目以待。

36. 古城市井的鸭血汤

笔者近日病了很久，嘴里发苦，很想吃一点鲜美的东西开开胃口。黄昏时，走进杭州城里一家颇有名气的风味小吃店，要了一碗"鸭血汤"。儿时最喜爱吃此物，虽然时间已经过去很久，但是它那清鲜、滑嫩的感觉，似乎还停留在齿舌和回味之中。可从服务员手中接过鸭血汤时，一瞧，却不禁愣了半天。一碗清汤之中，除了飘浮着一块块大小不匀的鸭血块之外，只有星星点点一些葱花夹杂其中，别无他物。吃着此汤，顿感索然无味。我便问营业员："怎么汤中没有剪碎的鸭肠？"年轻的营业员丈二和尚摸不着头脑，好像听到外星人提问，一时发呆。旁边一位上了年纪的阿姨听到后，走过来说："过去的鸭血汤，是放剪碎的鸭肠的，现在早已不放了。"我只好无奈地一笑了之。自然，这使我想起了过去的邻居，一位靠卖鸭血汤维持生计的大伯阿七师傅。

我知道他的时候，他已经年逾花甲，老得背弯腰躬。一张典型的和善的农民脸孔，眼中永远布满劳累的血丝，一双粗大的手，青筋外暴。每天，天蒙蒙亮，他就挑着一副沉重的鸭血担子出门做生意。这鸭血担，前头是一副炉灶，下面烧着柴火，上面滚着满满一锅鸭血汤；后头是一只多抽斗的柜子。拉开一只只小抽斗，里面有的放着剪碎的鸭肠、榨菜末、蛋丝、葱花，有的放着食盐、味精、胡椒粉、辣酱，有的放着备用的零钱……

阿七师傅做汤的鸭血汤，风味纯正，绝对不掺一点假。头天晚上，他就从菜场买来鸭血，漂洗干净，切成均匀的小方块养在清水里。鸭血汤的汤，是用鸡骨头熬的，清澈而鲜美。当阿七师傅的鸭血担从墙门里挑出来时，一股鲜香之味顿时弥散开来，氤氲在四周空气中，引得附近孩子们个个欢呼直蹦，拉来大人要吃。那时五分钱一碗的鸭血汤里，阿七师傅要放进去剪碎的脆嫩的鸭肠、榨菜末、蛋丝、葱花、味精及少量盐，喜欢吃辣的，另加胡椒粉或辣酱，不用加钱的。那汤鲜美无比，鸭血柔嫩有味，鸭肠又脆又香有嚼头，吃了直要讨添头。有时阿七师傅见孩子们爱吃，等到他们快吃光时，常常又给他们添上小半勺，引得孩子们咧开嘴巴直笑。而这时，阿七师傅那双布满血丝的眼睛里，则充满了长辈的慈爱之情。在这群小孩子中，就有自小就嘴馋的鄙人。

大约1957年八月，杭州刮特大台风，全市街道两边的行道树都被连根拔起，阿七师傅病倒了，一夜一夜地咳嗽。他乡下的妻儿们无奈，只好用大板车把他接回去了。从此，阿七师傅便杳无音信了。

看来，阿七师傅的美味的鸭血汤已成了广陵绝响，而我此后再也没有机会吃到那样无与伦比的鲜美的鸭血汤了。

食用家畜、家禽血液做的佳肴美点，是典型的南宋食风。七八百年前，连南宋皇帝宋高宗赵构都爱吃血粉羹，可见此物食用历史之悠久。时至今日，老杭州人仍爱吃新丰小吃店的鸭血汤，可见这鸭血汤的魅力依然不减，并将继续流传下去！

呜呼，阿七师傅的鸭血汤，我怀念少年时代吃的那诱人的美味的风味！

37. 古城市井猪头香

猪头的身份颇为奇特，它既是"下里巴人"的美食，又是"阳春白雪"的名菜。在淮扬菜系中，猪头是属于"扬州三头"（蟹粉狮子头、拆烩鲢鱼头、扒烧整猪头）之一的名菜。但在杭州，它更多的是以市井美食的身份出现。

20世纪50年代末期，杭州市场上有大量去骨的腌猪头出现，带舌的每500克0.32元，去舌的只要0.28元。吾家贫寒，与左邻右舍抢着去买。煮熟后，肥处晶莹如白玉，精处火红如胭脂，咸而香，肥而美，食此佳味，破屋板床如同新居席梦思，补丁旧衣仿佛轻裘绸衣裳。当时的喜雨台茶楼（今之太子楼所在地），在宽阔的、面街的楼梯上，曾有一个红火的卤味摊位。问津者大多是劳苦大众。此摊头上，常放着一大方猪头肉，色泽酱红，浓香四溢，引人垂涎不已。那师傅手持利斧，常为"短衫族"（三轮车、黄包车工人、搬运工人等市民）斩上二角钱那么一长条肉，切成薄片，浇以原汁，用荷叶包了，作为他们一天辛劳之后的下酒、过饭之菜。而街头巷尾的小菜馆、小酒店，无不备有红卤的猪头肉，以备市民们不时之需。吾家也常在寒舍旁的阿明酒店买此肉吃。可见，在很长的一段时间内，猪头肉是市井劳苦大众价廉物美的佳肴。

大约从20世纪90年代起，猪头肉在杭州开始风光起来。它的一些部位先后出现在火锅城及筵席上。笔者一次与朋友到清泰立交桥畔一家颇有名气的火锅城里吃饭。店家上了一道鸳鸯火锅：色红者为麻辣味，色清者为咸香味；忽见生菜盘中有切成长方块之物，色白如和田羊脂白玉，而其表皮有一棱棱突起之梗，其形见所未见。以筷夹到锅中涮熟，略蘸调料入口，嚼起来"格崩格崩"响，爽脆味美，便同店家："此为何物？"店家莞尔一笑，说："天花卷！"笔者又问："天花卷为何物？"答曰："猪口中之上腭天花板也！"听到此言，吾与朋友大为惊奇，"八戒"嘴脸何等之丑，却生出这等如同白玉般的脆物来，叫庖厨们化腐朽为神奇，奉至火锅宴上。光凭这点，也够叫人耳目一新的了。

与此同时，杭城各种筵席的冷菜中，也常出现一种酱色的小圆肉片，作为下酒之物，名曰"顺风"。此物吃来爽脆味美，甚受食家欢迎。说穿了也叫人颇感新奇，那是用猪耳朵加工做成的。那制法也颇为别致：先将洗净猪耳卷成圆筒，用绳子道道扎紧，在卤汤中煮熟凉透，入冰箱作冷冻处理。待其冻结一起，解绳切片，即可作为冷菜上桌。与此同时身价顿升的，还有"门腔"一物。初闻此名，不明为何物。等到见到，方知是猪舌。商家忌"舌"音"蚀"，便称"门腔"。依愚猜度，门里空荡荡，自然指的是猪嘴里面的空腔，嘴中有何物？自然是指舌，门腔即猪舌也！

一只猪头，已有耳朵、舌头、天花板三个"零件"上了筵席的台面，这在中国近代饮食文化史上是破天荒的一次"升格"，下面可能是猪头的拱鼻出风头，那物内有软骨，吃来爽脆之至，卤后吃口也颇佳，朋友，你说，猪头的地位是不是在与日俱升？

君看古典名著《金瓶梅》一书，与《水浒传》一样，是写南宋社会市井风情的。大官人西门庆的娇夫人们，关起门来大吃闷烤猪头，说明南宋猪头、羊头都是美食。此外，宋孝宗赵昚宴请大臣胡铨的五菜一汤的御宴中，也上了一道"胡椒醋羊头真珍粉"。现代人认为家畜下脚的头、蹄属于低档肉食，但南宋时，皇帝与达官贵人与豪门们都将它们当作美食享用。现今杭州人吃红卤猪头肉的食俗，当是南宋时传下来旳食风！

38. 清明与清明团子

清明节是我国二十四节气中一个重要的节日。清明时节，崇尚吃一种特有的传统美食——青团。青团又叫清明果，是用时令的药食共享的中草药艾草和糯米粉做成的。艾草又称艾蒿。清明时节，是艾蒿生长最嫩的时候，用嫩绿的艾叶洗净、烫热、剁碎，与糯米粉和在一起，做成粉团或饺形，包入芝麻白糖或豆沙白糖，或者包入肉馅，或者包入咸菜、笋丁、豆腐干、肉末，都清香味美。

说起吃清明青团，在我国已有千年历史。宋《琐碎录》记载："蜀人遇寒时节，采阳桐叶，细冬青染饭，色青而有光。"南宋《梦粱录》记载，当时有"糍团"，即糯米团子。明代杭州人郎瑛在《七修类稿》中说："古人寒食采杨桐叶，染饭青色以祭，资阳气也。今变而为青白团子，乃此义也。"到明末清初，做青团，改糯米粉为糯米。清《清嘉录》一书记载："市上卖青团……为后人清明祀先之品。"

历史上，吃青团的来历与寒食节有关。寒食源于原始社会，那时火为部落公有，每到"旧谷既没，新谷既升"时就要停旧火，燃新火。其间，新、旧火交替时，吃冷食一天，故称之为"寒食"。但民间，将寒食节来源，归于介子推的故事。介子推是晋国功臣，他不想居功做官，隐居在山西绵山中。晋文公为了逼他下山辅政，命人烧山，结果烧死了介子推。晋国百姓为了纪念那位淡泊功名的正直的介子推，用禁火吃冷食来纪念他。这个习俗后来流传开来，便成为一个新的节日——寒食节。寒食节本在清明节前三天，后来改为清明前一天，再后来就和清明并在一起了。清明节吃冷食青团，就是源于寒食节。这种青团不仅可作为冷食小吃，也可用来清明上坟祭祀祖先。

杭州人过清明节，一定要吃青团，也就是吃和入艾草的糯米粉团子。艾草既是一种时令性很强的中草药，也是一种野菜，到清明节时才最为鲜嫩。艾草做的青团，有利于养生。据明代李时珍《本草纲目》记载：艾以叶入药，性温、味苦，通人体十二经。全草入药，有温经、祛湿、散寒、止血、消炎、平喘、止咳、安胎及抗过敏作用。它有这么多食疗、食补的功效，所以，杭州人清明节吃艾青团子，是一种合乎养生的好习俗。又因艾青团子有去湿、消炎、抗过敏作用，过去杭州人将青团做成狗的形状，挂在窗口任凭风吹干，到夏日时蒸食，叫清明狗。据说，小孩子吃了清明狗，可防疰夏（即不适应夏天气候而形成食欲不振、精神萎靡的一种身体状态）。另外，清明狗也象征小孩子身体能像狗一样健壮。现在杭州的餐饮、食品老字号以及一些名店，如知味观、采芝斋、五味和，及法根、老刀、佑康、五丰等，在清明节前后都有几种馅心的青团应市。且花色品种异常丰富：有黑芝麻的、豆沙的、雪菜豆腐干笋丁等传统的，也出现了新品种，如蛋黄肉松的、巧克力的、奶油的，更有以酸菜鱼做的，可说五色缤纷。清明团子虽然清香、味美，有利于身体健康，但因是糯米制品，不容易消化，所以吃时，最好稍稍加温，且不要与肥肉、竹笋等不易消化的食物一起食用，吃青团时，也不妨吃点用山楂制作的糕点，以帮助消化！

年年过清明节，年年吃清明青团子，年年吃不厌。

39. 千古名蔬话莼菜

西湖莼菜汤，名属杭城汤菜第一品。莼菜是我国名冠古今的佳蔬，从历史渊源来说，早在二三千年前，华夏大地气候温暖湿润，山东一带百姓已经开始食用莼菜。《诗经·鲁颂·泮水》一诗记载："思乐泮水，薄采其茆。"茆，即莼菜之古名。至晋代，先后出现"千里莼羹，未下盐豉""秋思莼鲈"两个名人典故，使莼菜带上了浓厚的文化色彩。后代骚人墨客，喜爱莼菜的比比皆是。唐代诗人杜甫有诗道："豉化莼丝熟，刀鸣鲙缕飞。"将豆豉调味后的嫩莼菜丝与鲜美的薄薄的生鱼片相提并论。南宋诗人陆游称赞莼菜风味"出波莼菜滑，上市鮆鱼肥"，说出了新鲜莼菜独有的滑爽的感觉。连《红楼梦》一书中都有"椒油莼齑酱"这样用切碎的莼菜丁加花椒油做成酱的记载，说明钟鼎之家的贾府私厨，极能发挥创造力，做出这样精巧的莼菜冷盘，供主子们下粥。前人称莼菜如"果中之荔枝"。"花中之兰"，太羹之味，格调高雅。

杭州所产之莼，据明代杭州学者高廉《四时幽赏录》一书记载，原系野生，最早发现于苏堤第三桥桥孔下及三潭印月水域，现在则主要栽培于西湖区仁桥村铜鉴湖、转塘乡浮山"小西湖"一带，远销海内外。

莼菜富含多种维生素、氨基酸、微量元素，叶茎部的胶状黏质体含有多糖体抗癌物质。

莼菜本无味，全靠好的汤。著名文学家叶圣陶在《藕与莼菜》一文中说："莼菜本身没有味道，味道全在于好的汤。但这样碧绿的颜色与丰富的诗意，无味之味真是令人心醉。"

西湖莼菜汤以新鲜莼菜、熟火腿丝、熟鸡脯丝加土鸡汤或火腿汤调味制成，鲜美滑爽，风味独特，为江南名肴之一。

40. 故乡的胭脂鹅

绍兴人把鹅称之为"白狗"。鹅就是鹅，古人驯养大雁成为家禽，还能看门防盗。

最爱吃鹅的是宁波人，夏日里到浙东古城去游览，街头到处可见鹅肉摊子。明亮的玻璃窗里挂着一大块一大块雪白的鹅肉，给人以清爽可口的感觉。常看到些宁波人去买鹅肉，或半只，或四分之一只。摊主称好分量后，立即斩成长条块，撒上花椒盐，并用白纸包好，交给顾客。我不大清楚宁波人为何如此爱吃鹅肉。

杭州人是不大喜欢吃鹅肉的，总是嫌它有些草腥气，逢年过节买只鹅回去，大多是红烧或腌了吃。清代医学家王士雄《随息居饮食谱》一书中，记载鹅肉有"动风发疮"之弊，王士雄告诫："凡有微恙者，其可尝试乎？"虽如此说，但这位医学界的美食家又推荐了鹅肉的最佳吃法："肥嫩者佳，烤食尤美。"还说它的好处"解铅毒……补虚益气"，并说鹅掌、鹅肫为美食，"性较和平，煨食补虚，宜于病后"。

烧鹅，广东人最爱吃，但杭州市场上却罕见。我吃过故乡老余杭农村腊月腌制的风鹅肉，味道好极了。那是有一年，老母带我们到老余杭南湖边的一家远房亲戚家做客。"南湖里的小外婆"见来了杭州客人，特别客气，吃中饭时，上了一盘风鹅肉。那蒸熟后浇了绍兴酒的风鹅肉，鹅皮白如凝脂，鹅肉红如胭脂，吃来肥而不腻，浓香溢齿，越嚼越香，以致片刻工夫，我和母亲及两个妹子就把桌上的半只风鹅，风卷残云似的吃了个盘底朝天。被称作"南湖里的小外婆"的主人，见我们杭州客人如此欣赏她们农家的腌腊制品，笑得脸皱得像个核桃壳，心情舒畅极了。临行前，"南湖里的小外婆"一定要把用箬壳包好的另半只风鹅塞进我们的包包，弄得我们挺过意不去，因为我们带去的礼物，也仅仅只是几条凭票供应的洗衣皂而已。自然，这珍贵的半只风鹅带回杭州，虽然每次吃时只斩细细的几条上笼，但也没吃多久，就吃光了。

转眼50多年过去了，每想起那风鹅，仍然使我口涎直流，再想吃是不大可能了。因为那位能精心制作与《红楼梦》中记载的"胭脂鹅"相媲美的农村老妪，早已撒手西去了，而她的子女们，未必得到她的腌法真传，再做出如此精美的风鹅来。

其实，风鹅的做法，自古有之：鹅宰杀后，去内脏去毛，用花椒盐与白酒腌好，然后用稻草包扎起来，挂在屋檐下让风吹。久而久之，鹅肉透出腊香，肉色转成了胭脂红。这时，香美的风鹅便做好了。

南宋时，风鹅叫鹅鲊。鲊有两个含义：一是腌制的鱼；二是用米或面粉加盐加调料腌制的蔬菜，可以贮存，如茄子鲊、扁豆鲊。商务印书馆出的《现代汉语词典》释义，家禽腌制也可叫作"鲊"。所以，南宋的鹅鲊并没有消失，《红楼梦》一书中叫胭脂鹅，笔者的故乡叫风鹅，叫法不一样，但是同一种美食！

惜乎，故乡的胭脂鹅，我心中思念的再不可求到的绝品美味！

41. 沈钧儒六和塔下当月老

钱江之滨的月轮山上，有雄伟壮观的六和塔，为杭城名景之一。相传北宋时江潮泛滥，成为灾患，坐镇两浙的吴越王钱弘俶，便在此建了六和塔，用以镇压江潮。塔取名"六和"，乃是用佛家"六和敬"之义。到了1936年春，上海有三对名演员来到塔下结婚，六名新人与主婚人沈钧儒及介绍人郑君里、李清一起合影留念，以取永谐和好、互敬相爱之意。这九个人在湖滨分坐了九辆黄包车，途中只在虎跑下车品茗小憩，就直接奔向吴越古塔六和塔。郑君里和李清在山上采了些野生月季花及杨柳枝条，编成三个花环，戴在容光焕发的新娘们的颈上。欢笑之声，使吴越六和塔下，洋溢着一片吉庆的气氛。在这样欢欣的时刻，主婚人沈钧儒诗兴大发，立即在塔下寺内，挥笔写下贺诗一首："人生何处是仙乡，嘉偶良朋一举觞。到此应无凡鸟想，湖山有福在鸳鸯。塔影潮声共证盟，英雄儿女此时情。愿书片语为君祝，山样同坚海样深。"诗后还署明了时间、地点及赠诗人之名。三对新人亦高高兴兴地在纸上签上了自己的名字，成为一件别具一格的结婚纪念品。之后，沈钧儒又以自己夫妻恩爱相依的经验之谈，祝愿三对新人相互要"赤诚相待"，"那么将来大家的生活一定会很美满的"。此一喜事，江浙两省报纸纷纷给予报道，一时传为社会美谈。

42. 徐志摩诗叹不见雷峰塔

"西湖十景"中的"雷峰夕照"之名，原来自南宋画院。1924年9月25日下午，吴越国所建雷峰古塔（原名黄妃塔）倒坍，景观遂失。

旧时雷峰塔在时，每当夕阳西照，宝塔之金碧与湖光山色相映，景色分外绮丽。前人赞美诗章之多，可称车载斗量。

近代著名新月派诗人、浙江海宁人徐志摩的中学时代，在杭州一中（今杭州高级中学）度过，曾在西子湖畔生活了一段时间。他非常欣赏雷峰塔风光，先后为此景写了两首诗，一首是赞美的，一首是叹惜的。

1902年，他从美国归来时，写了一篇名叫《月下雷峰影片》的诗，诗云："我送你一个雷峰塔影，满天稠密的黑云与白云；我送你一个雷峰塔顶，明月泻影在眠熟的波心。深深的黑夜，依依的塔影，团团的月彩，纤纤的波鳞，假如你我荡一支无遮的小艇，假如你我创一个完全的梦境。"诗句写得美极了，塔影、云影，波光粼粼，深夜的雷峰塔，恬静得像美丽的梦境。

1925年9月，诗人徐志摩又重游西湖，发现他心爱的雷峰塔已经倒坍，于是惋惜之后，又以他的如花之笔，写下了《再不见雷峰》一诗，寄托他的惋惜之情，诗是这样写的："再不见雷峰，雷峰坍成了一座大荒冢，顶上有不少交抱的青葱；顶上有不少交抱的青葱，再不见雷峰，雷峰坍成了一座大荒冢。为什么感慨，对着这光阴应分的摧残？世上多的是不应分的变态，世上多的是不应分的变态；为什么感慨，对着这光阴应分的摧残？为什么感慨：这塔是镇压，这坟是掩埋，镇压还不如掩埋来得痛快！镇压还不如掩埋来得痛快，为什么感慨：这塔是镇压，这坟是掩埋。再没有雷峰；雷峰从此掩埋在人的记忆中：像曾经的幻梦，曾经的爱宠；像曾经的幻梦，曾经的爱宠，再没有雷峰；雷峰从此掩埋在人的记忆中。"

诗人反复吟咏，一吟三叹，字里行间充满了无限的感慨，可见诗人是如何欣赏雷峰塔的英姿，特别是月下雷峰塔的绮丽风光。读着这首充满惋惜之情的诗篇，也会使人怀念起这座已经倒塌多年的吴越古塔来。也许我们生得太晚，无缘瞻仰雷峰古塔的雄姿。但是，我们曾经也是多么希望雷峰上能重新出现这座"老衲"式的古塔，以日夜与"美人"似秀美的保俶塔隔湖相望啊？

这个愿望在21世纪终于实现了。如果在新雷峰塔旁，立碑刻下这位著名的新月派诗人的两首佳诗，必将会增添西湖的一段佳话，同时也会增添西湖的一个人文景观。

43. 难忘古巷往时风情

杭城有无数南宋古巷，而记忆中印象最深的，是儿时生活过的、东河旁的一条名叫海狮沟的古巷。小巷曲折，和东河一起自南向北延伸。小巷的两旁，都是些青瓦粉墙的民居，石灰剥落的墙头上，攀缘着红白两色的蔷薇花或绿色的木莲藤，一丛丛，一片片，一串串挂下来，使古巷充满了醉人的诗意。小巷的路也格外的古朴，用各种不同形状的石头铺成，千百年来已让人们踩得平平整整。路中间铺着的一块块青石板，一直延伸到远处，那是带着宋元时代特色的排水沟。每当雨后，可以听到石板下淙淙流淌的水声。而石板上，上学、放学的小学生，背着书包，边走边拿着铁丝钩滚动着铁圈玩。

古巷的清晨，弥漫在一片从东河飘来的如纱般的薄雾之中。你可以闻到早起的小贩氽油条、煮豆浆的阵阵香味。之后，便传来"方糕、条头糕！""青菜要不要？""鱼要不要？"的吆喝声。接着，你可以看到小学生们三三两两结伴去上学。大嫂们在墙门口边聊天，边纳鞋底，或者在井旁洗衣服。而一辆辆黄包车则拉着客人，开始在古巷里穿进穿出。

下午三四点钟，沉寂下来的古巷又开始喧闹起来。卖咸豆儿（老豌豆）糖粥的小生意人，敲着竹简，一边喊着"咸豆儿糖粥！咸豆儿糖粥！"一边走着。鱼贩子则一条扁担挑着两只脚盆晃悠着，那些鲫鱼、汪刺鱼、鲶鱼郎……"魂灵"还没有跳出呢！傍晚，小巷昏暗的路灯下，常是儿童们打弹子、拍洋片的游乐场所，等到大嫂们洗完碗盏，理好家务，便开始在门口叫嚷开了："阿毛，回家困觉了，明天再搞（玩）了！"

三伏的夜晚，古巷一家家的门口都摆满了竹榻，户户开着大门，人们都露天纳凉、睡觉。而数九的清晨，每家屋檐上都挂下一条条水晶似的冰凌，人人都拿着竹丝扫帚，各扫自家门前雪。也有做好事的大伯、大哥们，早早地起来，在厚厚积雪的巷中，用铁铲、扫帚开出一条条洁净的石板路来，为来往行人创造方便。

小巷的夜半，往往归于一片宁静，只有拿着竹梆敲更的人，边敲边喊着："楼上楼下，火烛小心！"之后，幽幽地传来的便是"笃！笃！笃！"地敲着竹筒的骆驼担馄饨摊，为半夜看戏归来的居民，烧上一碗鲜美可口的小馄饨。

小巷每天重复着昨日的内容，平和、宁静、淳朴，如同一幅宋元风俗画。半个多世纪过去了，记忆中儿时的古巷，依然电光石火般地时常展现在我的脑海里，它是画，它是诗，它是一首久唱不厌的市井民歌。

44. 灵峰古寺的遗址公园

西湖由于它的知名度高，四时游人不绝。旅游旺季，一些著名的景区摩肩接踵、人声鼎沸，犹如湖滨闹市。但西湖也不是没有静美之处，早些年修复的灵峰景区，就是一片静谧的"世外桃源"。

灵峰位于西湖西北部，隐藏在玉泉山后，四周群山环抱，是一片平坦的谷地。由于多梅，历来被称为杭州三大赏梅胜地之一。它的景观中心，是原五代后晋开运年间始建的灵峰寺，至今已有千年历史。历经沧桑之变，已经败落不堪，现已在原寺基础上，改辟成一个古朴典雅的园林胜地。景区内有梅树四千余棵，属于11个类型的42个品种。每到初春，一片香雪海，幽香四飘，引得游人纷纷前来观赏。除了梅花外，灵峰的古迹及其清雅、野趣，都是独具一格，颇有特色的。

到灵峰景区去，有三条路可走：喜欢方便的，可在杭州植物园口乘电瓶车，经环山道绕过玉泉，到达景区；喜欢爬山的，在游览了玉泉后，可翻玉泉山而至；喜欢游览性步行的，可顺着浙江大学玉泉校区与玉泉景区之间的乡间小道，缓步而上。

进入灵峰景区，迎面可见一池碧水，旁有碧漱亭。池水澄澈清碧，林中鸟鸣声声，先给你以豁然、清静的感觉。顺梅树间小径北上，一路上可见茅舍式的"香雪亭"及高耸入云的瑶台方亭。待进入原木搭建、颇有野趣的"百亩罗浮山"山亭时，景象顿然一新。顺着山路拾级而上，在古树修篁深处，可闻泉水淙淙流淌之声。路旁两块石碑，会引你前去观赏，碑石上镌刻的文字，告诉你有两位清代灵峰寺的高僧安息于此。走尽石级，可见石砌围墙的庭院，开着两扇别致的竹门。步入院子，是传统建筑风格的茶室、回廊、小亭。在正中的"铁骨冰肤冷香室"中，陈列着1986年、

1987年修复灵峰寺景区时挖出来的、两米多高的五代时的五层石塔。它那古色古香的造型，仿佛使你听到古代灵峰寺的晨钟暮鼓、鱼钹钵磬之声，见到缭绕于古树竹林间的袅袅青烟。而那碑石上留剩的是清代光绪皇帝的老师翁同龢书写的赞美灵峰的"萧萧寥寥咸丰春，落落莫莫灵峰人……时平岁美湖波渌，梅花开时山鬼笑"的诗句。虽然已时逾百年，仍然吸引着今天的游人。至于寺北的掬月亭和形如半个月亮的"掬月泉"，寺西环筑回廊的长方形的洗钵池，都以它们古老的泉池、不竭的清流，展现着灵峰古寺残留的胜地风采。寻古访幽的人，徘徊在这些五代古刹的遗物、遗景旁，深深地留下了灵峰景区古老的印象。

灵峰最迷人的，是它的清静，是它的野趣。进入灵峰，你就会发现，这里山绿水碧，鸟语花香，没有马达的轰鸣与城市的喧嚣，静得只听到山泉流淌、山鸟啼鸣。再看左右前后，山是真山，自然起伏；水是真水，泉生涧流；树是自然生长之树，随坡而长；竹是自然生长之竹，漫山遍野。一切是天籁，富有自然的野趣。进入灵峰，好比进入了"世外桃源"。特别是它的静，会使你那听惯了噪声的耳朵，为之一清。静是一种享受，一种现代社会中越来越难以享受到的、人生的乐趣。灵峰能使每一个游人，深深感到静的宝贵，静的可爱，静的风味，

徜徉在灵峰景区，你会发现，灵峰的园林建筑和环境之美非常融洽。亭子、回廊、厅室、石墙、竹门、小径、梅树……无一不体现了建筑者的匠心独运。如亭，有乌瓦翘角的傍水小亭，有竹篱茅舍的赏梅园亭，有原木搭架的小憩山亭，有俯视梅海的高台方亭，有保护石刻的古朴碑亭……因景而别，因地而异，各见风采，各具特色。亭名亦极为雅致，有称之为"碧漱"的，亭旁之水，清碧可漱；有称之为"香雪"的，亭之所在，乃香雪梅海；有称之为"百亩罗浮山"的，告诉游人，至此已进入仙山佛地……其他如茶室的桌椅、小径的砖石，皆制成梅花五瓣之形。又如石砌之墙，竹编之门，素色回廊，皆取其自然造型，简朴中含有韵味，毫无生

雕硬琢之感，像绘图高手。灵峰所见的一切，都是那么富有诗情画意，那么自然和谐，那么赏心悦目。

灵峰是西湖的静美人，它集东方美、古典美、阴柔美于一体，是西湖的一方静的乐土。

45. 骆驼桥下民宅多

旧时出艮山门，一定要经过骆驼桥，如今艮山门及其城墙早已不复存在，而骆驼桥也已是建国北路（原称东街、东大街、东街路）上鲜有痕迹的一座"桥"了，"桥"下早已无水，"河"中民居鳞次栉比，给人以沧海桑田之感。

骆驼桥是座古桥，南宋时已有。江南古桥名"骆驼"，大概是因为骆驼有"沙漠之舟"的美名，"舟"有过渡之含意，故名。另有一说，骆驼桥为"落渡桥"的同音别名。原来，南宋时，骆驼桥东南面的东园地区，尚在庆春门外，密集的海迹湖，使东园地区有"七十二荡"之说。这些"荡"每当雨后，便通过沟渠向地势较低的西北方向排水，并经过骆驼桥下泻"落"东河，而出艮山门的行人，则又必须在骆驼桥过"渡"，"落渡"之意便显而易见。

但从元代起，庆春门已从菜市桥东迁移到现在的环城东路，东园地区已纳入城内。居民日益增加，菜园逐渐增多，湖荡则日益减少并缩小，排水量亦随之大为减少，至明代中期，骆驼桥下河床便开始干涸而不通流水，成为一座无河之桥。

现在经过已铺成马路的骆驼桥，还可隐约见到两侧明显低洼的河床。河床上的民居，亦已经有了"骆驼桥东河下"与"骆驼桥西河下"这样的地名。

46. 袁枚收藏文天祥洮河砚

清代中期，杭州籍著名诗人袁枚藏有一块绿端蝉腹砚。这块砚，颜色淡绿，长宽各有十厘米多，受墨处微凹，底圆而凸，像蝉之腹，故名。袁枚专门用紫檀木做了一个匣子，盛放此一名砚。

这块砚的名贵，不仅仅在于砚材、砚形、砚色的独特，还在于它曾与历史上两位名人有关：它原属民族英雄文天祥所有，后又成为文天祥战友谢翱的珍贵藏品。这由砚左边所刻的谢翱名言可证，铭曰："文山攀髯之明年，叠山流寓临安，得遗砚焉。忆当日与文山象戏，谱玉莲金鼎一局，石君（指砚）同在座。"右铭曰："洮河石，碧于血，千年不死苌宏骨欤。"款识落"皋羽"两字。砚上两位名人的名言，一左一右，可谓相映生辉、世之瑰宝。

那么，这块南宋的历史名砚，又怎么落入袁枚之手的呢？这里竟也含有一段传奇故事。擅长诗文的袁枚，得到这块名砚后，在定做的紫檀木匣盖上刻下了如下的记载："（清）乾隆丁未（1787）十二月，杭州临平渔父网得此砚于临平湖，王仲瞿舟过相值，知为文山故物，以番钱（疑为英制银圆）廿元得之，转以见赠。余仿竹垞（清代大诗人、嘉兴人朱彝尊）咏玉带生故事，为作匣，兼招诗流各赋一章。甲寅（1794）六月望日，袁枚记于小仓山房，时年七十有九。"原来，这块宋代名砚是清代乾隆年间，由渔夫在临平湖中网得，由袁的朋友高价购得，转赠袁枚的。这块绿端蝉腹砚便成为当时流寓南京随园的、大诗人袁枚的镇园之宝。

这块南宋名砚，是如何落入临平湖的？袁枚去世后，此砚又到哪里去了？这些都已难以翔实考证了。但愿这一国宝有朝一日能再次"神龙露首"于华夏大地，让世人一见其庐山真面目！

后记

人生道路曲曲折折，一路走来，遇到交叉口时，有时会突然拐到自己不曾想走的那条支路上去。

20世纪80年代，杭城刮起一股研究南宋的旋风，笔者也卷入其中，在上海文化出版社的《旅游天地》杂志发表了一篇名叫《南宋时的钱江观潮》的文史随笔。不料闸口的八卦楼经理看到，四处打听我的地址，拿着聘书上门，邀我为他们饭店研究、开发文中提到的、江畔菜馆酒楼当时招徕观潮游客出售的南宋菜点。半年后，仿南宋菜创制成功，一炮打响。浙江省电视台作了播映，中央电视台新闻联播作了转播，中新社向海内外发布了消息，省内外报刊纷纷报道。随之而来的，是各处报刊前来约稿。笔者研究、开发仿南宋菜，并非刻意自主，只好停下原写小说、诗歌、散文的爱好，转而研究饮食文化。发表了一些美食随笔后，便被朋友们戴以"南宋菜研究专家""饮食文化研究专家"的帽子，叫人啼笑皆非。自然，当初能研究、开发成功的原因是：一、平时我也研究历史；二、我在商业院校任烹饪专业语文教师，常接触烹饪技术。熟悉历史的，不一定熟悉烹调技术；掌握烹调技术的，又不一定懂历史。我恰巧两者都熟悉一些，才研究、开发成功。

2004年，我64岁，因大咯血躺在浙一呼吸科病房里抢救时，在上海出版了第一本名曰《名人美食记趣》的书。两次报病危后，从鬼门关前回到人世，又继续写美食文章。2008年，杭州老字号协会要出一套六本的《杭州老字号系列丛书》。经办人徐敏先生经常在报刊上见到我写的美食文章，便到处寻找我。一年后，约我写的39万字的《杭州老字号系列丛书·美食篇》一书问世。后徐敏先生调上城区非遗办任职。恰巧，上城区政协为配合开发江干地区，要出一本《玉皇山南话沧桑》的书，徐先生向上城区政协文史委主任瞿旭平老师，力荐我担任"上城区政协文史专家组"成员，参加撰稿与摄影。著名作家薛家柱先生，又推荐我为此书"统稿"。接着，上城区政协文史委瞿旭平老师，又约我与傅伯星先生合撰《品味南宋饮食文化》一书（此书由西泠印社出版社出版）。2014年，江干区文广局举办"读书节"，授以我"书香门第"的荣誉证书。当时杭州市档案局的陈怡女士恰巧坐在我的身边，闲谈中我说起几十年来写了二三百篇杭城的文史随笔，苦于无法出版。陈怡女士回局后，向管理有关业务的方健处长推荐了我的书稿。方处长看了我的目录一个星期后，该局就允承出资三万，赞助我在上海出版此书，这便是280余篇的《人文荟萃话杭州》一书。2009年，我写的美食随笔集《江南美食养生谈》一书，继《杭州老字号系列丛书·美食篇》后，再次在浙江大学出版社出版，学校赞助了两万元，红泥花园大酒家刘小英总经理与山外山大酒家徐丽华总经理分别赞助了五千元，使得我这一书顺利地得到了出版。

近期，在杭州图书馆《文澜》杂志的"雅集"朋友圈里，我有幸与江吟先生相聊，当江先生了解到我曾在西泠印社出版社出版过一本《品味南宋饮食文化》的书，便向我约供南宋风情书稿。这便是新出的这一本书《两宋流韵传千古》。在这本书问世之时，我向垂青拙著、关心本书出版的社长江吟先生与洪华志副总编辑表示感谢。

人生之路一路走来，不断地不由自主地拐到另一条支路上去，正如我的知音文友、浙报名笔、出身海宁农家的陈幸德先生生前在一篇美文中所说的："本想在稻田里抓一根黄鳝，结果抓到了一只正在稻田里睡觉的野兔。"

此书出版时，承蒙著名作家、高级编辑余小沅先生及文艺批评理论家、浙江理工大学文学院张欣教授撰序，在此一并致谢。

最后要提到的是，忘年之交的多年文友、苏州吴中区党校的周龙兴先生，为本书书稿的出版整理，给予了帮助，也表示感谢。

是为后记。